KB260320

통 전 적
영 성 과
기독교교육

‖ 영성 교육학 02 ‖

통전적 영성과 기독교교육

개정판

조은하 지음

초판 머리말

영적생활은 무엇보다도 하나의 삶이다.

그것은 단지 이해하고 연구해야 할 그 무엇이 아니라

또한 살아야 할 그 무엇이다.

우리가 하나님을 찾는 인간으로 살 때

우리는 영적 인간으로 사는 것이다.

우리가 영적으로 되려면 인간으로 남아 있어야 한다.

그리스도께서 당신의 성스러운 인간성을 통해

인간을 하나님과 신비스럽게 결합시킴으로써

인간을 구하고자 함이 아니었다면

그분께서 왜 인간이 되셨겠는가?

예수께서는 모든 시대를 통해

사람들의 일상적 삶을 성화시키기 위해
그분 시대의 모든 이들이 누리는 평범한 삶을 사셨다.

— 토마스 머튼(Thomas Merton)의 "고독 속의 명상" 중에서

21세기의 화두는 어떤 것들일까? 다양한 주제들을 열거할 수 있겠지만 그중 가장 첨예한 관심을 모으고 있는 영역을 몇 가지만 이야기하라면 생명, 환경, 여성, 문화, 공동체, 영성 등을 손꼽을 수 있을 것이다. 이렇듯 현대에 들어 와서 '영성'(spirituality)에 대한 관심이 여러 분야에서 증가하고 있지만 영성이라는 용어의 의미를 명확하게 이해하고 사용하지는 않는 듯하다.

영성이란 개념은 정의하는 학자들에 따라서 다양한 의미로 해석될 수 있을 뿐 아니라 역사적으로 살펴볼 때에도 그 의미를 정확하게 구별할 수 있는 일정한 신학적인 준거나 지표가 마련되어 있지 않다. '영성'이라는 용어는 영육(body)이나 물질(materal)과는 구분되는 그 밖의 모든 것을 총칭하는 용어로 사용되는가 하면 경건(piety), 금욕주의, 신비적 체험 등이 영성과 동의어로 사용되기도 하였다. 또한

스천의 삶(christian life)을 뜻하는 지극히 포괄적인 의미로 사용되기도 하였다. 이러한 양상은 다시 말하여 영성의 개념은 시대적 상황에 따라, 신학적 흐름에 따라 서로 다른 개념으로 사용되었다는 것을 의미한다.

이렇듯 기독교 영성의 개념 또한 단순하게 정의할 수는 없다. 하지만 간결하게 규정하자면 성령에 의해서 예수 그리스도 안에서 하나님의 경험을 통해서 실현되는 것으로서 인간의 자기 초월적 지식, 사랑, 헌신의 능력을 함축하는 것으로 볼 수 있다. 또한 하나님의 영은 인간 공동체와 역사와 분리해서 다가오는 것이 아니라 인간의 경험들과 상징들을 통해서 다가오는 것이기 때문에, 기독교 영성은 인간 삶의 모든 차원을 포함하는 것으로 규정할 수 있다. 그렇지 않을 때 영성의 의미는 협소화되거나 왜곡될 수 있는 것이다. 다시 말하면 포괄적인 의미의 기독교 영성은 '통전적인 인간 삶의 추구'로 간주되어야 한다는 것이다. 따라서 필자는 이 책에서 영성에 대한 개념을 이해할 수 있는 논의로 '통전성'을 제안하며 삶의 전 영역을 아우르는 영성, 즉 기독교석 앎과 신앙적 삶이 하나가 되는 영성, 하나님과의 관계가 이웃과의 관계 속에서 구체적으로 실천되는 영성, 한 개인의

인지적 차원과 정서적 차원과 실천적 차원이 통합되는 영성을 '통전적 영성'(holistic spirituality)이라고 정의한다. 이런 개념하에 이 글을 쓰는 목적은 '통전적 영성'이 일상생활을 통해 형성될 수 있다는 점을 밝히고, 일상생활에서 통전적 영성을 형성할 수 있고 더 나아가 통전적 영성을 일상생활 속에서 구현해 갈 수 있도록 돕는 교육 모형을 제안하려는 것이다. 이 목적을 이루기 위해 이 책은 다음과 같은 구조로 풀어나갈 것이다.

1장에서는 '영성' 개념에 대한 역사적 이해를 살펴보도록 하겠다. 역사적으로 다양한 이해와 해석의 전통을 가지고 온 영성은 그 본래적 의미에서 물질과 영혼, 인지와 정서, 세속과 성스러움, 성직자와 평신도, 거룩함과 일상성, 앎과 삶 등과 같은 개념이 분리되고 이원화되어 사용된 것이 아니라 통전적인 의미가 내포된 개념이었음을 역사적 맥락에서 살펴보고자 하는 것이다.

2장에서는 기독교 전통 속에서 '영성' 개념의 역사적 변천 과정을 살펴보겠다. 그리하여 '영성'이라는 개념은 고정되고 획일화된 개념이 아니라는 것을 지적하고 현대적 영성이 가지는 과제를 살펴보도

록 할 것이다. 현대적 의미에서 이해되는 영성의 통전성은 일상생활과 밀접한 관계를 맺고 있을 뿐 아니라 한 개인의 삶에서도 전인성을 추구하고 있음을 설명하고자 한다.

3장에서는 통전적 영성은 일상생활의 관계 속에서 경험하는 신비이며 실천을 통해 형성되는 거룩함이라는 차원을 설명하면서 이러한 논의를 가능하게 하는 신학적 주제에 관하여 설명하고자 한다.

4장에서는 전통적으로 실시되어 온 '영성 지도'의 형태와 특징을 유형적으로 고찰하면서 영성 교육으로 재개념화하고자 한다. 전통적 영성 지도가 현대적으로 일상생활 속에서 이루어질 수 있는 형태로, 또한 일상생활을 위한 영성 교육으로 새롭게 재개념화될 필요가 있음을 제안하는 것이다.

5장에서는 영성 교육의 실제를 '기도'를 중심으로 다루도록 하겠다. 기도의 전통적 의미를 고찰하면서 기도와 몸, 기도와 이성, 기도와 감성의 차원을 살펴봄으로써 기도는 우리가 몸으로 매일 살아가는 구체적 삶이며, 삶의 사소함에서 감사와 기쁨과 감격을 발견할 수 있는 감각의 회복이며, 세계를 설명하고 이해하고 받아들이는 구체적인 가치관이고 세계관이라는 점을 밝히고자 한다. 즉 기도는 하나

님과의 관계만이 아니라 우리가 매일 만나는 사람들과의 관계이며, 우리가 몸담고 있는 이 세계와의 만남이라는 것이다.

영성 교육의 실제 부분에서 다루어야 할 영역들이 아직 남아 있다. '명상', '침묵', '거룩한 독서', '환대' 등은 이 책에서 다루지 않고 있지만 영성 교육의 실제에서 다루어야 하는 주요 주제이다. 가까운 시일 내에 위 주제를 다룬 책을 내고자 한다.

이 책이 나오기까지는 많은 분들의 사랑과 관심이 있었다. 이제는 고인이 되어 그리움으로만 남아 계신 고(故) 강희천 교수님은 부족한 제자에게 기독교교육 사랑의 초심을 심어 주셨고, 이 책의 주제인 영성에 관하여 많은 시간 함께 이야기하고 고민하며 영성의 통전성에 대한 접근을 가능하게 해주셨다. 지금도 기독교교육학의 현장성을 강조하시며 기독교교육에 대한 사랑과 열정을 삶으로 보여주시는 은준관 총장님께 감사를 드린다. 연세대학교 신과대학에서 가르침을 주신 교수님들의 격려와 사랑이 오늘까지 오게 되는 큰 힘이었다. 부족한 졸고가 출판될 수 있도록 기꺼이 허락해 주신 한들출판사의 정덕주 사장님께도 감사드린다. 일일이 적을 수 없으나 연구와 가

르침의 여정 속에서 함께 손잡고 걸어가는 든든한 선배들과 동료들에게도 감사하는 마음을 전하고 싶다. 아내와 엄마로서의 부재의 시간까지도 동행해 주는 남편과 소영, 주영에게는 어떤 말로도 고마움을 다 표현할 수 없다. 이 책이 영성과 기독교교육에 관심을 갖고 있는 모든 사람에게 작은 도움이 되기를 바라며 지금도 부족한 딸을 위해 자신의 삶을 내어 주고 계신 사랑하는 부모님께 이 책을 삼가 바친다.

2004년 10월

조 은 하

개정판을 내며

영성은

이 세계를 피한다고

사물들에게서 달아난다고

외톨박이 생활을 한다고

이 세계를 벗어난다고

터득되는 것은 아닙니다.

오히려

우리가 있는 곳이 어디이든

우리가 누구이든

우리는 내적인 독거를 익혀야 합니다.

우리는 사물을 뚫고 들어가서

하느님을 발견하는 법을 익혀야만 합니다.

— 마이스터 에크하르트, 우리말 옮긴이 김순현

5년 전 초판을 낼 때 필자의 관심은 영성의 통전성이었다. 많은 사람들이 영성이라는 용어를 익숙하게 사용하는 데도 여전히 그 개념은 애매하고 모호했다. 그래서 골방에서의 기도와 금식과 묵상의 영성과 지성적이며 합리적인 판단과 비판, 성찰의 영성과 사회정의와 평등을 위한 실천과 개혁의 영성이 소통하고 대화할 장을 제대로 찾지 못하고 있었다.

그렇다면 "영성의 다양한 개념은 과연 단절되어 있는 것인가?"라는 질문에 대한 답을 찾기 위하여 역사적, 신학적, 기독교교육학적 논의들의 살펴보며 얻은 결론은 시대에 따라, 상황에 따라, 영성에 대한 개념은 다양했으나 결국 영성의 본질적 측면은 '통전성'을 추구해야 한다는 것이다.

통전성이란 그리스어 'holon'에서 기원하는 것으로 이는 우주가 통합된 형태로 전체로 이루어져 사실상 이러한 전체는 부분의 합이 될 수 없다는 것을 의미한다. 즉 연결과 소통과 상호 교류의 통합을 의미한다. 따라서 통전적 영성이라는 것은 초월과 내재 사이의 균형을 이루는 영성이다. 영성 추구자의 지, 정, 의의 성숙이 함께 이루어져 조화를 이루는 영성이다. 또한 일상적 삶과 현세적 삶의 과정들

속에서 기독교적 의미들을 발견하고 대처해 갈 수 있는 지혜를 포함하는 영성이다.

이러한 의미에서 통전적 영성은 일상생활 영성이라고 표현할 수 있다. 일상생활은 우리가 매일 먹고 마시고 일하며, 체험하고 사유하는 장이다. 또한 노동과 여가가 이루어지고 타인과의 상호 관계가 성립되는 장이다. 이곳에서 의미가 창조되고 재생산된다. 따라서 일상생활 영성이란 우리가 매일 살아가는 사소한 삶의 과정들에서 하나님을 만나는 영성을 의미한다. 이것은 우리에게 주어진 익숙한 자연 환경 속에서 하나님의 창조의 손길을 발견하는 영성이다. 매일 대하는 식탁 앞에서 예수의 식탁 공동체의 정신을 회복하고자 하는 영성이다. 전 세계 인구 중 10억 2000만여 명이 굶주림에 시달리는 기아 인구라는 것에 가슴아파하고 손 내밀 줄 아는 실천적 영성이다. 뿐만 아니라 모든 것이 빠르게 바쁘게 돌아갈 것을 요구하는 오늘날의 물결에도 불구하고 골방으로 들어가 은거하고 기도하는 영성이며, 무수히 많은 언어들이 쏟아져 나오는 이때에 침묵을 통해 내면을 성찰하고 하나님의 음성을 경청하는 영성이다.

이러한 영성을 형성하기 위한 교육은 교사와 학습자의 상호 개방

성, 특정한 능력을 위한 결과보다는 하나님 앞에서 끊임없이 자기를 성찰하고 성장해 갈 수 있도록 하는 양육 과정, 일상의 사소한 것들과 신비의 거룩한 것들을 통합해 갈 수 있는 전인적 능력 등을 추구하는 교육 과정이 되어야 한다. 우리의 교육 현장에서 이러한 영성 교육 방향에 관심을 갖고 구체화해야 한다. 그럼에도 불구하고 아직도 구체화된 통전적 영성 교육의 실천들이 미흡한 것은 필자에게도 또 하나의 과제로 다가온다.

초판 이후에 가르침의 장에서 만나 늘 새롭고 신선한 도전과 순수한 열정을 일깨워 주는 목원대학의 학생들, 기독교교육학의 여정을 걸으면서 힘찬 격려와 사랑을 보내 준 동료 교수님들, 딸로서 아내로서 엄마로서 많은 부족함을 넉넉한 사랑으로 받아 주는 사랑하는 가족들, 책의 출판을 위하여 수고를 아끼지 아니하신 동연의 김영호 사장님과 책을 다듬고 만들어 준 직원분들. 이 책이 나오기까지 사랑의 빚을 진 분들이다. 이 모든 분들께 감사의 마음을 전하고자 한다.

시간이 흐르고 계절이 바뀌니 어김없이 우리에게 봄이 찾아왔다. 흘러간 강물에 다시 발을 담글 수 없듯이 우리에게 찾아온 봄은 여느

봄과는 다른 새로움이다. 바람도 햇살도 공기도 모든 것이 새롭고 신선하다. 시간이 흐르는데 새로워진다는 것은 얼마나 신비로운 일인가?

이 책이 통전적 영성 교육에 대한 논의에 대한 새로운 만남이 되길 기대한다.

2010년 3월

목원동산에서 조은하

차례

제2장. 기독교 영성에 대한 현대적 이해

제3장. 일상생활 영성에 대한 신학적 논의

제4장. 전통적 영성 지도의 재개념화

제5장. 일상생활 영성과 기도

| 제1장 |

기독교 영성에 대한 역사적 고찰

Ⅰ. 시작하며

역사적으로 영성의 개념은 규범적인 기준을 가지고 사용되어 온 것은 아니었다. 교리사적 입장에 따라, 신학적 입장에 따라, 혹은 역사적 상황에 따라 영성 개념은 다양하게 규정되어 왔다. 때로는 성령을 따라 사는 삶이라고 이해되기도 하였고, 수도원적인 생활양식을 설명하는 가장 대표적인 신앙 특성으로 사용되기도 하였으며, 비범한 내적 체험의 과정들을 영성이라 부르기도 하였다. 또한 물질적인 삶과 구분된 삶의 양태를 설명하는 용어로 쓰이기도 하였다. 이것은 영성을 이해하는 데 두 가지 차원을 고려해야 함을 의미한다.

첫째는 영성의 용어가 본래적으로 의미하고자 하는 것이 무엇이었는가에 대한 역사적 탐구가 필요하다는 것을 뜻하고, 둘째는 영성의 개념이 규범적으로 결정된 것이 아니라면 현대를 살아가는 기독교인들에게 현대적 시점에서 새롭게 발견하고 해석해야 하는 영성의 의미는 무엇인가에 대해 논의해야 한다는 것이다. 따라서 제1장에서는 먼저 영성의 의미가 역사적으로 어떠한 개념으로 사용되었는가 하는 점을 살펴보고자 한다. 이러한 고찰은 애매모호하게 사용되는 영성의 개념을 명확하게 설명할 수 있는 근거를 제시할 수 있을 것이며, 또한 현대 사회에서 지향하여야 하는 영성이 무엇인지에 대한 단초를 제공할 수 있는 이론적 근거를 제시할 수 있으리라 보기 때문이다. 이 장에서는 초대 기독교 공동체에서 근대까지의 영성 이해에 대해 풀어나갈 것이다.

II. 초대 교회의 영성

1. 원시 기독교 공동체

여기서 원시 기독교 공동체의 영성을 구분하는 시기는 존 지지오울라스(John D. Zizioulas)가 가정하는 것처럼 사도들의 시대부터 시작해서 초기 기독교 교부들의 출현 이전까지를 의미한다. 초대 교회의 영성을 설명하기 위하여 이 글에서는 원시 기독교 공동체와 교부들의 시대를 구분하여 설명하도록 하겠다. 왜냐하면 시기적으로 연속선상에 있지만 영성의 주요한 성격들을 특징지을 수 있는 명시적 요소들을 구체적으로 설명함으로써 영성의 통전성과 이원성의 역사적 근거들을 살펴볼 수 있기 때문이다.[1]

존 지지오울라스는 원시 기독교 공동체 영성 형성에서 주도적인 요소가 되는 것을 '종말론적 전망'에서 찾고 있다.[2] 종말론적인 전망

---

[1] 초대 기독교에서 초기 사도들의 시대란 보통 오순절 사건에서 시작되었다고 볼 수 있다. 유대인 선교는 야고보와 베드로, 요한을 중심으로 이루어졌고, 사도 바울이 등장하면서 바나바와 실라와 함께 이방인의 선교를 주로 담당한다. 그리고 예루살렘의 교회의 수장은 예수의 동생 야고보가 맡게 된다. 그러면서 서서히 예루살렘을 출발점으로 하여 사마리아와 갈릴리, 시리아, 소아시아, 마케도니아, 그리스, 이탈리아 지방까지 퍼져 나간다. 그리하여 기독교는 크게 두 문화권에서 서방 기독교와 동방 기독교라는 두 종류로 나뉘게 되는데 서방 기독교는 라틴 문화권에 속하는 지역, 동방 기독교는 희랍 문화권에 속하는 지역이다. 초기 기독교를 교부들을 중심으로 나누자면 사도 시대가 60년경에 끝나고, 그 후로는 속사도 시대(post-apostic age)가 되어 2세기 초까지 이어진다고 볼 수 있다. 정용석, "초기 기독교의 영성," 정용석·이후정 외 편, 《기독교 영성의 역사》 (서울: 은성, 1997), pp. 31-33.

을 갖는다는 것은 다음과 같은 특징을 갖는 것을 의미한다. 첫째, 종
말론적인 전망이라는 것은 구체적 사건들에 관심을 갖는다는 것을
의미한다. 곧, 역사에 관심을 갖는다는 것을 뜻하는 것이다.3) 둘째,
종말론적인 전망 속에서 기독교 영성은 인간 역사 안에 하나님의 나
라를 가져올 종말론적인 인물인 '크리스토스'(christos), 또는 '인
자'(Son of Man)가 역사적 예수라는 점에 초점을 두고 있었다.4) 셋

---

2) John D. Zizioulas, "Early Christian Community," in Bernard McGinn, John
   Meyendorff, and Jean Leclercq (eds.), *Christian Spirituality: Origins to the Twelfth Century*
   (New york: Crossroad Press, 1993), pp. 57-58. 존 지지오울라스는 초기 기독교 공
   동체와 유대교 신앙과의 관련성을 '연속성' 속에서 본다. 기독교회는 선지자들이 선포
   했던 하나님의 백성들의 운명의 성취로서 후기 유대교의 역사와 기대에서 태어났으며,
   따라서 유대교 신앙의 영향하에서 등장했다는 것이다. 그는 초기 기독교 공동체의 출
   현은 '새로운 시대'(new aeon) 메시아 시대의 형태로 임할 하나님의 나라 도래에 대한
   기대라는 특성을 지닌 히브리 지성의 특징인 '종말론적인 전망'을 물려받게 된 것이라
   고 이야기한다.
3) *Ibid.*, p. 58. 초세속적인 경험으로 인도하는 신화들을 통해 시간과 역사로부터 도피해
   서 구원을 추구하는 이방종교들—헬레니즘 세계의 신비 종교들—과는 달리, 성서적 사
   고방식의 영향하에 있는 기독교 영성은 처음부터 역사에 초점을 두었다고 한다. 당시
   의 그리스 종교 및 이방종교들과는 달리, 교회는 우주적인 것이 아니라 역사적인 전망
   을 가지고 있었다는 것이다. 즉, 자연(계절, 별들의 주기적인 운행 등) 관찰에 기초를
   두지 않고 사건들에 기초를 두었다는 것을 의미한다. 이것은 곧, 인간과 하나님의 관계
   는 자연을 통해 이루어지는 것이 아니라 하나님의 뜻에 순종함을 통해 이루어진다고
   보는 것이며, 이러한 사상은 초기 기독교 공동체의 영성의 윤리적 성품과 인격적 차원
   을 부여하는 근거가 되는 것이기도 하다.
4) *Ibid.*, p. 59. 종말론적인 메시아의 시대에 대한 기대는 예수 그리스도 안에서 성취되었
   다. 이런 이유 때문에 예수는 후기 유대교에서 기대하던 인물들, 특히 메시아(christos)
   와, 묵시문학에 등장하는 인자(Son of Man)과 동일한 인물로 간주된다. 이런 견해를
   초기 기독교 공동체가 받아들이는 것이다. 처음 몇 세기 동안, 기독교인들에게는 나사
   렛 예수라는 인물의 역사적 삶 자체가 중요하였지만, 결정적으로 중요한 것은 그의 고
   난과 부활이었다. 그리하여, 초기 기독교 공동체의 영성에서 십자가에 달리신 인자의

째, 종말론적인 전망 속에서 역사적 예수가 마지막 시대의 그리스도
라는 결정적인 근거는 예수의 부활을 통해 주어졌다는 확신을 가지
고 있었다.5) 넷째, 종말론적인 전망 가운데서 초기 기독교 공동체는
'예수 그리스도의 재림'(parousia)에 대한 기대와 소망을 가지고 있
었고, 이것은 그들에게 "주님이 재림하기까지 기독교적인 존재 상태
는 어떤 것일까?"에 관심을 갖게 함으로써 영성 형성에서 결정적으
로 중요한 요인으로 작용하게 된다.6)

이러한 종말론적 전망은 원시 기독교 영성이 다음과 같은 특성을
지니게 한다고 볼 수 있다. 첫째는 구체적 역사 현장에서 체험되는
구체적 사건의 영성이라는 특성이다. 이것은 영성이 현실과 내세를
구분하는 이원 구조를 탈피하고 있다는 것을 의미한다. 둘째, 예수
그리스도가 메시아라는 것에 대한 믿음의 영성이었고, 이것은 구체

불명예를 받아들이는 것, 즉 고난과 죽음, 순교로 이어질 수 있는 태도에 기초를 두는
것이었다. 여기서 초기 기독교 영성의 중요한 특징인 '순교의 영성'이 나오는 것이다.
5) *Ibid.*, pp. 59-68. 역사에 대한 하나님의 최종 심판이 그리스도에게서 이미 발생했고,
그리함으로써 기대했던 종말론적 시대가 시작되었다는 것을 부활하신 그리스도가 증
명한 것이었다. 부활은 곧, 악의 세력에 대한 결정적인 전쟁에서의 승리였던 것을 뜻한
다. 이것은 초기 기독교 공동체의 영성에서 '축제의 영성'을 가능하게 하는 근거를 마련
하는 것이었다. 부활하신 주님을 축하하고 기억하기 위하여 그들은 공동체를 형성하였
고, 성찬과 세례를 통하여 부활한 예수를 기억하였던 것이다.
6) *Ibid.*, p. 61. 그리스도의 부활에서부터 재림까지 기독교적인 실존에서 성령의 역할은
결정적인 것으로 받아들여진다.(욜 3:1-5; 요 14:18) 성령과 성령의 은사 안에서 살고
있다는 것은 한 지체가 되었다는 것을 의미하는 것이었고 이것은 다른 지체를 무시하
거나, 다른 은사를 경시하는 것을 허락하지 않는 것이라고 가르침을 받게 된다. 따라서
성령의 공동체 안에서 산다는 것은 곧, 영성의 최고 형태는 '사랑'이라는 것을 의미하는
것이었다. 또한 '사랑'은 공동체를 떠나서는 경험될 수 없는 것이었다.

적 행동으로써 순교적 삶을 가능하게 한 것이었다. 셋째, 예수 그리
스도의 부활을 축하하기 위한 축하의 영성이었고, 이것은 공동체적
인 삶에서 예배와 세례, 봉사와 나눔으로 이어지는 영성으로 표현되
었다. 넷째, 예수 그리스도의 재림에 대한 소망의 영성이었다. 재림
에 대한 기대가 결국 현재의 공동체 삶의 양상을 결정짓고 윤리 규범
들을 갖게 하는 동인이 되었던 것이다. 결국 초기 기독교 공동체 안
에서 보이는 영성은 일상과 유리되거나, 성과 속이 분리되거나, 내면
의 삶과 실천적인 삶이 이중적으로 나뉘거나, 성직자를 중심으로 이
루어진 영성이 아니었다. 일상 속에서 구체성으로 이루어졌던 영성,
성(聖)과 속(俗)이 하나가 되었던 영성, 내면적 삶이 곧 실천이 되었
던 영성, 평신도를 중심으로 이루어졌던 영성이라고 볼 수 있는 것이
다. 여기서 존 지지오울라스가 제시하는 중요한 관점을 발견할 수 있
는데, 그것은 원시 기독교 공동체의 영성이 통전적일 수 있었던 것은
그들이 종말론적 공동체였기 때문이라는 점이다.7)

브래들리 홀트(Bradley P. Holt) 또한 원시 기독교 공동체의 영성
을 공동체적 전망에서 정의하고 있다. 초기 기독교인들이 처음에는
소수 집단으로 모였지만 나중에는 대규모의 회중이 매주일 기도와
복음 전파와 성찬식을 위해 교회에 모였으며, 특히 '그리스도의 몸'
이라는 사회적 특성을 가지고 공동 기도를 중심으로 모이고 있었다
는 것이다. 또한 세례의 의미도 새로운 공동체에 가입하는 의식을 의

---

7) 존 지지오울라스의 논지에서 발견되는 종말론적 전망은 통전적 영성을 위한 가능적
   동기로서 이 글에서 일관성 있게 부각할 것이다.

미했으며, 그들에게 새로운 공동체에 가입하는 것은 결국 새로운 삶을 시작하는 것을 의미했다.8)

조던 오먼(Jordon Aumann)은 원시 기독교 공동체의 영성을 설명하면서, 네 가지의 특징으로 설명한다. 첫째 특징은, 철저히 그리스도 중심적인 영성이었다는 점이다. 왜냐하면 그리스도의 행적과 말씀을 기억하면서, 부활한 그리스도의 재림을 기다리는 것이 이들에게는 가장 큰 관심사였기 때문이다. 그리스도 중심이었던 것과 아울러 둘째 특징은 종말론적이던 것이다. 그들의 제일 관심은 '파루시아'(parousia), 즉 그리스도의 재림을 방심하지 않고 대비하는 일이었기 때문에 최후의 날에 와 있는 것처럼 긴장된 삶을 체험하며 살아갔다는 점이다. 셋째 특징으로 금욕적 삶을 들 수 있다. 이것은 종말론적인 삶을 살았다는 것과 관련되는 맥락으로, 금욕적이라는 용어는 엄격함과 극기의 행동이기보다는 덕행의 실천과 성장이라는 본래의 의미로 이해되어야 한다고 조던 오먼은 설명한다. 후에 영성이 이원론적인 개념으로 되면서, 금욕주의는 발전하여 교회 안에 특별한 신분의 사람들이 실천한 생활방식이 되지만, 초기에는 금욕주의가 그리스도 영성의 그리스도 중심적 및 종말론적 국면의 논리적 결과였던 것이다. 마지막으로 초기 기독교 영성은 공동적, 또는 사회적이었다. 초기 기독교인들에게 공동생활은 교회의 본질적 요소였으며, 그들의 성례 및 공동 기도 등은 공동생활의 특성을 확고히 하는

---

8) Bradley P. Holt, *Thirty for God: A Brief History of Christian Spirituality* (Augsburg, Minn.: Fortress Press, 1993), pp. 56-57.

신학적 기반을 제공하였다.9)

여기서 중요하게 살펴볼 수 있는 점은 원시 기독교 공동체에서 영성은 통전적 성격을 띠었으며, 통전적 영성을 가능하게 하는 신학적 근거는 바로 그들의 종말론적 기초와 공동체적 근거였다는 점이다. 이러한 통전적 영성이 이원적 영성의 성격을 갖게 되는 역사적 시점이 바로 교회가 공동체성보다 교권적 구조로 제도화되어 가면서 발생하고 있음을 주목하여 볼 필요가 있다. 다음에서 논의하게 될 초기 교부 시대는 바로 이러한 교권적 교회의 첫 시작을 의미하며, 동시에 영성이 삶보다는 앎의 차원으로, 평신도의 영성보다는 성직자의 영성으로 전환되어 가는 것을 발견할 수 있다.

2. 초기 교부 시대의 영성

1) 신앙 공동체에서 교회 공동체로

존 지지오울라스는 1세기 말부터 3세기 초, 속사도 시대에 기독교 영성을 형성하는 데 중요한 역할을 한 요소들을 다음과 같이 네 가지로 분류한다. 첫째, 성찬적 토대 위에서 점진적으로 교회의 구조가 형성되어 갔다는 점이다. 둘째, 영지주의의 도전과 그에 대한 교부들의 반응이라는 점이다. 셋째, 기독교 영지주의의 출현과 영성에 그것이 차지했던 비중이며, 넷째, 영성의 한 형태인 몬타누스파 영성에

---

9) Jordon Aumann, *Christian Spirituality in the Catholic Tradition* (London: Sheed & Ward Ltd., 1985), pp. 39-47.

대한 반응으로서 순교가 있었다는 것이다.10) 원시 기독교 공동체가
하나님 나라가 곧 올 것이라는 임박한 종말론적 희망을 가지고 있었
다면, 초기 교부 시대에는 그들이 기다렸던 것처럼 하나님의 나라는
오지 않고 역사는 계속 진행되었으며, 주의 재림은 연기되는 것처럼
보이고 종말에 대한 회의가 점점 확산되었다. 이러한 상황에서 초기
교부 시대의 종말에 대한 전망은 종말의 피안화, 개인주의화, 심령
주의화되어 갔다고 볼 수 있다.11) 이러한 종말에 대한 전망은 초기
교부 시대의 영성에도 영향을 미쳐 영성의 구조가 점차 이원화되어
갔다.

교부 시대로 들어서면서 첫 번째 변화는 신앙 공동체에서 교회 구

---

10) John D. Zizioulas, "Early Christian Community," in Bernard McGinn, John
Meyendorff, and Jean Leclercq (eds.), *Christian Spirituality: Origins to the Twelfth Century*
(New york: Crossroad Press, 1993), p. 69. 초기 기독교 공동체의 영성의 주된 특성
을 논의하는 데서 램시(Boniface Ramsey)도 그 맥락을 같이 하고 있다. 램시는 초기
기독교 공동체의 영성의 특징으로 다음의 세 가지를 제시한다. 첫째, '예수 안에서의
구원에 대한 확신'이 영성 생활의 기초가 되었다는 것이다. 둘째, '예전'이다. 예전을
통하여 공동체 안에서의 기독교적 정체성을 획득해 간다는 것이다. 셋째, '순교'이다.
초기 기독교 공동체에서 3세기까지 순교는 그들의 영성에 중요한 영향력을 끼치고
있었다고 한다. Boniface Ramsey, "The Spirituality of the early church: Patristic
Sources," in *Spiritual Tradition for the Contemporary Church*, Robin Maas and Gabriel
O'Donnell (eds.) (Nashville: Abingdon Press, 1990), pp. 25-36.

11) 초대 교부 시대의 종말론이 심령화되어 가는 것에 깊은 영향을 준 사람으로 오리겐
(Origenes)을 들 수 있다. 그러나 오리겐의 이러한 입장 이외에 초대 교부 시대에 죽
은 자의 부활을 육체적 · 감각적인 것으로 이해하는 견해를 드러내는 사람(Justin,
Tertullian, Hieronymus)도 있었다. 이러한 견해와 더불어 초대 교회 신앙의 요약이
라고 볼 수 있는 〈사도신경〉은 육의 부활을 인정함으로써 하나님의 통치에 대한 물질
적 · 차안적 측면을 주장하는 히브리적 전통을 고수하고 있다고 볼 수 있다. 김균진,
《종말론》 (서울: 민음사, 1998), p. 79.

32

조로의 전환이다. 이 시대에는 신앙 공동체의 성찬과 세례에서 중요한 변화가 일어나게 된다. 그것은 성찬 공동체에 참여하는 것과 감독에게 순종하는 것은 영생을 위한 필수 요소로 간주되었다는 것이다. 이러한 인식이 교회 공동체에 참여하여 성찬 공동체에 끊임없이 참여하고, 머리인 감독에게 순종하지 않는 한 누구도 영생을 주시는 하나님과 관계를 맺을 수 없다는 사상으로 발전하게 되었다.[12] 이것은 곧 성찬 공동체와 그 공동체의 머리인 감독이 없이는 누구도 영생에 참여할 수 없다는 것을 의미하는 것이었으며, 이러한 사상은 곧 "교회 밖에는 구원이 없다(extra ecclesiam nulla salus)."라는 금언을 낳기도 하였다.[13]

또한, 단순히 상징적인 성찬 거행이 아니라 실질적인 성찬 거행의

---

[12] *Ibid.*, p. 69. 이러한 견해는 이그나티우스(Ignatius, 110년 사망)에 의하여 주장되는데 그는 자신의 서신에서 구원 및 영적 생명은 그리스도의 성찬에 성실하게 참여함으로써 이루어진다는 견해를 강력하게 개진한다. 이그나티우스는 성찬을 "불멸의 약, 죽음의 치료제"(Letter to the Ephesians 20,2)라고 불렀는데 이것은 성찬이라는 객체에서 생겨나는 것이 아니라, 교제, 즉 공동체의 모임에서 생겨나는 영생인 것이다. 따라서 교회의 감독에게 불순종하는 것은 참 감독이신 그리스도와 하나님께 불순종하는 것이라고 보았다.

[13] *Ibid.*, pp. 72-73. 이러한 해석을 토대로 하면, 한 장소에는 오직 한 사람의 감독과 하나의 성만찬만 존재할 수 있다는 초대 교회의 전제가 분명해진다. 감독은 개인으로서가 아니라 성찬 공동체의 머리로서 중요성을 지니며, 성찬은 하나의 성례가 아니라, 종말론적 공동체의 표현이기 때문에 한 명 이상의 감독과 성찬은 특정 장소에서 하나 이상의 교회가 존재한다는 것을 의미하게 된 것이다. 이그나티우스와 키프리안, 325년 니케아 공의회 역시 한 도시에 한 명 이상의 감독이 존재하는 것을 금지하고 있다. "하나의 성찬, 하나의 감독, 하나의 교회"라는 이 원리는 3세기 이후 교인들이 급증하여 실질적인 필요성으로 말미암아 교회가 교구들을 만들고 성찬에서 지도적 역할을 장로들에게 배정하게 되었을 때도 유지되었다.

중요성이 강조되었다. 이것은 기독교 영성이 물질 경멸이나 경시에 기초를 둔 것이 아님을 의미하는 것이었다. 성찬은 먹고 마시는 것이 포함되었고, 여기에는 인간의 노력과 더불어 물질적인 요소인 떡과 포도주가 포함되는 것이었다. 이 모든 것은 성찬 안에서 거룩해지는 것이다. 영성에 대한 고대 그리스의 태도, 특히 신플라톤주의의 태도와는 달리, 교부 시대에는 삶에 대한 성찬적 접근에 기초를 두었으며, 신령하다는 것은 물질세계를 받아들이고 성화시키며, 어떤 방식으로든 그것의 중요성을 훼손하지 않는 것임을 강조하였다.[14] 이 점은 공동체의 한 구조인 교회에서의 '변화'가 원시 기독교 공동체에서 새로운 정체성을 확립하는 변화로, 하나님 통치에 대한 축하와 하나님 나라 만찬의 선험 등으로 이해되던 성례가 교회 구조 안의 감독에게 순종을 필요로 하는 모습으로 계급화 · 교권화되는 양상을 띠게 된다. 또한 성례 속에서 강조되던 코이노니아 개념, 공동체적 개념은 상실되고 성례와 코이노니아가 이분되는 양상을 보이고, 이것은 곧 하나님과의 관계와 인간과의 관계가 이원적으로 분리되는 양상을 내포하고 있었다고 볼 수 있을 것이다.

2) 영지주의의 출현

영성에 또 다른 영향을 주며 등장한 것이 영지주의의 출현이다. 존 지지오울라스는 영지주의가 기독교회 내부의 운동이면서 동시에 외

---

14) *Ibid.*, p. 74. 이러한 요점은 리용(Lyons)의 감독 이레니우스(Irenius)가 특히 강조했으며, 영지주의자들을 대적하기 위한 하나의 논거로서 사용되었다.

부의 운동으로서 그 나름대로 영성을 표현했다고 본다. 영지주의는 두 가지 점에서 교부 시대의 교회에 도전하였다. 첫째는 물질세계를 잠식하고, 세상 창조를 하나님이 아닌 조물주에게 돌리는 경향이었다.15) 구원과 영성생활에 대한 영지주의의 두 번째 접근 방식은 '지식'(gnosis) 개념이다. 특권을 지닌 소수의 '영지자들'(Gnostics)에게 신화(myth)의 형태로 계시되는, 은밀한 신비들에 대한 지식을 소유하고 있는 사람들만이 구원과 영생에 참여할 수 있다는 주장이었다.16)

2세기의 교회는 영지주의를 배격하면서 이 두 가지 원리를 배격하는 영성의 원리들을 발달시키게 된다. 이것은 주로 이레네우스

---

15) *Ibid.*, p. 75. 이 접근방식에서 영성은 물질과 시간으로부터의 도피인데, 여기에는 금욕주의, 혹은 윤리적 제한들에 대한 멸시가 포함되는 것이다.

16) *Ibid.*, pp. 75-76. 조던 오먼은 영지주의가 복음을 희랍철학에 적응시킴으로써 그리스도교를 희랍화한다는 지적을 공공연히 받았다고 본다. 영지주의의 시작을 단순히 성경의 윤리적이고 교의적인 내용을 철학 용어로 표현하고자 한 노력이라고 본 것이다. 오먼은 2세기 말경에 창조의 이중 원리에 의한 교리를 잘못 공포한 영지주의자들이 더러 있었고, 그러한 교리 때문에 이단적 영지주의가 나오게 된 것이라고 설명을 한다. Jordan Aumann, O.P. *Christian Spirituality in the Catholic Tradition* (London: Sheed & Ward, 1985), p. 45. 이에 대하여 부이에는 클레멘스를 인용하여 영지는 '하나님에 관한 지식이고 복음서에 관한 이해'라고 주장한다. Louis Bouyer, "A history of Christian Spirituality," Vol. 1, *The Spirituality of the New Testament and the Fathers* (San Francisco: Harper San Francisco, 1982), p. 211. 부이에는 이단적 영지는 사람을 세 부류로 나눈다고 설명을 한다. 1) 영적 존재(pneumatic), 즉 생활 방식이 어떻든지 이미 구원받도록 정해진 존재이다. 2) 심령적 존재(psychics), 이들은 최선을 다하여 성령을 따라 살지만 하나님의 도움이 없이는 구원을 받을 수가 없다. 3) 물질적 존재(hylic), 이들은 세속적으로 살며, 미리 지옥에 떨어지도록 예정되어 있는 사람이다. *Ibid.*, pp. 216-236, 245-256.

(Irenaeus)의 영향하에 발생한다. 이레네우스가 이단적 영지주의를 비판하면서 발전시킨 사상은 크게 두 가지로 볼 수 있다. 먼저, 이레니우스는 물질세계는 유일하신 아버지 하나님의 직접적인 산물이며 선한 것이라고 강조한다.[17] 동일한 방식으로 그는 시간 역시 선한 것으로 영성에 반드시 필요한 조건이 되는바, 인간 자유를 발휘하는 토대요, 배경이 된다고 강조한다. 신령한 사람은 몸을 통해서 하나님과 교제하며, 또 썩지 않을 몸을 갖기 위하여 하나님의 영을 받는다는 것이다. 이것을 위하여 몸의 최종적인 부활 전까지 성찬을 의미하고 실현하는 것이라고 주장한다. 이러한 이레네우스의 사상은 초기 교부시대의 신학사상에서 중요한 역할을 하였으며, 가장 초기 교회의 신조들 안에 받아들여졌다. 몸, 혹은 육의 부활을 언급하지 않고는 기독교 영성을 이해할 수 없었다는 것이다.[18]

다음으로, 이레네우스는 영지주의의 영성과 관련하여 '지식이 구원에 이르는 열쇠'라는 사상을 공박한다.[19] 그는 지적인 지식 대신

---

17) Bernard McGinn (ed.), *Christian Spirituality*, p. 57. 이레네우스는 안디옥의 이그나티우스의 저술에 나타나 있는 전통(성찬)은 '사망을 치료하는 해독제'이며, 따라서 불멸과 영생의 원천이라는 것을 강조하며 영지주의와 대결해 나갔다.

18) *Ibid.*, p. 76.

19) *Ibid.*, p. 76-77. 이레네우스에 따르면 하나님에 대한 참 지식은 개인이 특정한 합리적인 전제들을 받아들이는 것, 혹은 진리와 하나님에 대해 그가 가지고 있는 이상과 관련된 것이 아니라 개인적인 관계들과 교제에 관련된 일이다. 지식에 대한 이러한 이해는 구원을 지적인 영역에서 제거하여 교회의 공동체라는 맥락 안에 두기 때문에 영성에서 대단히 중요한 것이었다. 이것은 기본적으로 영성에 대한 성경적인 접근 방식을 계속 활성화해 주는 역할을 했다. 하나님께 이르는 길은 이웃들과의 관계를 통과해야 하며, 사랑은 기독교 영성의 유일하게 건전한 토대이며, 후일 금욕적 교부들에게서

에 공동체의 교제를 강조한다. 그의 견해에 따르면, 사도들 및 그리스도 이후에 교회 안에서 생활하던 사람들은 성육신 이전에 살았던 사람들의 지식과 비교할 때 유일하게 참되고 유효한 지식이라는 의미에서 로고스(Logos)에 대한 탁월한 지식을 가지고 있었다고 한다. 그 이유는 성육신과 교회는 정신(mind)에 의하여 파악되는 것이 아니라 개인적 교제에 기초를 둔 지식으로 제공되기 때문이라는 것이었다. 그러므로 하나님에 대한 참 지식은 개인이 특정한 합리적인 전제들을 받아들이는 것, 혹은 진리와 하나님에 대하여 그가 가지고 있는 이상과 관련되어 있는 것이 아니라 개인적인 교제와 관계되어 있다는 것이다.

여기서 주목하여 볼 점은 이러한 논의가 구원을 지적인 영역에서 이해하는 것을 피하여 교회의 공동체라는 맥락 안에 두기 때문에, 영성에 있어서 인지적이고 개인적인 측면을 극복하고 공동체성을 회복할 수 있는 기초를 제공하고 있다는 것이다. 이는 이단적 영지주의가 제시하는 것처럼 '신적 지식'을 지닌 소수의 사람들이 구원받을 수 있다는 논의를 반박함으로써 영성에서 '엘리트주의'를 극복할 수 있는 근거가 된다. 영성에 대한 이러한 입장은 영성을 형이상학적이며 인지적인 측면에서 논의하는 것에서 벗어나 공동체를 중심으로 하고, 관계 중심의 영성을 논의할 수 있는 근거를 제공하고 있다. 또한 일상에서의 구체적 관계성을 중심으로 한 경험들이 어떻게 영성

표현되는 것처럼 지식의 도구는 정신이 아니라 마음이라는 것이다.

을 형성하고, 실현할 수 있는지에 대한 논거들을 제시하여 준다고 볼 수 있다. 이레네우스의 영성에 대한 이해는 영성이 개인주의화되어 가는 것에 대한 반박으로 볼 수 있다. 그러나 이레네우스의 이러한 논의에도 불구하고 초기 교부 시대의 영성에 대한 이해는 지성적이고, 개인적인 측면을 강조하는 영성으로 점차 구조화되어 갔다.

　지성을 통하여 영성에 접근을 하며, 구원을 주로 계시의 문제로 취급하려는 경향은 초대 교회의 삶에서 완전히 없어지지 아니하고, 알렉산드리아의 요리문답학교를 통하여 더욱 발달하게 된다. 이러한 관점에서 사상을 발전시켜 나간 두 사람은 클레멘트와 오리겐이라고 볼 수 있다. 그들의 사상은 로고스(Logos) 사상을 중심으로 전개되었으며, '계시'를 신학과 영성의 출발점으로 보았다.[20] 먼저 클레멘트의 영성의 개념을 살펴보면, 클레멘트는 참 지식인(Gnotics)이면서 동시에 완전한 그리스도인이 되기 위하여 믿음(Pistis)과 지식(Gnosis)이 공존해야 한다고 강조했다. 그에 따르면 신적인 이성(Reason)이 곧 로고스인데, 구원과 영생은 로고스에서 파생되며, 하나님은 자신을 인간의 로고스에 부착시켜 그것을 조명하게 함으로써 구원을 허락하여 준다는 이론을 폈다. 그러므로 영성의 진수는 신적 로고스에 대한 관상이라는 것이다.[21] 관상은 하나님을 알고, 하

---

20) *Ibid.*, p. 78
21) *Ibid.*, pp. 77-78. 클레멘트는 그리스도인의 생활이 여러 단계로 구성되어 있다고 여겼으며 이 단계들을 '영혼의 저택'이라고 불렀다. 그 저택들은 거룩한 두려움, 신앙과 희망, 끝으로 애덕으로 분류되는데 실제로 모든 영혼이 최종 단계에 도달하지는 않으며, 그리스도인들은 '보통신앙'을 가진 이들과 '완전한 신앙'(영지주의자)을 가진 이들

나님을 보며, 하나님을 소유하는 것이다. 신적 로고스를 소유하는 것
에서 마지막은 무정념(無情念)의 상태(apatheia)인데, 이것은 피조물
로부터의 이탈은 물론, 열정과 욕망을 완전히 제어한 데서 나오는 결
과이다.22)

클레멘트와 달리 오리겐은23) 성서해석에서 철학을 신학보다 우
위에 두었던 경향은 있으나 영적 완전을 하나님의 로고스가 인간의
영혼에게 주시는 신적 계시 및 지식과 동일시하기는 마찬가지였다.
그의 접근 방식은 다소 신비적이었다.24) 이러한 접근 방식은 초기의
성경적 정신 구조로부터 이탈하는 것이었다. 오리겐이 제시하는 영
성 개념의 대표적인 특징은 이원론적인 구분이 시작된다는 것이다.

로 구분이 된다. *Stromata*의 2와 7에서 그의 가르침이 발견이 된다. Jordan Aumann,
Ibid., p. 52에서 재인용.

22) *Stromata* 6., Jordan Aumann, *Ibid*.에서 재인용. '무정념'(apatheia)의 개념은 카파도키
아 수도자들과 에바그리우스 폰티쿠스(Evagrius Ponticus)에 의해서 채택된다. 그것
은 또한 몇몇 학자에 의해 초대 그리스도교 영성에 이교적인 요소가 있다는 것을 생각
하려고 한 근거 중에 하나가 되기도 한다. Louis Bouyer, *op. cit*., pp. 273-274.

23) 오리겐은 그리스도를 통해 삼위일체에 도달하는 신비를 가르친다. 그러나 부이에는
오리겐이 클레멘트처럼 영지에 대해 언급을 하지만 그 내용은 다르다고 주장한다.
Louis Bouyer, *op. cit*., p. 282. "두 영지 간의 가장 큰 차이는 클레멘트의 영지는 그
자체를 이해하고 서술하며, 어쩌면 그 자체를 음미하기 위해 그 자체로 아주 쉽게 돌
아온다. 그에 반해 오리겐의 영지는 전혀 그 자체를 설명하지 않는다. 즉 성서에서
관상된 그리스도의 신비와 더불어 전적으로 있는 그대로 받아들여진다. 오리겐이 나
중에 그리스도 영성에 가장 깊고 영속적인 영향을 끼친 것은 아마 그 때문일 것이다."

24) Bernard McGinn (ed.), *Christian Spirituality*, pp. 78-79. 오리겐은 그의 신비주의에서
로고스에 관심을 갖는데, 그는 아가서의 주석 및 다른 저서에서 사랑과 결혼이라는
형식을 빌려 인간의 영혼과 말씀의 합일에 대해 광범위하게 논의한다. 그는 이러한
영혼과 말씀의 합일을 '정신의 조명'(Illumination of mind)이라는 용어로 묘사한다.
로고스는 영혼에게 '알려져 있지 않은 모든 감추인 일들'을 설명해 준다는 것이다.

그는 신과의 합일에 합당하다고 생각되는 인간 영혼은 모든 정욕으로부터 자신을 깨끗하게 하여 무정욕의 상태(apatheia)에 도달해야 한다고 여겼다. 플라톤의 개념을 중심으로 영과 물질, 혼과 육을 엄격하게 이원론적으로 구분하였던 것이다. 오리겐은 금욕의 기도를 강조하였다.25) 그는 금욕의 본질을 물질과 몸의 영향력으로부터 영혼이 해방되는 것이라고 보았다.26) 오리겐은 복음서가 신체적인 부분인 육체적·물질적인 부분과 영적인 부분으로 구성되어 있다고 보았으며, 역사적인 사건들의 외면이 아닌 배후에 의미가 있다고 보았다. 중요한 것은 이 의미에 대한 지식과 계시인데, 이것은 모든 사람에게 주어지는 것이 아니라, 소수에게만 주어진다는 것이다. 영혼은 정욕을 깨끗이 씻어 버리고 말씀에 합류함으로써 진리를 볼 수 있는데, 이것이 영성의 본질이라는 것이다.27)

오리겐이 초대 교회의 영성에 미친 영향은 다음과 같은 사상들로

---

25) *Ibid.*, p. 79. 존 지지오울라스는 오리겐이 금욕을 강조하면서 몸의 순결과 동정을 포함시켰는데 이것은 마태복음 19장 12절을 잘못 해석한 것이라고 설명한다.

26) *Ibid.*, pp. 79-80. 이러한 맥락에서 오리겐은, 무식한(simple) 기독교인들과 조명된(illumined) 혹은 교육을 받은, 혹은 영지적인(Gnostic) 사람들을 엄격하게 구분하였다. 첫 번째 범주의 사람들은 복음서 이야기에 등장하는 무리들과 비교를 한다. 예수님을 따랐으나, 그 나라의 비밀에는 접근하지 못한 사람들이다. 신령한 사람, 혹은 유식한 기독교인들은, '그 나라의 비밀'을 계시받은 예수의 제자들에 비유된다.

27) *Ibid.*, p. 80. 오리겐은 영혼의 완성은 하나님처럼 되는 것이며, 그러기 위해서 영혼은 점차 현세를 초탈하고, 욕망과 욕정을 정복해야 한다고 말한다. 그것을 성취하기 위해 영혼은 양심의 성찰로 자신을 알아야 하고 또 그리스도의 삶을 모방해야 한다는 것이다. 오리겐이 완전한 이들만이 영지에 도달하고, 대다수는 그렇지 않다고 말하는 것은 클레멘트의 견해와 일치한다. L. Bouyer, *op. cit.*, p. 282.

이어지게 된다. 첫째, 정욕과 죄에서 깨끗하게 된 인간 영혼들이 계시, 관상, 신적인 지식 등을 경험할 수 있다는 관념이다. 둘째, 완전이라는 개념에 '거룩함'이라는 개념을 부여했고, 그리하여 특정 기독교인들의 집단, 즉 영적 엘리트 그룹에게 '거룩함'이라는 개념을 부여해 줌으로써 '거룩함'이라는 사상을 교회 공동체와 분리하였다. 마지막으로 오리겐의 사상은 종말론을 역사적인 장으로부터 인간학적인 장으로 이동시켰으며, 몸의 부활 및 재림(parousia) 사건에 대한 기대를 영성에서 부차적으로 만드는 역할을 하였다. 영성에 대한 이러한 사상은 후대 수도원운동에서 찾아 볼 수 있다.[28] 오리겐의 이러한 사상은 영성을 인지적인 차원으로 축소시키고 일상적인 생활에서 이루어질 수 없는 특수하고 부분적인 영역으로 한정시켰으며, 특정 계급이 지향할 수 있는 엘리트주의적이고 계급주의적인 양상을 갖게 하였다. 따라서 이로부터 공동체와 평신도를 중심으로 형성되던 영성을 통전적이기보다는 이원론적인 측면에서 이해하는 경향이 시작되었다.

III. 중세 초기의 영성

초기 교부 시대의 영성의 의미는 4세기의 교회, 그리고 후기 교부

---

28) *Ibid.*, p. 80.

시대 및 비잔틴 시대로 이어지게 된다. 초기 교부 시대의 영성은 두 가지 기본적인 정신 구조로 이루어져 있다고 볼 수 있다. 하나는 성찬 공동체에 기본을 두고, 공동체의 종말론적 지향을 결정적인 영성의 요인으로 삼는 형태이다. 또 하나는 정욕과 싸우며 도덕적 완성에 도달하기 위하여 노력하는 개인의 경험에 기초한 영성으로, 영혼이나 정신과 하나님의 로고스와 신비적 합일이 수반되는 영성이다.

첫째, 형태는 안디옥의 이그나티우스와 이레네우스 같은 교회의 교부들에 의하여 진작되었고, 둘째 형태는 주로 오리겐과 알렉산드리아의 신학자들의 영향을 받았다. 4세기 이후의 교회 역사 안에서도 이 두 가지의 흐름의 영성은 공존하면서도 양립하지 않은 것을 볼 수 있다. 오리겐의 영성은 4세기에 이집트의 수도사들이 오리겐의 저서를 읽으면서 유명해졌는데, 에바그리우스주의29)라고 알려진 오리겐을 추종하는 강력한 수도원적인 전통의 주요 주제는 악한 생각들로부터 마음을 깨끗하게 하는 것이었다.30) 하지만 오리겐주

---

29) Evagrianism은 이 영성의 창시자인 폰투스의 에바그리우스의 이름에서 유래한 것이다.

30) John Zizioulas, *Ibid.*, p .83. 닛사의 그레고리(ca 331-394 이후)는 카파토기아의 교부들 중에서 가장 조직적인 사상가였다. 그는 오리겐의 영향을 받아 교회 내에서 신비주의 교리를 가다듬게 된다. 그레고리에 따르면 '대우주'인 창조주와 조화를 이루면서 하나님에 의해 피조된 '소우주'의 개개의 인간들은 창세기 1장 26절에 기록된 대로 정신 안에 있는 신의 형상-모양, 자유, 의지 등의 여러 가지 덕목을 경험한다. 인간은 본질적으로 두 개의 세계—영적 세계와 물질적 세계—의 경계선에 있기 때문에 타락한 인간은 '다른 세상' 혹은 눈에 보이지 않는 세상에 대한 직관을 가지고 있다고 본다. 그리하여 그레고리는 인류의 도덕적 불행, 육체적 불행, 혹은 사회적 불행 등을 분석하면서 인류의 현재의 한계 및 신적 구주의 필요성을 강조한다. 그러나 기독교 신학의

42

의와 에바그리우스주의는 크게 확장되고 영향을 미쳤음에도 불구하고 결국 교회의 주류로부터 배척을 받게 된다. 오리겐주의는 553년에 개최된 제5차 에큐메니칼 공의회에서 공식적으로 정죄되었다.

4세기에는 에바그리우스주의와 병행하여 또 다른 형태의 영성이 융성하게 되는데, 이집트의 마카리우스(Macarius)의 것이라고 주장

성육신적인 토대를 강조함으로써 이원론적인 염세주의를 극복하고자 하기도 하는 것이다. 그리스도가 인간을 자신의 몸에 연합시킴으로 인간이 본래적으로 가지고 있던 신적 우정을 회복하게 된다고 보는 것이다. 그리스도의 인성은 보편적인 인간 본성의 세력의 방향을 재설정하여 그것을 물질의 순환에서 해방시켜 신적인 것을 향하게 한다고 보는 것이다. 결국 그레고리의 지향점도 물질에서 해방이었다. 그레고리는 인간은 두 가지 독특한 신비 체험의 차원에서 관상생활에 인도된다고 본다. 관상생활은 천국의 복된 삶을 세상에서 미리 보여 주는 차원이다. 첫째 차원은 '영혼의 거울'이라는 차원으로, '영적 감각'을 발휘할 때에 발생하는 신적인 조명이다. 여기서 인간은 자신의 죄된 정욕 안에서 상실했던 하나님이 지으신 우주에 대한 비전을 회복한다는 것이다. 둘째 차원은 보다 높은 신비적 체험의 차원이다. 영혼의 어두움이 영향력을 발휘하는데 그 안에서 깨끗해진 영혼은 하나님의 무한한 불가해성에 직면하게 된다. 여기에서 인간은 하나님의 임재를 감지함을 통해 신화(divinization)의 과정에 참여하는 자신을 발견하게 되는 것이다. 이러한 영적인 성취에서 그리스도의 성육을 전제로 하기는 하지만, 그레고리의 신비주의에서는 신플라톤적인 성향이 발견되는 것을 볼 수 있다. 신비적 상승이란 자기를 낮추어 영혼 안에 들어오신 그분을 향해 영혼이 이끌려 가는 것을 의미한다. 겸손한 자들을 세우시는 주께서 아래 있는 것들의 수준으로 자신을 낮추셨을 때에만 우리는 지극히 높으신 분을 향해 들려 올려질 수 있다. 그것이 곧, 위에 있는 것들을 향해 일어선 영혼이 초월자(Transcendent One)에게 도움을 구하며, 그분에게 낮은 곳에 있는 인간들에게 접근할 수 있기 위해 높은 곳에서 내려오실 것을 요구하는 이유가 된다.(Gregory of Nyssa Homily 10 on the Song of Songs; PG 44, col. 988 A) 인간이 덕의 길에 올라갈 때에 인간 자신의 영적 구조를 통하여, 그리고 우주와 조화를 이루는 우주적 정신을 통하여 신적 초월성이 인간 앞에 개방된다는 것이다. 결국 이러한 논리는 삶의 물질적이고 구체적이며, 실제적인 영역의 관심을 극복하고 초월하는 것을 영성의 모습으로 인식하고 있는 것이라 할 수 있다. Charles Kannengiesser, "Spiritual Message of Great Fathers," in *Christian Spirituality* I , pp. 133-137.

된 저술들과 관련이 있는 것들이었다. 이들의 영성의 논의는 영성의 중심을 정신에서 마음으로 옮겼다는 점에서 오리겐주의와 차별성을 나타낸다. 마카리우스에게 순종과 사랑의 결속은 '마음의 정화'와 영적 금욕 훈련을 필요로 하는 것이었다. 이러한 입장의 마카리우스적 수도원운동의 영향에도 불구하고 성찬에 기초를 둔 초대 교회의 영성은 지속되어 왔기 때문에 마카리우스 영성이 마음의 중요성, 순종, 사랑의 중요성을 강조한 것과 더불어 교제(communion)라는 측면이 중요하게 여겨지기도 하였다.

두 형태의 영성—이레네우스의 주장을 중심으로 하는 '성찬 영성'과 마카리우스를 중심으로 하는 수도원적인 영성—의 통합을 이루게 하는 시도는 6세기 말부터 7세기에 활동한 그리스 교부인 고백자 막시무스(Maximus the Confessor)와 그의 저서에서 발견할 수 있다. 막시무스는 실존에 대한 성경적인 접근과 초기 교부 시대의 성찬적 접근을 회복시키고 수도원적인 체험과 종합을 하였다. 그는 세상, 특히 교회 안에는 대단히 교회적인 구조와 특성이 있다고 보았다. 실존은 성찬적인 것(eucharistic)이며, 만일 그것이 만물에 의미를 주는 우주적인 전례(cosmic liturgy)가 되지 않는다면 영성은 무의미한 것이 된다는 것이다. 막시무스는 성찬에 대한 주해서인 《미스타고지아》(*Mystagogia*)에서 인간을 전체 교회의 이미지로 보고, 인간 실존의 의미를 성찬이라는 맥락 아래에 두었다. 수도원 체험 자체는 하나의 목적이 아니며, 성찬에서 의미를 얻는다고 본 것이다. 성찬은 전체 피조 세계에 의미와 목적을 두었다. 영성의 원천을 성찬 공동체로 여긴 것이다. 막시무스는 이러한 성찬 공동체에 대한 중요성을 강조함과 아울러 영성 안에 또 하나의 성경적 요소, 즉 종말론을 도입한다. 막시무스는 성찬 안에서 과거 이레네우스와 같은 교부들 안에 보존되었던 성경적 의미에서의 종말론적 태도를 보았다. 이러한 접근 방식에서 영성은 모든 정욕으로부터 마음을 깨끗케 함으로써 피조 세계를 그 자체에 합당한 종말로 향하게 하는 동안에 주는 실제의 성찬 모임을 통해서 성찬 공동체에 참여케 함으로써 개인주의를 극복할 수 있게 한다.[31]

1. 동방의 기독교와 수도원운동

쟝 그리보몽(Jean Gribomont)은 311년 이후 콘스탄틴의 평화가 효력을 발휘하고, 그리스도인들이 제국의 사회적·문화적 구조에 적응하던 때에 전통적인 세속 가치관에 대한 거부의 다양한 표현 중 하나로 수도원운동이 발생하였다고 분석한다.[32] 조던 오먼(Jordan Aumann)도 수도원의 효시를 이와 같은 맥락에서 보고 있다. 3세기 말경에 금욕적 그리스도인들이 더 완전한 생활을 하려는 노력으로 수도원운동을 시작했다는 것이다.[33] 이러한 맥락에서 볼 수 있듯이

---

31) Bernard McGinn (ed.), *Christian Spirituality*, pp. 83-86.

32) Jean Gribomont, "Eastern Christianity," in *Christian Spirituality*, pp. 160-161.

33) Jordan Aumann, *Ibid.*, p. 55. 오먼은 페넬롱의 말을 인용하여 이러한 상황을 다음과 같이 설명한다. "교회가 평화롭고 승리했을 때보다 박해받았을 때 은자들이 더 적었다. 단순하면서도 강인한 그리스도인들은 폭군들의 잔혹함보다도는 감각을 즐겁게

수도원운동의 효시는 세속적인 것과 종교적인 것에 대한 구분의 이중성과 문화에 대한 적대감에서부터 비롯되었다고 볼 수 있다.[34]

동방 수도원의 설립자는 안토니(Anthony)이다.[35] 워커(Wiliston Walker)에 따르면 안토니는 예수께서 부자 청년에게 하신 말씀에 깊은 충격을 받고 자기의 소유를 포기하고, 고향 마을에서 270년경부터 금욕생활을 시작했다 한다. 그리고 15년 뒤쯤 그는 외딴 곳에 들어가 은둔생활을 하게 된다.[36] 거기서 356년까지 산 것으로 전해진다. 은자로서의 삶은 철저한 자기부정(自己否定)의 삶과 끊임없는 기

할 수 있는 평화를 더 두려워했다." F. Fenelon, "Discours sur les avantages et les devoirs de la vie religiuse," in *Oeuvres,* Versailes (ed.), Vol. 17, p. 396; Jordan Aumann, p. 55에서 재인용.

34) Wiliston Walker, *A History of the Christian Church,* 강근환 · 민경배 · 박대인 · 이영헌 공역, 《세계 기독교회사》 (서울: 대한기독교서회, 1975), pp. 145-146. 워커는 금욕주의의 이상과 기독교 도덕의 이중적인 표준이 콘스탄틴 시대 이전에 오랫동안 교회 안에 성장하고 있었다고 보며, 금욕주의와 수도원 생활은 기독교에만 독특하게 있었던 제도는 아니었고, 인도인, 유대인, 희랍인 이집트인들의 종교 가운데서도 금욕주의의 전형적인 인물들을 찾아볼 수 있다고 한다. 장 그리보몽도 수도원운동의 기원이 아주 먼 과거의 시리아인들과 콥트인들 가운데서 발견된다고 이야기한다. 그들의 복음화의 전통은 유대-기독교 정통으로 넘어가는데 그것은 독신제도, 금욕, 금식, 기도 시기, 청빈 등을 지키는 점에서 지중해 연안의 도시 공동체들의 관습보다 형식적이었지만 더 엄격했다고 보고 있다.

35) Robert C. Gregg trans., *Athanasius, The Life of Anthony and The Letter to Marcellinus* (New York: Paulist Press, 1980), Jean Gribomont., *Ibid.,* p. 164에서 재인용. 기독교 수도원운동의 시조인 안토니는 중앙 이집트의 코마(Koma)에서, 토착민의 혈통을 받아 250년경에 출생하였다. 안토니의 전기는 문화와 지식에 해박한 인물이었었던 이집트 교회의 지도자인 아타나시우스의 저서이다. 그는 금욕의 의미를 인식하고 안토니의 발자취를 따르는 사람에게 유익이 될 수 있는 일련의 규칙들의 초안을 저술하였다.

36) Wiliston Walker, *Ibid.,* p. 146.

도의 생활이었다.37) 안토니를 모방하려는 사람들이 많아지면서, 어떤 사람들은 철저한 독거를 고집하기도 하였고, 어떤 사람들은 집단 거주에 들어가기도 하였다. 그들은 예배와 극기의 형식을 스스로 고안하였다. 그들의 영성의 이상은 그리스도를 위하여 모든 것을 버리는 것을 의미하였고, 이것은 그들에게 영웅적인 행동이기도 하였다.38)

안토니 이후 파코미우스(Pachomius)39)에 의하여 개선된 동방의 수도원 공동체는 공동생활을 통하여 사랑, 완전한 청빈, 물질적 생활을 소중히 여기지 않기, 자기기만으로부터의 자유 등을 실현하고자 하였다. 영적 아버지의 지도에 완전히 복종하는 생활을 공동생활의 본질적인 부분으로 여겼으며, 손노동, 기도와 아울러 모든 악덕과의 싸움 등을 실현하고자 하였다.40) 파코미우스가 그의 공동체 내에서 가장 강조한 덕목은 완전한 가난과 의심 없는 순종이었다.41) 이 두

---

37) 그리보몽은 독거생활을 하였던 안토니를 따라서 살고자 하는 금욕고행자들이 많아진 이유를 안토니가 악령들의 시험을 극복하고 기도의 능력과 기적들로 사람들에게 많은 존경을 받은 까닭이라고 설명을 한다. Jean Gribomont, *Ibid.*, p. 164.

38) Wiliston Walker, *Ibid.*, p. 146.

39) 수도원운동을 크게 개선한 처음 인물은 파코미우스였다. 그는 292년경에 출생하였으며, 군인이 되었다가 20세가 되었을 때에 이교로부터 기독교인으로 개종하였다. 처음에는 그도 은둔생활을 택하였으나, 그 불규칙성에 불만을 느끼고 315~320년경에 남부 이집트 타베니시(Tabenisi)에 처음으로 기독교 수도원을 설립하였다. Wiliston Walker, *Ibid.*, p. 146.

40) Jean Gribomont, *Ibid.*, p 170-171.

41) 파코미우스를 따르는 사람은 9000명을 넘어서게 된다. 그의 추종자들은 은수사들과 같이 공동생활의 친교를 통해서 자신의 마음 깊이에 숨겨져 있는 진정한 동기들을 발견하고 자기 의를 내세우는 교만이라는 죄를 극복할 수 있었다. 자연과 밀접한 생활

가지가 그가 은수사적 삶을 극복할 수 있도록 해주는 삶의 양식이었던 것이다.

여기서 일상생활을 위한 통전적 영성의 논의의 차원에서 발견할 수 있는 사실은, 그들에게 '가난'과 '순종'이라는 덕목은 실제적으로 그들의 일상의 삶과 그들 자신을 유리시키는 도구가 되었다는 것이다. 그들에게 수도원적인 공동체의 삶은 그것이 이웃과의 연대 속에서 이어지는 공동체였다 할지라도 결국은 일상의 삶과는 유리된 또 다른 형태의 특별한 삶이었다. 공동체가 추구하는 지향성이 통전적 영성을 이루는 데 중요한 근거가 된다면, 수도원은 성례전을 기본으로 하는 종말론적 전망을 상실한 공동체였다는 점을 지적할 수 있다. 이러한 취지에서 시작된 수도원운동은 점차 발달하여 자체의 영역, 조직, 법, 특징적인 복장, 건물 등을 지니게 된다. 수도원운동은 기도, 기독교적 덕목을 실천하는 데 훌륭한 모범이 됐으며 신학적이고 문학적인 문화 등을 통하여 대중들에게 힘을 제공했다. 수도원 문화는 시간과 장소에 따라 자연히 변화되었으나, 동시에 세속 문화와는 더욱 구별되어 갔다.[42] 즉, 수도원 공동체의 삶의 내적 구조가 일상

을 한 단순한 사람들의 경우, 이웃의 행복과 공동체를 위해 고된 작업에 헌신하는 엄격한 훈련이야 말로, 참된 수도사가 되는 최선의 길인 듯하였다. 참된 의미에서 교제 (koinonia)를 위해 파코미우스 주변에 몰려든 사람들은 이러한 삶이 큰 매력이었던 것이다. Jean Gribomont, *Ibid.*, p. 173.

[42] 워커는 소아시아에서의 수도원운동은 파코미우스의 전통을 계승했다고 본다. 이는 주로 이 운동을 소개하였던 바질(Basil of Caesarea)의 노력에 힘입은 것으로, 그는 360년부터 379년 그가 죽기 전까지 이를 위해 진력했다. 그의 이름으로 된 규범은 파코미우스의 생활규범보다도 철저하게 공동생활을 강조하고 있다. 이 규범은 노동,

생활과 그들의 신앙을 통전화하고자 부단하게 노력을 했음에도, 평신도들과의 연대가 일부 보이기는 하나 신앙적 소수자들의 독특한 신앙 형태의 한 모형으로 자리 잡아 갔던 것이다.

2. 위 디오니시우스의 영성

동방의 교부로서 기독교 영성사에 큰 영향력을 끼쳤던 사람으로 위 디오니시우스(Pseudo-Areopagite Dionysius)를 들 수 있다. 그는 5세기 후반에 시리아 기독교와 신플라톤적인 기독교에서 바울의 측근 중의 한 사람이었던 아레오바고의 디오니시우스(Dionysius the Areopagite, 행 17:3)라는 아명으로 저술 활동을 한 동방교회의 한 수도자로 알려져 있다. 그는 작품을 통하여, 신플라톤적인 형이상학과 기독교적인 세계관을 통합하여 내면적인 영성적 여행을 설명하고 있다. 피조물들의 창조는 하나님으로부터 '아래로의 산출'(the procession downward)이며, 창조는 다시 '하나님으로의 복귀'(the return upward)를 위해 상승한다는 것이다. 여기서 위 디오니시우스는 긍정적 신학, 혹은 유념적인 길(affirmative theology or kataphatic way)43)과 부정적인 신학, 혹은 무념적인 길(negative theology or

---

기도, 성경 읽기에 특히 중점을 두었다. 이는 또한 고아를 돌보거나 그와 비슷한 행위로써, 소외된 이들을 도와야 할 것을 수도승들에게 가르쳤다. 또한 극단적인 금욕주의를 찬성하지도 않았다, Wiliston Walker, *Ibid.*, p. 147.

43) 모든 피조물이 하나님으로부터 비롯되었다고 할 때, 아무리 하찮은 피조물일지라도 하나님의 속성을 분여받고 있다. 그러므로 하찮은 피조물을 관상(contemplation)함

apophatic way)이라는 독특한 영성적인 길(spiritual path)을 창출해 낸다.44) 인간이 가진 하나님에 대한 개념이나 이미지는 그것이 아무리 고상하다 할지라도 하나님의 성품을 나타내기에는 충분하지 않다. 이미지는 언제나 하나님과의 유사성과 비유사성을 동시에 가지고 있는 것이다. 인간은 하나님이 피조물에게 분여(分予)한 그만큼 하나님과의 유사성을 지니고 있으며, 반면에 하나님에게 속한 무한한 속성에 대해서는 비교할 수 없는 비유사성을 지닌다.45) 유사성을

으로써 가장 고상한 하나님의 속성에 이를 수 있다. 말하자면 단순히 생명을 보존하려고 꿈틀거리는 벌레에게서도 하나님의 능력을 볼 수 있다는 것이다. 자연을 아름답게 수놓는 아름다운 수목에서도 하나님의 지혜를 엿볼 수 있다. 인간의 희생적인 사랑도 하나님의 사랑의 그림자로 볼 수 있다는 것이다. 모든 만물을 변함없이 보존하시고 보호하심은 하나님의 변함없으신 사랑과 선하심의 속성을 보이신 것이다. 이렇게 하찮은 것으로부터 가장 고상한 하나님의 속성을 단계적으로 관조하면서 하나님과의 만남을 추구하는 것을 영성적 여행의 한 유형인 '유념적 방법'이라고 한다.

44) 유념적인 방법만으로는 하나님과의 온전한 일치를 향한 상승을 꾀하는 데 역부족이다. 왜냐하면, 하나님에 대한 어떠한 인간의 이미지나 속성과 하나님과의 조화를 할 수 없는 비유사성을 내재하고 있기 때문이다. 이 비유사성을 완전히 제거할 수 있을 때에만 하나님과 온전한 일치를 성취할 수 있다. 그것은 곧, 피조물과 인간의 개념 속에서 유추할 수 있는 긍정적인 하나님의 속성들을 하나씩, 하나씩 부정하는 길밖에 없다. 그것이 '무념적 방법'이다. 이 방법은 하나님에게 가장 부적합하다고 여겨지는 속성이나 개념들을 부정하면서 위로 올라가게 된다. 심지어는 하나님의 선하시고 인자하심, '태양 같은 하나님의 의로움' 등의 가장 고상한 속성까지도 부적합한 것으로 여기고 부정한다. 끊임없는 부정의 길을 통하여 인간의 모든 개념이나 언어는 깊은 침묵의 심연 속으로 들어가게 되고, 이 깊은 심연은 결코 감각으로나 지적인 인식 작용으로 포착할 수 없는 순진한 영의 세계이며, 어둠의 세계인 것이다.(the cloud of the unknowing) 감각이 모두 정지된 상태에서 개념 지을 수 없는 하나님과 일치함으로써 영적인 상승은 완결되는 것이다. Pseudo-Dionysius, *The Mystical Theology* 3, 1033 CD. 31-45.

45) Pseudo-Dionysius, *The Divine Names,* trans. Colm Luibheid (New York: Paulist Press, 1987), 9. 916A, pp. 8-12.

인정하며 하나님에게 상승하려는 것을 긍정 신학, 혹은 '유념적 길'이라고 하고, 비유사성을 부인하면서 하나님과의 일치를 꾀하려 하는 것을 부정 신학 혹은 '무념적 길'이라고 한다.

산출과 복귀(procession and return) 혹은 긍정의 길과 부정의 길을 통한 상승 모델을 통하여 위 디오니시우스는 '정화'(purification), '조명'(illumination), '완전'(perfection)이라는 범주를 사용한다. 이 세 가지의 능력의 관심사는 모두 다양한 단계의 영적 지식이다. 정화의 개념은 도덕적 결점들에 관심을 기울일 수 있지만 또한 상대적 무지로부터 정화도 포함한다. 조명의 개념은 신적 상징들에 대한 조명된 관상에 관심을 기울이는 것이다. 완전함이란 완전한 결합을 의미하는 것이 아니라 완전해진 이해를 가지고서 거룩한 사물들을 보거나 또는 신적 조명에 대한 완전한 이해 안에서 조명되는 완전한 지식을 의미한다.46) 위 디오니우스의 이러한 신학적인 입장은 중세 시대의 보나벤투라나 토마스 아퀴나스를 중심으로 후기 중세 시대에 영향을 끼치게 된다.

3. 서방의 수도원운동

오먼은 서방의 수도원 생활에 대하여 각기 다른 두 가지 상황을 기원으로 들 수 있다고 예시한다. 첫 번째 상황는 서방의 수도원 생

---

46) Paul Rorem, "Spirituality of Pseudo-Areopagite Dionysius," in *Christian Spirituality* Ⅰ, pp. 238-239.

활이 동방의 수도승 생활의 영향을 받고 시작되었을 것이라는 견해이다. 4세기 중엽 이전 서방의 수도원 생활에 대한 기록은 적으나, 그때 동방에서는 이미 수도승 생활이 성행하고 있었다.47) 이집트, 팔레스티나 및 알렉산드리아의 수도승 생활의 중심지와 로마 간에 부단하게 교류를 하였으므로 그리스도인들은 수도승 생활의 동향을 잘 알고 있었을 것이라는 추측이다. 확실한 것은 성 아타니시오가 336~338년에 처음 추방되었을 때 트리에를 방문하였고, 340년에 로마에 있었다는 것이다. 수도원 생활의 대중화에 기여한 그의 《안토니오의 생애》는 서방 그리스도인들을 위해 신속히 번역되어 영향을 주었다.48)

두 번째 상황은, 서방의 수도생활이 동방의 직접적인 영향을 받지 않고도 발전될 수 있었을 것이라는 견해이다. 고행자, 동정녀 및 과부들은 수도사 생활에 적합한 어떤 관례들을 이미 준수하고 있었다는 것이다. 그러나 동방 수도승 생활의 특징적 요소 중의 하나인 속세와의 결별이 서방에서는 첫 몇 세기 동안은 없었다. 초기 고행자들은 속세와 떨어져 사는 독거생활보다 공동체 생활을 좋아하였다. 따라서 서방의 수도사 생활이 동방에서 유래된 것이라고 확실히 말할 수는 없지만 4, 5세기 동안 동방의 수도승 생활은 서방의 수도사 단

---

47) 이 부분에 대하여 오먼은 다음과 같은 자료를 참조할 것을 권한다. L. Bouyer, *The Spirituality of the New Testament and the Fathers*, trs. M. P. Desclee (New York: N. Y., 1960); M. Wolter, *The Principles of Monaticism*, trs. B. R. Sause, B. Herder, St. Louis, Mo. (1962); Jordan Aumann, *Ibid*., p. 83.
48) Jordan Aumann, *Ibid*., p. 83.

체의 발전에 지배적인 영향을 끼쳤다고 볼 수 있다.[49]

서방 수도원의 창시자로 알려진 누르샤의 베네딕트(Benedict of Nursia)[50]는 529년 수도원을 창립하고 서방의 수도사 생활에 가장 큰 영향을 미치게 되는 규범인 〈성 베네딕트의 규칙〉을 제정한다. 이 것은 두 개의 주요 부분으로 나뉘어 있다.[51] 즉, 영성 교리와 수도사 생활에 대한 설명이다.[52] 서문에서 수도원의 개념에 대하여 설명하

---

49) *Ibid.*, pp. 83-84.

50) Wiliston Walker, *Ibid.*, p. 147. 480년에 출생한 그는 잠시 동안 로마에서 수학하였으나 그곳에 죄악이 만연하여 로마 동편 수비아코(Subiaco)에 있는 동굴에 들어가 은수사가 되었다고 한다. 그가 고결하다는 명성이 자자하여, 그의 주변에 제자들이 모여 들었으며, 결국 이웃한 수도원의 원장직이 그에게 주어지기에 이르렀으나, 그는 그곳의 수도사들 무질서하여 그의 훈련에 복종하려 하지 않는 것을 발견하고 곧 그곳을 떠난다. 그는 로마와 나폴리(Napoli) 중간 지점인 몬테 카시노(Monte Cassino) 언덕에 베네딕트 수도단의 모수도원(母修道院)을 설립했다. 그 날짜가 다소 분명치 않으나 전통적으로는 529년으로 알려져 있다. 그곳에서 〈성 베네딕트의 규칙〉을 제정하였으며, 547년경 사망한 것으로 전해진다. Jordan Aumann, *Ibid.*, p. 99.

51) C. Peifer, "Pre-Benedictine Monaticism in Western Church," in *The Rule of St. Benedict*, T. Fry (ed.) (Collegeville, Minn.: Litergical Press, 1981), p. 63; Jordan Aumann, *Ibid.*, pp. 98-100에서 재인용. 〈성 베네딕트의 규칙〉이 가장 일반적이고 서방의 모든 수도승의 생활에 영향을 미칠 수 있었던 이유는 그 당시에 다른 수도원들의 규칙들도 있었지만, 817년 Aix-la-Chapelle 공의회가 수도생활의 기본 규칙으로 제의한 것 때문이었다.

52) 〈성 베네딕트의 규칙〉은 두 개의 주요 부분으로 나뉘어 있다. 서문에서 7장까지는 영성 교리이며, 그 나머지인 8-73장은 수도승 생활에 관련된 규정을 제시한다. 제1부는 대부분 거의 글자 그대로 "내 아들아, 스승의 가르침에 조심스레 귀를 기울이고, 너의 마음의 귀로 경청하라."라는 유명한 글귀로 시작한다. 그 다음은 설명이 뒤따른다. 즉, "여러분이 자신의 의지를 완전히 포기할 각오가 되어 있고, 참된 왕, 우리 주 그리스도를 위하여 싸우기 위해 순종이라는 강하고 귀한 무기로 무장되어 있다면, 나의 이 메시지는 여러분을 위한 것입니다." All quotation from *The Rule of St. Benedict*, T. Fry (ed.) (Collegeville, Minn.: Litergical Press, 1981); Jordan Aumann, *Ibid.*,

는데, 수도원이란 '주님을 섬기는 학교'라고 설명한다.53) 규칙서의
제1장에서 성 베네딕트는 수도사의 네 가지 유형을 열거한다. 규칙
이나 아빠스(abbas) 지도 아래 공동체 안에서 사는 케노바이트들
(cenobites, 공주수도사), 오랜 수도생활을 한 뒤 충분히 강해져 사막
에서 혼자 사는 허르미트들(hermits, 은수사), 수도원 규칙에 따라 살
지 않고 자신의 의향에 따라 자기 뜻대로 사는 사라바이트들
(sarabites), 그리고 이 수도원에서 저 수도원으로 한곳에 정착하는
법이 없이 항상 옮겨 다니는 지로바구즈(Gyrovagues) 등이다. 성 베
네딕트는 공동 수도생활을 위의 네 가지 유형 중 가장 선호하는 것으
로 밝히며, 아빠스의 자질과 의무, 공동체 회의에 대한 규정을 논하
고, 영성생활에 대한 일련의 격언을 제시한다.

2부에서는 수도사에게 요구되는 세 가지 기본 덕행, 즉 순종과 침
묵의 실천과 겸손을 설명하고 있다. 성 베네딕트의 규칙에 따르면 수
도사는 관상생활의 목적을 달성하기 위하여 매일 세 가지의 활동, 즉
전례기도, 독서(lectio), 어떤 유형의 노동에 전념해야 했다. 전통적
인 밤 예배(밤 12시 이후) 외에, 수사들은 낮 동안 성서의 시편 봉송

---

pp. 100-103에서 재인용.

53) 성 베네딕트는 다음의 말로써 서문을 끝맺는다. "두려움에 즉시 굽히지 말고 구원으
로 이르는 길에서 달아나지 마시오. 그 길은 처음에는 좁게 마련입니다. 그러나 우리
가 이러한 생활과 신앙이 진보함에 따라 하나님의 계명의 길로 나아갈 것이고 우리의
마음은 형언할 수 없는 사랑이 기쁨으로 넘쳐흐를 것입니다. 그분의 가르침을 벗어나
지 말고 죽을 때까지 수도원에서 그분의 교훈을 충실히 준수하시오. 그러면 우리는
인내를 통하여 그리스도의 고통에 참여하고 마침내 그분의 나라에 의당히 들어가게
될 것입니다. 아멘."

및 독서로 이루어진 공동기도를 위해 일곱 번 모였다. 게다가 매일 독서(lectio)에 약 네 시간을 바쳤는데 여기에는 성서 또는 교부들과 수도사 저술가들의 주석을 경건히 읽고, 개인적인 묵상 기도를 바치면서 성서 구절을 암기하는 것이 포함된다. 규칙서가 규정한 노동은 수도사들의 생계 유지와 가난한 이들을 돕기 위한 것이었다. 규칙서에는 사도직과 결부된 일에 대해서는 언급하지 않으며, 성서 및 교부들의 저서를 읽기 위한 어떤 학문적 동기도 없었다. 대부분의 수도사들은 성 베네딕트처럼 평신도들이었으며, 수도사 생활이란 '주님을 예배하기 위한 학교' 생활이었다.54)

서방의 수도원운동의 시초인 베네딕트 수도원의 규범에서 볼 수 있는 것은 하나님과의 관계 형성을 위하여 세속을 떠나야 한다는 전제이다. 수도원 자체의 규범에서 볼 수 있듯이 공동체 의식이나 노동을 통한 이웃에 대한 봉사 등은 일상 세계와의 결별을 의미하는 것은 아니지만, 수도원이라는 공간적 결별을 통하여 영성 훈련을 추구하는 것은 형식적 출발에서 일상 세계와의 결별을 의미한다고 볼 수 있다. 다시 말하자면, 일상 세계와 수도원적 삶이라는 이중 구조를 가지고 있었던 것이다.

---

54) *Ibid.*, p. 103.

IV. 중세 후기의 영성

여기서 논의하고자 하는 시기는 11세기에서 16세기에 이르는 기간이다.55) 질 레이트(Jill Raitt)는 이 시기에 기독교 역사에서 몇 가지 역사적인 전환들을 겪게 되었다고 하면서 다음과 같은 변화를 제시한다.56) 그것은 11세기에 로마 가톨릭과 동방정교회가 분리되었으며, 16세기에는 개신교 종교개혁이 서방 기독교를 둘로 나누게 된다. 세 전통 모두에서 영성은 다르게 해석된다.57) 서방 기독교는 변화하는 사회들의 새로운 필요에 본질적으로 순응하면서 또 다른 길을 발전시키며, 탁발 수도회들은 신흥 소도시들과 중세 초기의 새 대학들 주변에서 활동적인 삶과 관상적인 삶을 결합하게 된다.58) 그 설립자들은 그들이 기도에서 발견한 능력과 기쁨을 설교와 가르침을 통해 다른 이들과 나누고자 하였다.59)

---

55) 윌리스톤 워커는 십자군 운동을 중심으로 하여, 중세의 전기와 후기를 구분한다. 통전적 영성에 대한 관심으로 영성의 개념을 고찰할 때에도 십자군운동을 시점으로 하는 11세기를 기점으로 수도원적 금욕주의가 심화되는 시기임으로, 워커의 시대 구분을 중심으로 영성 개념에 대하여 논하기로 한다. Wiliston Walker, *Ibid.*, p. 223.

56) 질 레이트는 십자군운동을 끝으로 중세 중기는 끝났다고 이야기를 하며, 1150~1600년까지를 이전과는 다른 영성이 대두되는 시기로 본다. Jill Raitt, "Introduction," in *Christian Spirituality* II : *High middle Age & Reformation*, Jill Raitt, Bernard McGinn, John Meyendoff (eds.) (New York: Crossroad Press, 1994), p. 8.

57) *Ibid.*, p. 8.

58) 워커는 970년부터 1040까지의 시기에 기근의 햇수가 47년이었다는 것을 지적하며, 이러한 경제적 어려움은 수도원적 금욕주의를 강화시키는 종교적 양식으로 표출되었다고 설명을 한다. 그것은 '타 세계적인 것' 땅의 비참과 하늘의 축복에 대한 강한 의식으로 특징되었다는 것이다. Williston Walker, *Ibid.*, p. 223.

동방의 정교회 그리스도인들 역시 하나님이 세례 안에서 제한된 사람들과 나누시는 삶의 선물을 강조했다. 기도와 금욕으로 자신을 하나님께 바친 사람들은 세상에서 참된 성상(icons), 즉, 하나님의 형상이 되는 것을 추구하기도 하였다. 평신도들에게는 상징이 풍부한 정교회의 예전과 성상을 통해 일관성 있는 영성이 제시되었으며, 비잔틴의 그리스도인들은 그들 자신의 언어로 기도하며, 찬송하며, 설교와 성경을 들을 수 있었다.60) 16세기에는 교회 안에 만연되어 있던 부패에 대한 반기가 어거스틴회 수도사였던 마틴 루터(Martin Luther)에 의하여 촉진된다. 그리스도인 되는 것이 무엇을 의미하는가에 대한 루터의 이해는 동방 기독교와 서방 기독교가 제시한 주요 모델들과는 아주 달랐다. 루터는 사람들이 타락하고 죄악에 빠져 하나님과 일치할 수 없게 되었다고 이해하였다. 죄인들이 그들의 죄성을 인식하고 하나님께 긍휼을 부르짖을 때에 믿음으로 의롭게 된다고 믿었던 것이다.61)

---

59) Jill Raitt, *Ibid.*, p. 9. 워커는 이러한 경향에 대하여 다음과 같이 설명한다. 십자군에 의하여 자극된 상업으로 북이탈리아의 도시들과 알프스를 넘어 라인 지방으로 내려가는 무역도 상의 도시들은 중요한 위치들을 차지하게 된다. 또한 십자군에 휘말린 봉건 토지들과 재산의 희생을 바탕으로 한 새로운 정치적 요소, 즉 도시인이라는 제3계급이 특히 프랑스에서 일어나게 된다는 것이다. 서방 세계의 정신적인 지평은 무한히 확대되어서 많은 사람들이 동방의 화려한 도시들과 고대의 문명과 접촉하게 되었으며, 모든 곳에서 지적인 각성이 일어나게 된다는 것이다. 이 시대는 중세 시대 최고의 신학인 스콜라 신학의 발전이 일어나게 되며, 또한 대중종교운동이 교회의 안과 밖에서 일어나게 된다는 점이다. 또한 대학들이 이곳저곳에서 발달을 하게 된다. Wiliston Walker, *Ibid.*, p. 231.

60) Jill Raitt, *Ibid.*, p. 9.

조지 타바드(George H. Tavard)는 특별히 영성에서 새로운 변화의 전기를 가져온 시기를 12세기라고 주장한다.62) 이 시기에 쓰인 영적인 저술들은 대부분이 이전 세기의 영향을 답습하는데 그 일부는 새로운 경향을 가지고 등장한다. 그 문학은 수도원에서 쓰였다는 이유로 수도원적이라고 불리는 것들인데 으뜸의 목적은 묵상과 관련된 것이었다. 새로운 경향으로 등장한 문학을 살펴보면 그리스도인들이 삶의 새로운 종말론적인 비전을 가졌다는 것을 드러내 준다.63) 이러한 관심은 두 가지의 영역에서 표현되는데 첫째는, 문학적이며 신학적인 저술들이었으며, 다른 한 가지는 대중적이며 비신학적인 것으로서 이론의 공식화보다는 바른 실천(orthopraxis)에 더 많은 관심을 가지고 있었다.64) 조지 타바드가 제시하는 영성의 전환

---

61) Jill Raitt, "Introduction," in *Christian Spirituality* II : *High middle Age & Reformation*, Jill Raitt, Bernard McGinn, John Meyendoff (eds.) (New York: Crossroad Press, 1994), pp. 10-11.

62) George H. Tarvard, "Apostle's life and Reformation of Church," in *Christian Spirituality* II, p. 23.

63) 조지 타바드에 따르면 많은 수도원적인 저술가들은 영적 성장의 지침에 관심을 기울였다. 이들의 묵상과 기도와 독서를 통한 영혼의 경험들에 대한 이야기들이 주류를 이루었다. 대표적인 저서들은 다음과 같은 것들이다. 카르투지오 수도회의 수도사인 기게(Guigue II, 1188년 사망)의 저서인 《관상생활에 대한 편지》(*Letter on the contemplative Life*)와 영국 시토회의 아엘레드(Aelred of Rievaulx, 1110~1167)의《은둔자들을 위한 규칙》(*De Institutione Inclusarum*), 성 빅토르의 대 리처드(Great Richard of St. Victor, 1173년 사망)의《열정적인 사랑의 네 단계》(*The four Degrees of Passionate Love*)《벤자민》(*Benjamin*) 등이다.

64) 선견자와 선지자적인 역할을 해 주었던 사람들의 대표적인 예로 독일 빙엔의 힐데가르트(Hildegard of Bingen, 1109~1179)를 들 수 있다. 힐데가르트는 독창적인 방법으로 기도 생활에 접근을 하며, 경건에 대한 글을 광범위하게 쓰면서 영적인 검소함과

적 변화라는 것은 시대적인 요구에 따라, 금욕적이고 수도원적인 영성의 흐름 속에서 탁발 수도회와 같은 그룹의 등장으로 말미암아, 일상적 삶과 금욕적 삶을 일치시키고자 한다. 즉, 일상 세계와 대중에 대한 관심이 하나의 움직임으로 일어나고 있었다는 것을 주장하는 것이다. 이러한 맥락에서 살펴보면 영성에서 일상과 금욕적 삶은 늘 긴장관계 속에서 병행되어 왔음을 볼 수 있다.

곤잘레스는 중세 기독교의 특징을 설명하는 데 다음과 같은 사회적 변화의 맥락을 중요하게 여겼다.[65]

(1) **십자군 원정**에 영향을 받은 경제적·사회적 변화이다. 이러한 변화는 탁발 수도회를 등장시키는 원인이 되었다.[66]

(2) **교황 권력**이 최상의 상태에 있었다. 이것은 신비주의 종파들이 활발하게 되는 원인이 되었다.[67]

(3) **스콜라 신학**(Schoasticism)이 극치를 이루었던 시대이다.[68]

(4) 교육적인 목적과 종교 의식적인 목적을 위한 **건축물들이 많이 세워졌다.**[69]

가난함에 대하여도 관심을 갖는다. 이러한 의미에서 그는 신비주의자이면서 선견자이기도 했다는 것이다. *Ibid.*, p. 31.

65) Justo L. Gonzalez, *The Story of Christianity*, 서영일 역, 《중세 교회사》 (서울: 은성, 1987), pp. 131-228 참조.

66) *Ibid.*, pp. 131-141.

67) *Ibid.*, pp. 141-225.

68) *Ibid.*, pp. 149-163.

69) *Ibid.*, pp. 163-170.

곤잘레스가 제시하는 이러한 사회적 변화들을 살펴보면서 탁발
수도회의 영성, 신비주의의 영성, 대중적 종교운동들의 영성에 대하
여 고찰함으로써 중세 후기 영성의 개념을 살펴보도록 하겠다.

1. 서방교회의 탁발 수도회 영성

곤잘레스는 십자군 원정 이후에 새롭게 탄생하는 도시들, 교역, 화
폐 경제의 발전은 그에 따른 부작용을 가져왔다고 한다. 예를 들어,
화폐 경제는 보다 전문화된 생산을 통하여, 부의 집중을 야기해서 상
업 경제를 비인간화했으며, 그에 따라 빈자와 부자의 격차도 더욱 커
지게 되었다. 도시의 성장과 함께 발생한 인구의 이동으로 말미암아
전통적 교구 목회는 도시를 향해 모여든 인구들의 종교적 수요를 감
당할 수 없게 된 것이다. 이러한 상황에서 탁발 수도사들(medicants:
구걸을 통해 생계를 유지한다는 뜻)이 등장하게 된 것이다.[70] 곤잘레스

---

70) Jill Raitt, "Introduction," in *Christian Spirituality* II, p. xvii. 질 레이트는 탁발 수도회의
기원을 '갈멜 수도원'과 '어거스틴적 전통'에서 찾는다. 케이트 에간은 갈멜 수도원의
영성적 전통에 대하여 다음과 같이 설명한다. 갈멜 수도원(The Carmelite Order)은
처음에 이름 없이 시작되었다. 도미니크 수도회나 프란시스 수도회처럼 카리스마적
인 설립자나 초기 지도적인 인물도 없었다. 갈멜 수도회의 기원은 예루살렘의 대주교
알버트가 그들의 생활신조 '삶의 형식'(vitae formula)을 승인하기 바로 몇 해 전으로
추적할 수 있다.(1206~1214) 이 간략한 신조는 초기 팔레스타인의 수도원을 연상시
키는 예배당 주변에 있던 독립한 작은 방들에 사는 평신도 회개자들을 위한 생활 방식
을 설명하는 것이었다. 이 첫 갈멜 회원들의 영성은 탁발 수도회가 일어나기 직전의
중세기의 라틴적인 은둔 전통의 영성이었다. 중세 시대의 다른 은둔자들과 마찬가지
로 갈멜 회원들은 기도(주로 시편)의 침묵과 공동체 속에서 겪는 고독과 예수와 관계

는 탁발 수도사들의 등장을 화폐 경제의 약점에 대응하여 인구 이동
에 대처한 수도원운동이라고 보고 있다.[71] 그러나 통전성과의 연관
성에서 보았을 때, 탁발 수도사들의 기원이 일상생활적인 요구와 필
요에서 시작되었을 뿐 아니라 그 활동에서도 그러한 요소가 강조되
고 있음을 볼 수 있다. 또 한 가지는 탁발 수도회가 중요하게 여겼던
일상생활(everyday life) 전통은 그들이 박해를 피해 은둔하게 되면
서 일반화되지 못하였다는 것을 볼 수 있다.

탁발 수도회의 대표적인 유형으로는 프란시스 수도회와 도미니크
수도회를 들 수 있다. 프란시스 수도회는 아시시(Assisi)의 프란시스

맺음을 주로 강조하며, 회개의 삶을 살았다. 형제들은 각각 자기의 방이나 혹은 그
가까이 있으면서 주야로 율법을 묵상하고 기도에 깨어 있어야 했다. 사제가 있을 경우
에는 하루에 한 번씩 모여 성찬을 거행했다. 갈멜 수도원의 생활신조에는 형제들의
공적인 사역을 위한 조항이 없었다. 갈멜 수도원의 영성의 특성을 기록하고 있는 문서
중에 〈최초 수도사들의 가르침〉에서는 갈멜 수도원의 영성을 '관상'적인 영성이라고
설명하고 있다. 최초의 수도사들의 가르침은 '영성'을 일상의 삶을 떠나 독거로 들어
가는 것, 마음의 정화, 그리고 사랑 안에서 하나님과의 연합하는 은사를 받는 것을
의미한다. Keithe J. Egan, "The Spirituality of Carmelites," in *Christian Spirituality* Ⅱ,
pp. 53-60.

71) Justo L. Gonzalez, *Ibid.*, p. 132. 이러한 탁발 수도회의 선구자는 피터 왈도(Peter
Waldo)라 할 수 있다. 그는 리용 출신의 상인으로서 빈곤이 극에 달하는 생활을 실행
하였던 수도사의 이야기를 듣고서 감동하여 스스로 빈곤을 실천하며 설교의 길에 나
섰던 사람이다. 설교를 시작하자 곧 그의 주위에 여러 추종자들이 모여들었으나, 대
주교는 그들의 활동을 금지했다. 그들은 로마에 항소하였으나, 그들을 담당하였던 신
학자들은 그들의 무식을 조롱할 뿐이었다. 이러한 푸대접과 거듭되는 비판에도 그들
은 설교를 계속하였다. 그 후에 일어난 박해로 말미암아 그들은 알프스 산맥의 계곡들
에 자리 잡은 산촌들에 은둔할 수밖에 없었으며, 결국 그곳에서 프로테스탄트 종교개
혁을 맞이하게 된다. 그들이 종교개혁 당시 개혁파 신학자들의 가르침을 받아들여 프
로테스탄트, 즉 신교도가 되는 것이다.

에 의해서 설립된다.[72] 프란시스는 자신의 회심 경험을 전환점으로 하여 그 당시의 평신도운동과 회개운동을 교회 내부에서부터 시작해 간다.[73] 프란시스는 그리스도를 본받아 사회에서 소외되고 천대받는 이들과 함께 살 수 있었던 원동력을 혐오나 편견을 극복하려는 자신의 행위에서 나오는 것이 아니고 오히려 그의 내부에서 자신을 감동시킨 하나님의 역사였다고 주장한다. 성령의 역사를 통하여 주

---

72) 프란시스(Francis)는 피터 왈도와 마찬가지로 상인계급 출신이었다. 그의 본명은 지오바니(Giovanni)였다. 그러나 그의 모친이 프랑스인이었으며, 그의 부친 역시 프랑스와 잦은 거래를 하고 있었으므로 그 영향 때문에 그는 프랑스 음유시인들의 노래를 좋아하였다고 한다. 이에 따라 그의 고향 아시시(Assisi)의 친구들은 그를 가르켜 '프란치스코(Francesco: 작은 프랑스인)라고 불렀으며, 결국 오늘날까지 이 별명으로 불리는 것이다. 아시시의 프란시스는 1181/1182년에 이탈리아의 중부에서 태어났다. 1198년 제3차 십자군이 소집되었을 때, 프란시스는 15살의 소년이었고 예수가 살던 땅에 대한 깊은 매력을 느끼게 된다. 클레르보의 버나드에게 영향을 받은 프란시스는 그리스도인으로 사는 것에 대한 관심을 갖게 된다. 세상으로부터의 도피는 더 이상 안정된 수도원으로의 도피가 아니라는 생각을 하고 순례와 십자군에 가담하는 것이었다. 그리고 그는 1205/1206년에 회심 경험을 통해 청빈의 생활을 시작하게 된다. Justo L. Gonzalez, *Ibid.*, p. 133.

73) Wayne Hellmann, J. A. "Spirituality of The Franciscans" (review), in *Christian Spirituality* II, pp. 31-35. 성 프란시스가 죽기 전에 기록된 〈유언〉의 첫줄에서 그는 자신의 회심 경험을 다음과 같이 기록하고 있다. "주님은 이 프란시스 형제에게 이렇게 속죄를 시작하도록 허락하셨다. 내가 죄 가운데 있었을 때에 나는 문둥병자를 보는 것이 매우 괴로웠다. 그런데 주님은 친히 나를 그들 가운데로 이끄셨고 나는 그들을 매우 불쌍하게 생각하였다. 내가 그들과 헤어졌을 때 내게 쓰라리게 보였던 그것은 영혼과 몸의 달콤함으로 바뀌었다. 후에 나는 잠시 더 머무르다 세상을 떠났다." 영성에 대한 입장은 〈초기규율〉 22장에 명확하게 나타나 있다. "모든 형제들이여, 우리는 주님이 말씀하신 바에 주의를 기울여야 한다. 주 예수 그리스도를 위하여 원수를 사랑하고 우리를 미워하는 자를 선대(善待)하자. 우리는 그의 발자취 따라야 한다. 주님은 자신을 배반한 자를 '친구'로 부르고 자신을 못 박은 자들에게 자신을 기꺼이 내어 주셨다."

님의 영감과 은사를 받았으며, 임재에 대한 '자각'과 '지식'이 하나님
의 뜻에 자신을 굴복시킬 수 있는 원인이 되는 것이라고 고백한다.
그는 자신의 전 생애와 그의 형제들의 전 생애를 '예수 그리스도의
복음의 삶'이라고 밝힌다.74)

프란시스는 그리스도의 삶을 내면화하기보다는 실제적으로 그리
스도의 수난에 참여하는 것을 그의 독특한 영성의 길로 선택을 하였
다. 그것은 역사적인 예수의 삶을 자신의 현실적인 삶 속에서 실제적
으로 실현해 가는 삶의 형태이다. 프란시스는 인간 예수가 보여 준
가난·자기 비하·무력함·연약성을 실현해야 할 가장 주요한 덕목으
로 생각하고, 그 길을 자신의 영성 형성의 길로 받아들인다. 프란시
스는 이러한 예수의 삶의 스타일을 내면적으로 받아들이기 전에 문
자 그대로 실천해 가면서 그리스도의 삶을 형성해 간다고 생각하였
고, 그것이 결과적으로 내면적인 영성 형성에 반영된다는 것이다. 프
란시스가 인간 예수를 문자적으로 닮고자 하였던 열망은 그가 죽기
2년 전에 십자가의 성흔(stigma)을 경험함으로써 절정에 이른다.75)
프란시스를 중심으로 한 프란시스 수도회의 영성의 개념은 '실
천'(praxis) 개념에서 이해될 수 있다. 프란시스 수도회 영성은 수도
원적 삶에서 신비적 영혼의 경험으로 인식되는 것이 아니라 '가난하
고 헐벗은 자들과 함께하며 나누는 삶'이라고 개념화할 수 있는 것
이다.

---

74) *Ibid.*, p. 31-33.
75) *Ibid.*, pp. 33-36.

도미니크 수도회는 1216년 도미니크 구즈만(Dominic Guzman, 1170~1221년경)에 의해 설교자들의 수도회로 건립되었다.[76) 도미니크 수도회는 설교에 대한 긴박함과 중요성을 인식하여 탁발 수도사들을 설교자로 파송하는 것을 목표로 하여 운영되었다. 이러한 취지하에 수도원은 몇 가지 규범을 갖게 된다.

첫째, 그들은 그리스도의 본을 따라 여기저기 돌아다니면서 설교를 하는 가난한 설교자들이기를 원했으며, 기도와 성례 집행보다 설교를 우선해야 한다고 생각하는 한에서 그리스도를 따르는 모델이었다. 즉, 말씀 중심적인 영성을 지향하고 있었다고 볼 수 있다.[77)

둘째, 교리적인 설교를 감당하기 위하여, 지적인 공부를 필수적으로 해야만 하였다. 13세기 중반부터 도미니크는 정교한 학문 체계와 아울러 포괄적인 교육 프로그램을 확립하였으며, 이러한 활동 등을 통하여 대 알버트(Albert the Great, 1200~1280년경)와 토마스 아퀴나스(Thomas Aquinas, 1225~1274년경)와 같은 신학자들을 배출해 내게 된다.[78) 이러한 맥락에서 보자면 도미니크 수도회는 인지적인

---

76) 설립 목표는 다음과 같이 명시되어 있다. "알려진 대로 우리 수도회는 처음부터 설교와 영혼 구원을 위해 설립되었으며, 우리 노력은 일차적으로 그리고 열정적으로 우리 이웃 사람들의 영혼에 유익을 끼치는 것을 목표로 하여야 한다." Simon Tugwell, "The Spirituality of the Dominicans," in *Christian Spirituality* II, p. 15.

77) *Ibid.*, pp. 16-17.

78) *Ibid.*, pp. 17-18. 알버트와 토마스는 그리스도 신앙에 있어서 철저한 지성주의적인 삶을 피력했으며, 하나님과 연합하는 것은 지성을 통해서이며, 관상을 통해 하나님께 나아가는 것은 비록 그것이 자비로 동기 부여가 되고 정적인 요소를 지녀야 할지라도, 지적인 과정이라는 주장을 했다. 반지성적이지는 않아도 비지성적이었던 당시의 관상생활 개념에 맞선 토마스의 논리는 사색적인 삶의 우월성을 입증하고자 하였던 것

신앙과 삶, 실제적 삶에 참여를 중요하게 부각한 수도회라고 볼 수 있을 것이다.

셋째, 설교에서 지적인 요소를 강조하였지만 사도적인 생활양식을 모방하는 것을 처음부터 강조하였다. 1220년 초기의 도미니크 수도사들은 형제들이 생활하는 건물을 제외하고는 모든 재산을 포기하도록 했다. 그 후 수도회 전체는 탁발을 통해서 유지되도록 하였으나, 13세기 중반에 토마스 아퀴나스와 같은 수도사에 의해 연구와 설교를 위해 탁발을 감소시켜야 한다는 결론을 내리게 된다. 생활에서 '청빈'을 주장하였으나 이것은 설교보다 중요성을 갖지는 못하는 것이었다.79)

넷째, 도미니크 수도회 자체의 집단 체제에 순종하도록 요구되지는 않았으나 자신을 지도하는 지도자와의 처분에 본인을 맡기는 순종적인 자세를 요구하였다.80)

다섯째, 도미니크 수도회 회원들이 금욕적이고 영적인 교리와 관련하여 몇 가지의 중요한 기여를 하는 것을 볼 수 있다. 먼저, 토마스 아퀴나스가 주장하는 대로 지(智)적인 삶이 충분히 이루어질 때, 그것이 자비심이나 진리를 다른 사람에게 전하고 싶은 동기에서 유발된다면, 그것은 '경건'의 참된 형식이 된다는 것이다. 이러한 원리들

이다. 이런 의미에서 토마스는 관상적인 삶을 사는 사람들보다 실제 삶에 관여하는 사람들을 하나님이 더 사랑한다고 인정한 것이었다.

79) *Ibid.*, pp. 68-20.
80) *Ibid.*, pp. 20-23.

을 16, 17세기에 도미니크 수도회 회원들이 일반화된 신비적 교리들을 거부하는 주된 이유로 작용하게 된다.81) 이런 요소들을 살펴볼 때 도미니크 수도회가 추구하는 영성은 인지적이고 이성적이며 설교 중심적인 것을 볼 수 있으나, 설교자들을 중심으로 하는 엘리트 중심적이고 일상을 중요하게 여기면서도, 금욕 · 절제 · 순종을 강조하는 영성이라고 볼 수 있다.

2. 교황의 권력과 신비주의자들의 활동

곤잘레스는 15세기를 신비주의자들이 창궐하였던 시기라한다. 스페인 잉글랜드, 이탈리아 등지에서 후세 사람들에게 영향을 주는 신비주의자들이 등장하지만, 신비주의가 가장 크게 번성하였던 곳은 라인 강을 따라 존재하는 독일 및 저지대 지방이었다.82) 독일 신비주의의 가장 대표적인 인물은 마이스터 에크하르트로 알려진 에크하르트 폰 호크하임(Eckhart von Hochheim)으로서 13세기 말에서 14세기까지 살았던 인물이다. 그의 신비주의적인 교리는 신플라

---

81) 기도에 대한 토마스 아퀴나스의 의견을 보면 기도의 의의를 '간구'라는 전통적인 의미에서 설명한다. 기도란 "계획하는 지성을 하나님께 제사드리는 것이다." 아퀴나스는 예언을 제외한 초자연적인 현상에 관하여는 "자연 세계의 작용과 모순이 되는 모든 초자연적인 현상은 성령에 의한 것이 아니라 악령에 의한 것이라고 보아야 한다."라고 말한다. 초자연성의 참된 기준은 현상학적으로 특이한 어떤 것이 아니라 바로 '자비'라는 것이다. *Ibid.*, pp. 26-28.

82) Justo L. Gonzalez, *Ibid.*, p. 220.

톤주의의 경향을 강하게 띠고 있었는데, 그는 하나님에 대한 인간의 모든 언어는 정확하지 못하기 때문에 하나님에 대한 진정한 지식은 합리적이기보다는 본능적인 것이라고 주장했다. 하나님은 연구나 합리적 이론을 통해서가 아니라, 오히려 인간이 신성 속에서 무아의 경지로 소멸되는 신비적 명상을 통해서 알게 된다는 것이다.83)

이러한 마이스터 에크하르트의 논지는 생전에 이단이라는 비난을 받았으나, 사망 후 그가 소속했던 도미니크 수도회를 중심으로 많은 추종자들을 얻게 되었다. 이들 가운데 대표적인 사람들은 존 타울러(John Tauler)와 헨리 수소(Henry Suso)이다. 이들은 에크하르트의 이론을 해석하여 다른 사람들에게 전파하는 역할을 했다.84) 이들의 사역을 통하여 에크하르트의 사상은 많은 이들에게 수용될 수 있었고 라인 강 저지대의 플랜더스 지방 출신의 신비주의자 '루이스 블로엑의 존'(John of Ruysbroeck)에게 전해지며.85) 다시 그의 제자 '게하르트 그루테'(Gehard Groote)에 의하여 더욱 발전된다.86) 독일

---

83) *Ibid.*, pp. 220-221.

84) *Ibid.*, pp. 222-223. 이들 두 사람은 스승의 방대한 지식의 양에 미치지는 못하였으나 전문적인 신학 수업을 받지 않은 사람도 에크하르트를 잘 이해할 수 있도록 이론을 해석하였다.

85) *Ibid.*, p. 223. 로이스 블랙의 신비주의는 에크하르트의 신비주의보다 더 실제적인 것으로 일상생활에 좀 더 직접적인 관심을 갖는다. 그러나 로이스 블랙의 존과 그 추종자들은 '자유 영혼 형제단'(Brethren of Free Spirit)을 형성하는데 이들은 하나님과의 직접적인 체험을 가지고 있기에 교회나 성경과 같은 중재 수단이 필요하지 않다고 주장했다. 그들 중 일부는 자기들은 영적인 인간이므로 육체는 정욕을 따라 마음대로 행해도 좋다고 주장하기도 하였다.

86) *Ibid.*, pp. 223-224. 그루테의 가장 큰 공헌은 '공동생활 형제단'(Brethren of the

및 플랜더스 출신의 신비주의자들에게, 신비적 명상은 감정의 흥분이 아니라 내면의 평화를 이루는 것이었다. 따라서 이러한 내면의 평화는 내면적이면서도 확고부동한 이지적 명상을 통하여 이루어지는 것이었다.87) 이런 점에서 볼 때 도미니크 수도회의 지성 중심의 영성 전통이 신비주의 전통에 유입되고 있었음을 볼 수 있다. 지성 중심의 영성에서 '정서'란 일시적이고 가변적인 것이라는 전제가 있는 것이다.

또 한 가지 신비주의 전통에서 살펴볼 수 있는 것은 신비주의가 기존 교회나 계급 제도에 대하여 비판적인 양상은 띠지 않았으나, 신비주의의 경향 자체가 단지 부패한 고위 성직자들뿐 아니라 계급 조직을 가진 교회 자체를 약화시키는 양상을 띠게 된 것은 불가피한 일이었다는 점이다. 만약, 직접적 명상을 통하여 하나님과의 교통이

____

Common Life)의 설립이라고 볼 수 있다. 그는 수입의 근원이 되었던 명목상의 성직을 포기하고, 당시 교회의 부정부패를 맹렬하게 비판한다. 또한 추종자들에게는 성결과 경건의 생활에 전념하도록 요구하였다. 그러나 수도생활을 강요하지는 않았다. 오히려, 누구든지 진정 수도생활의 소명을 받았다고 확신하지 않는 한 이미 가지고 있는 직업에 충실하며, 이를 통해 근대적 경건의 원칙들을 따르도록 하였다. 이에도 불구하고 추종자들의 많은 사람들이 수도생활에 입문하여 성 어거스틴파 규율에 따르지만, 수도생활에 입문하지 않은 많은 사람들의 '일상생활'(Common Life)에 대한 관심을 잊지 않았다. 바로 이러한 이유 때문에 공동생활 형제단은 수도생활에 뜻을 둔 자뿐 아니라, 직업에 계속 충실하고자 하는 사람들을 위하여, 뛰어난 학교들을 설립하였다. 이 학교들은 학문과 아울러 경건을 강조하였으며, 교회 부흥의 중심지들로 화하였다. 왜냐하면, 이를 통해 배출된 졸업생들은 대부분 기존 교회에 대한 날카로운 비판력과 개혁 의지를 소유하고 있었기 때문이다. 이들 가운데 16세기 사람인 로테르담의 에라스무스(Erasmus of Rotterdam)도 포함된다.

87) *Ibid.*, p. 224.

가능하게 된다면, 전통적인 은혜의 수단이었던 성례, 설교, 혹은 성
경까지도 그 중요성을 잃게 되기 때문이다. 14~15세기의 신비주의
자들 가운데 이러한 결론을 내린 사람은 거의 없었으나, 이들 신비주
의의 전통은 점차 계급 제도의 권위를 약화시키는 역할을 하게 된
다.88)

결론적으로 보자면 신비주의자들의 영성은 내면적 경건이 프락시
스적인 형태로 전환되는 결과를 가져왔다고 볼 수 있다. 즉, 기존의
수도원적인 전통에서 중요하게 여기는 수도생활뿐 아니라 일상생활
에 대한 관심과 중요성을 인정함으로써 사회적인 기여를 하게 되는
것을 볼 수 있다. 다시 말하자면 신비주의자들의 영성은 '이타적 내
면의 경건', '일상의 성화(聖化)'로 개념을 규정할 수 있을 것이다.

3. 대중운동과 영성

중세 후기에 발생하였던 대중운동(Popular Movement)은 주로 기
성 체제에 대한 비판과 도전으로 발생한다.89) 이러한 대중운동의 대
표적인 유형은 여성들의 수도원운동과 1260년경에 나타난 채찍질

---

88) *Ibid.*, pp. 224-225. 비록 이들의 지도자 중의 일부는 고위 성직자들의 오류, 특히 이들
   의 사치와 향락을 비난하였으나, 대부분은 그들의 경건이 가져다주는 내면적 평화에
   만족하였으므로 기존 교회의 권위에 대적할 필요가 없었다.
89) Justo L. Gonzalez, *Ibid.*, pp. 225-226. 곤잘레스는 역사의 기록은 엘리트들에 의하
   여 진행됨으로써 가난하고 무식한 일반 대중들의 행적은 유력한 계급들과 폭력적 대
   결로 폭발될 때에만 역사책에 남게 된다고 지적한다.

고행자들을 들 수 있다. 여성들에게 수도원운동이라는 것은 기존의 남성 중심적 삶에서 전적인 자유와 해방을 의미하는 것이었다. 이러한 이유 때문에 많은 여성들이 프란시스 수도회나 도미니크 수도회에 가입을 하게 되었고, 수도회의 남성 수도자들이 여성의 수를 제한하기 시작하자 이들은 곧, 기도, 경건 생활, 빈곤을 실천하면서 공동생활을 하기 위하여 집단들을 형성하기 시작하였다. 이러한 집단들을 주로 '베긴'(Beguines)이라고 불렀으며, 이들을 대부분의 주교가 금지했는데도 그 구성원들의 생활은 실제 수도회보다 철저한 경우가 많았다고 한다.[90] 이러한 여성운동에서 주목해야 하는 부분은 남성들의 수도회 생활이 기존 체제에 대한 도피 도구로 사용되었다면, 여성들에게는 기존 체제를 변혁하는 해방적 도구로 사용되었다는 점이다. 이 점에서 중세 후기 여성들의 수도원운동은 여성운동의 한 흐름에서 보아야 한다. 또한 통전적인 관점에서 볼 때에 이것은 일상세계에서 도피라기보다는 일상생활의 변혁을 위한 간접적 방법이라고 볼 수 있는 것이다.

또 다른 대중운동은 채찍질 고행자들(flagellants)이라 할 수 있다. 세계의 종말이 임박했다거나 인간들이 회개의 모습을 보이지 않으면 하나님이 곧 세상을 파괴해 버리시리라고 확신하였던 수천 명의 기독교 신자가 피가 나올 때까지 스스로를 채찍질하였다. 이들에게도 엄격한 의식의 규율이 존재하였는데, 이들은 33일과 반나절을 거

---

90) *Ibid.*, p. 226.

70

쳐 이를 행하고 그 기간에는 상급자들에게 절대 복종하였으며 그 기간이 끝난 후에는 집으로 돌아갔으나, 이들은 그 후에도 매년 성 금요일에는 스스로를 채찍질할 의무가 있었다.[91] 그들의 운동이 처음에는 기성 교회에 어떠한 위협으로 등장하지는 않았다. 그러나 그들이 자신들의 의식을 고행의 한 형태라고 주장할 뿐 아니라, 초대 교회의 순교처럼 '제2의 세례'라고 주장하자 이들은 성 베드로와 그 후계자들에게만 허락된 '열쇠들의 권위'(power of the keys)에 도전하는 자들이라는 비난을 받게 되었다.[92]

이러한 움직임은 종교적 불만과 사회적 문제들이 결합되었던 불안정한 시대에 등장하였던 사회 저항의 한 모습이었다. 이러한 대중 운동이 지향하였던 영성의 형태는 금욕적인 형태를 가졌지만, 금욕의 목표가 내면적 평안의 개인적 경건으로 그치는 것이 아니라 사회의 기존 질서에 대한 비판적 세력의 역할을 하였던 것이다. 따라서 중세 후기의 영성에서 '금욕주의'의 형태는 엘리트 집단과 대중 집단들에게는 다른 의미를 지니는 것임을 볼 수 있고 엘리트 집단에게

---

91) *Ibid.*, pp. 226-227. 이들은 처음 33일 동안에는 규율에 따라 엄격하게 정해진 의식을 따랐다. 이들은 하루에 두 명씩 짝을 지어 찬송을 부르면서, 각 도시의 교회를 향해 행진하였다. 교회 내의 성모상에 기도를 드리고 광장으로 돌아간 후, 그들은 이곳에서 어깨가 드러나게 옷을 벗고 원 모양을 지어 꿇어앉아 기도한다. 이들은 기도가 끝난 후 무릎을 꿇은 채 계속 찬양하며 등에 피가 날 때까지 채찍질을 한다. 어떤 경우에는 지도자들이 주로 그리스도의 고난에 대하여 설교를 하였고 채찍질이 끝난 후에는 일어나서 등을 가린 후 행렬을 지어 해산하기도 하였다. 매일 이처럼 두 차례씩 공개적으로 채찍질을 하는 한편, 한 번은 개인적으로 채찍질을 하였다.

92) *Ibid.*, p. 227.

'금욕주의'가 '탈세속적' 의미였다면 대중 집단에게는 '극세속적'의 미였다고 볼 수 있는 것이다. 따라서 통전적 관점에서 살펴본다면 대중 집단이 좀 더 현실의 일상성과 밀접한 영성을 지향하였다는 것을 볼 수 있고, 일상 세계에 대한 관심과 초현실적 세계에 대한 관심이 항상 긴장 관계 속에서 병행되었다는 것을 알 수 있다.

V. 종교개혁과 영성

16세기로 들어서면서 독일의 경제적, 종교적 상황은 여러 면에서 위기를 맞게 된다. 교황의 과세와 교직 임명에 대한 간섭은 일반적으로 사람들에게 압박감을 주었으며, 교황정의 행정은 부패하였고, 교직은 무가치한 여러 상하 교직자들 때문에 많은 비난을 받고 있었다. 상업 도시는 교직의 면세, 이익 금지, 교회의 절기, 걸식 장려 등으로 인하여 침체 상태에 빠져 있었다. 수도원들은 그들이 소유한 많은 토지 때문에 귀족과 농민에게 비판을 받고 있었으며, 농민들은 지방 교직자들의 착취 때문에 경제적 불안 상태에 놓여 있었다. 거기다가 인문주의의 지적 발전은 종교개혁의 원동력을 제공하는 요소들이 되었다.93)

이양호는 종교개혁을 주도한 루터의 영성의 특징을 다음과 같이

---

93) Williston Walker, *A History of the Christian Church*, p. 331.

설명한다. 루터(Martin Luther)는 중세 신학의 기반을 이루었던 세 가지의 요소인 '이성' 중심의 스콜라 철학의 합리주의, '경험'을 근거로 한 신비주의의 영적 경험, 그리고 올바른 '행위'에 기반을 둔 보편적 도덕주의가 인간을 하나님께 나아가게 하는 데 한계를 지니고 있다는 사실을 인식하고 '의인사상'(롬1:17)을 제시한다. 이는 성서의 전적인 수용과 성령의 역사로써만 개인의 구원 체험이 가능하다는 것을 주장한 것이다.[94] 이러한 사상을 바탕으로 출발한 루터의 영성의 특징은 크게 '은혜'와 '자유'라는 두 개념으로 요약할 수 있다.[95] 이는 인간의 의로운 행동에 초점을 맞추는 대신 은혜로운 하나님을 발견하면서, 자신이 체험한 경험을 강조하는 것이다. 그는 가톨릭 영성의 전통을 비판하면서, 성직자보다는 평신도를, 교회의 경건한 행위보다는 세속적 행위의 중요성을, 교리보다는 성서의 말씀을 강조했다.[96]

그러나 강희천은 영성에 대한 루터의 해석과 후대에 미친 영향은 긍정적 차원은 물론 비판적 차원에서 평가되고 있음을 지적한다. 첫째, 영성 훈련을 위한 특별한 금욕생활이나 구제 행위의 필요성이 가볍게 여겨진 반면, 개인의 경건 훈련만이 중요한 요소로 부각됨으로

---

94) 이양호, "종교개혁자들의 영성,"《기독교 사상》4월호 (1988) 참고.

95) Eric Lund, "The Problem of Religious Complacency in Seventeenth Century Lutheran Spirituality," in *Modern Christian Spirituality: Methodological and Historical Essays*, Bradley C. Hanson (ed.) (Atlanta: Scholars Press, 1990), pp. 140-142.

96) Bradley P. Holt, *Thirsty for God: A Brief of Christian Spirituality* (Augsburg, Min.: Fortress Press, 1993), p. 138.

써 영성 훈련의 형태가 자칫 주관주의적인 성향으로 변질될 위험을 안게 되었다는 주장이다. 부정적인 차원의 예로서, 구원의 확신이 개인 차원의 자기 확신으로 떠맡겨지게 되었고, 그 결과 각 개인에게 심리적인 부담을 줌으로써, 그들이 불확실성과 불안을 극복하고자 오히려 열광적인 형태의 신앙으로 빠지게 될 개인성이나 위험을 동반하게 했다는 것이다. 둘째, 바로 위에서 언급한 '주관주의적 영성 훈련'의 위험이나 개인성을 예방하려는 구체적 수단으로써 그 어떤 기준보다 성서의 말씀을 중요하게 여기는 입장을 제시하게 되었는데, 이 기준을 너무 절대화해서 오히려 인지 중심적 영성 훈련이라는 또 다른 형태의 위험성이나 개인성을 동반했다는 점이다. 뿐만 아니라 두 가지 형태의 영성 훈련, 즉 개인적 경건 훈련과 인지 중심적 영성 훈련은 성령의 역사를 경험하고 믿음으로써 구원받을 수 있다는 핵심 사상만을 지나치게 강조함으로써 결과적으로 인간 삶의 차원에서의 영성이라는 개념을 무시하거나 그 필요성조차 간과하게 했다는 문제점을 지적한다.[97]

브래들리 홀트(Bradley P. Holt)는 칼뱅의 영성의 출발점을 신자와 그리스도 간의 '신비적 합일'에 있다고 한다. 인간은 세례를 통해 그리스도와 결합되며 평생 동안 그 결합 안에서 성장한다는 것이다. 그러나 칼뱅이 주장하는 신비적 합일은 가톨릭 전통이나 정교회 전통에서의 '신비적 합일'과는 개념이 다른 것이다. 칼뱅의 '신비적 합일'

---

[97] 강희천, "영성과 기독교교육," 《기독교교육의 비판적 성찰》 (서울: 대한기독교서회, 1999), p. 209.

은 모든 기독교인에게 믿음에 의하여 주어지는 것이다.98) 그러나 칼뱅은 '칭의'와 '성화' 모두 하나님의 은혜로 주어진다고 하면서, 칭의는 은혜로 주어지는 것이라는 루터의 견해에 완전히 동의하면서도, 주어지는 성화의 은사를 더욱 강조한다. 루터가 규정된 관습으로부터의 자유를 강조하였다면, 칼뱅은 영적 훈련을 강조하였으며 개인이 아니라 공동체를 중히 여겼다.99)

VI. 근대의 영성

브래들리 홀트는 근대를 17~19세기의 기간으로 보면서, 이 시기 대부분의 기독교가 새로운 문화의 발달, 도시화, 산업혁명, 국가 간의 전쟁 등 유럽과 아메리카의 문제들에 관심의 초점을 두고 있다고 보고 있다. 이러한 사회적 변화와 더불어 개혁의 시대를 경험한 기독교는 세 가지 발달 단계를 거치게 되는데, 첫 번째, 교파를 지적으로 정의하고 설명하는 단계로서 신앙고백의 단계이며, 두 번째, 경건주의 시대로서 특히 영성 생활에서 감정적 차원에 관심을 갖기 시작했다는 단계이다. 세 번째, 성경과 교회 관습에 대하여 합리주의적이고

---

98) Bradley P. Holt, *Ibid.*, p. 142. 이런 의미에서 칼뱅은 모든 그리스도인을 그리스도와 연합하여 사는 신비가로 보았다. Ford L. Battle & Stanley Tagg, *The Piety of John Calvin: An Anthology illustrative of the Spirituality of Reformer* (Grand Rapid: Baker Press, 1978) 참고.

99) *Ibid.*, pp. 142-143.

이성주의적인 비판이 가해지기 시작하는 단계이다.[100] 이러한 기독교 내부에서의 변화를 경험하면서, 근대의 영성은 크게 세 가지 특징을 형성하여 갔다. 그것은 '마음의 영성'(spirituality of heart)에 대한 관심이 일기 시작했다는 점과 프랑스를 중심으로 가톨릭을 중심으로 한 영적 지도가 강화되었다는 점이며, 선교에 대한 관심이 확대되어 갔다는 점이다.[101]

'마음의 영성'에 대한 관심으로 일어난 운동은 크게 두 가지 유형으로 설명할 수 있다. 경건주의 운동과 이에 대한 비판으로 등장하는 복음주의 부흥운동이다. 경건주의는 당시 세속주의 영성에 대한 반발로, 과학적 실증주의, 물질주의, 이성주의, 휴머니즘, 윤리주의, 자연신론을 중심으로 한 계몽주의에 대한 반작용으로, 그리고 엄격한 교리적 해석에 절대적 순종을 요구하는 교황에 대한 반발로 나타났다. 경건주의는 기독교인으로서의 경험과 감정을 중요하게 여겼으며, 평신도들에게 적극적으로 기독교적인 삶을 살도록 격려했다.[102]

---

100) Bradly P. Holt, *Thirsty for God,* pp. 159-162.

101) *Ibid.*, pp. 159-185.

102) 독일에서 일어난 루터교의 경건주의 운동은 아른트의 영향을 받은 필립 야콥 스페너 (Philip Jacob Spener, 1635~1705)가 시작한 교회 운동이다. 스페너는 교회의 수동성과 무관심함과 설교를 지배하는 논쟁에 싫증을 느끼면서, 자기 성찰, 회개, 회심 등을 요구하였다. 스페너는 교회 개혁 계획을 출판하고, 그것을 성취할 집단들을 조직하였으며, 저서 《경건한 소원》(*Pia Desidiria*)에 구체적인 대안들을 제시하고 있다. 그는 주중에 행하는 성경공부, 교회 내의 평신도 행동주의, 다른 설교자들과 논쟁을 벌이거나 고전 학문에 대한 지식을 나타내 보이려는 설교보다는 청취자들의 덕을 세워 주는 설교, 목회자의 책임을 가르치는 신학교 설립 등을 요구했다. 경건주의 개혁의 사회적 측면은 아우구스트 헤르만 프란케(August Herman Francke,

그러나 경건주의는 점차 감정적이고 주관주의적인 신아(信我), 초월적 성령의 내재를 강조하는 데로 기울어졌고, 역사와 사회에 대한 책임보다는 교회 내적인 경건으로 치우치게 되었다.

경건주의의 이 같은 약점을 보완하기 위하여 시도된 운동 중 하나는 웨슬리(John Wesley) 중심의 복음주의 부흥운동이었다. 이것은 하나님 사랑과 이웃 사랑을 동시에 추구하는 유형의 영성운동으로서, 하나님께 대한 신앙과 인간적인 노력, 신비주의와 행동주의라는 양 극단적 입장의 통합을 시도하였다. 사회 복음적인 봉사를 중요하게 여기고, 현재 문제에 관심을 기울인 웨슬리의 영성 이해는 당시 개인의 주관주의적 차원에서 이해하고 있었던 영성의 개념을 사회·정치적 현실에 대한 참여 차원으로 초점을 옮겨 놓았다. 이 같은 변화는 19세기에 이르러 부각되기 시작한 사회 복음화에 강조점을 둔 영성 개념의 형성에 의미 있는 영향을 주게 된다.103)

마음의 영성에 관심을 둔 종파 중에 근세의 영성에 영향을 주는 운동으로 청교도운동과 퀘이커 교도들을 들 수 있다. 청교도운동은 1500년대에 영국 국교회에서 시작되었으며, 1700년대에 '최후의

1663~1727)였다. 그는 할레 대학의 신학 교수였을 뿐 아니라 사회적 구제 기관들을 세운 사람이기도 하다. 그는 고아원, 학교, 도서관 등을 시작했고 유럽 최초로 개신교 선교사들을 훈련하여 파송하기도 하였다. Peter C. Urb, *The Pietists: Selected Writings* (New Jersey: Paulist Press, 1983), 엄성옥 역, 《경건주의자들과 그 사상》 (서울: 은성출판사, 1991), pp. 9-12; Bradly P. Holt, *Ibid.*, pp. 165-167; Ford L. Battle & Stanley Tagg, *The Piety of John Calvin: An Anthology illustrative of the Spirituality of Reformer* (Grand Rapid: Baker, 1978), pp. 182-187.

103) 강희천, *Ibid.*, pp. 210-211.

청교도'인 조나단 에드워드 때까지 계속되었다. 이 운동은 개혁파 개
신교 계통과 아울러 영국 국교회의 정화에 관심을 두고 있었으며, 칼
뱅의 영향을 받고, 개인적인 믿음, 죄의 자각, 자기 성찰을 중심 사상
으로 하여 개인적인 체험과 확신을 소중히 여겼다. 개인적 체험과 확
신을 중심으로 개인 생활과 사회생활 전체의 조화를 요구한 청교도
의 윤리와 신학은 개인적인 관심보다 사회 전체의 개혁에 관심을 두
고 있었다.104)

청교도와 같은 시대의 종파로서 스스로를 '하나님의 친구들'이라
고 지칭하며, 독일 내의 종교개혁 급진 진영에 자리 잡고 있던 퀘이
커들이 있었다. 그들은 '내면의 빛'(inner light)을 인정하며, 성서보
다 모든 사람의 내면에 있는 하나님에 대한 인식을 중요하게 여겼다.
따라서 성직자도 없고, 성례도 없던 초기의 카리스마적인 예배 때에
참석자들은 각기 침묵 중에 성령의 감동하심을 기다리면서 다른 사
람이 성령의 인도를 받아 말하는 것에 귀를 기울였다. 그들의 영성은
다분히 공의로운 행동과 성령의 말씀에 귀를 기울이는 것과의 통합
을 이루는 양상을 보였다. 이들은 전쟁을 반대하며, 노예의 인권을
옹호하는 등 당시의 사회 제도에 대하여 반사회적 행동을 함으로써
사회에서 위험하게 여겨지곤 하였다.105) 청교도와 퀘이커를 중심으

---

104) 청교도 중에 대표적 작가인 존 번연은 저서 《천로역정》(Pilgrim's Progress)에서 기독교
인의 삶을 천성을 향해 가는 여행에 비유한다. 여행 중에 만나게 되는 허영의 광장,
낙심의 구렁텅이, 기쁨의 산 등으로 비유된 시련과 시험을 만나기도 하는데, 여기서
청교도들은 기독교 영성을 세상 및 자신의 욕망을 대적하는 활기차고 도전적인 싸
움으로 보고 있음을 알 수 있다. Bradly P. Holt, *Ibid.*, p. 162-164.

로 형성되는 영성을 통전적인 입장에서 본다면, 개인의 회심과 사회
문제에 대한 윤리적인 자각 등은 신앙의 체험이 사회윤리의 삶의 문
제로 체화된다는 점에서 긍정적이라고 볼 수 있다. 그러나 개인적인
체험에 강조를 두다 보면, 신앙 공동체의 성례전이나 신앙 절기 등을
간과함으로써 전통과 단절되어 단지 하나의 종파 운동으로 머물 수
밖에 없다는 한계를 지니고 있다.

독일을 중심으로 한 경건주의 운동, 영국을 중심으로 한 부흥운동
과 더불어 프랑스에서는 가톨릭의 영적 작가들이 활동을 활발히 함
으로써 프랑스 가톨릭교회의 영적 지도의 지표를 마련하는 전기가
된다.106) 프랑스 학파는 예수와 마리아의 신성한 마음에 대한 헌신
을 강조하고, 예수님과 마리아의 사랑을 언급함으로써 대중의 경건
에 큰 영향을 끼치게 된다.107) 이와 더불어 근대는 선교활동으로 인

---

105) Bradly P. Holt, *Ibid.*, pp. 164-165; Robert Ulich, *A History of Religious Education*
(London: University of London Press, 1968), pp. 169-182.

106) Bradley Holt, *Ibid.*, pp. 172-174; Jordon Aumann, *Christian Spirituality in the Catholic Tradition* (San Francisco: Ignatius Press, 1985), pp. 293-313.

107) 작품을 통해 대중의 영성 지도에 영향을 끼쳤던 인물 중 첫 번째 인물로 프랑소아
드 살레(Francis de Sales, 1567~1622)를 들 수 있다. 드 살레는 스위스의 제네바
에서 활동한 가톨릭 주교로서, 트렌트 공의회에서부터 가톨릭교회의 개혁을 외치
고, 개개인을 영적으로 지도하는 일에 관여했다. 그는 《경건생활 입문》(*Intro-duction
to the Devout Life*)을 저술하여 대중들의 영성 지도에 기여하게 된다. 프랑스 영성학파
의 창시자라고 불리는 사람은 카르디니날 피에르 드 베롤(Cardininal Pierre de
Berullw, 1575~1629) 추기경이다. 그의 영성의 가장 큰 특징은 그리스도 중심주의
이다. 그리스도의 화육과 성찬에의 임재가 중심이 되었고 인간 본성에 대하여 염세
주의적인 경향을 지녔으며, 금욕적인 관습을 엄격하게 실천했다. Bradley P. Holt,
Ibid., pp. 172-173.

하여 기독교가 활발히 전파되는 시기이기도 하다. 16세기와 17세기의 가톨릭의 선교는 민족주의와 제국주의의 보조 역할과 같은 기능을 하였지만 종교개혁 이후 경건주의 활동이 활발해지면서 개신교는 유럽 대륙의 모라비안 교도들과 루터교인들이 중심이 되어 선교사를 파송하기 시작한다. 개신교의 활발한 선교활동은 20세기의 토착 기독교 운동과 삶의 정황과 관련된 영성을 모색하고자 하는 전기를 마련하게 된다.[108]

VII. 마치며

이상과 같이 기독교 영성에 대한 역사적인 논의를 초대 기독교 공동체부터 근대까지의 신학적 맥락 속에서 살펴보았을 때, 결론적으로 영성의 의미는 시대에 따라 다르게 사용되어 왔으나 현대에 와서 왜곡 이해되는 경우를 볼 수 있다. 즉, 이원적인 개념으로 영성을 이해함으로써 영성은 물질적인 삶을 배제한 삶을 의미한다던가, 내면의 비범한 체험을 지나치게 강조함으로써 삶에서의 구체적 실천의 부분을 약화시킨다던가 하는 양상이 보인다는 것이다. 그로 인해 영성이 가지고 있는 다양하고도 풍성한 의미와 가치를 외면한 채 영성의 일부분만 부각시키는 오류를 범할 수 있다. 초대 기독교 공동체에

---

108) *Ibid.*, pp. 183-185.

서 볼 수 있듯이 영성이 성령을 따라 사는 것을 의미할 때, 그들은 자신의 재산을 가난한 자들과 함께 나누어 공유할 수 있는 현세적 삶에서의 변화를 체험하고 구체화하였다. 수도원 공동체가 지향하던 영성 훈련이 엘리트 중심적이라는 한계가 있지만 그들의 내면적 완전성에 대한 관심은 그들 공동체만을 위한 폐쇄적 신앙 유형으로 머물러 있는 것이 아니라 대중과의 소통과 교류를 통하여 모범적인 신앙 유형을 제시하며 그러한 신앙이 가능하도록 돕는 기능까지 했음을 볼 수 있다. 탁발 수도사들은 신비적 영혼 체험을 가난한 자들과 함께 고통을 나누는 삶 속에서 체험하고자 하였으며, 신비주의자들은 내면적 경건을 추가하여 현상적으로 높아 가는 교권에 맞서는 하나의 신앙 전통을 수립하는 계기로 삼았던 것이다. 근대에 들어서 이성주의와 물질주의가 만연한 상황 속에서 경건주의자들의 영성은 내면적 신앙의 차원에 관심을 갖도록 하는 견인차 역할을 하였던 것이다.

이러한 맥락에서 볼 때 역사적으로 영성은, 때로 교권주의 앞에 공동체성을 상실하고 종말론적 삶의 기초를 상실하기도 하는 역사적 진통들을 경험하면서도, 부단히 기독교 신앙 전통 속에 내면적 신앙과 실천적 신앙, 신비적 체험과 경건의 일상적 삶으로의 전환, 내세와 현세, 하나님과 이웃 공동체, 물질세계와 마음의 세계를 끊임없이 연결시키고자 하는 노력을 했다. 달리 서술하여 기독교 신앙은 통전성과 전인성을 지향하고자 하는 역사를 지니고 있다는 점을 주목하여야겠다.

제2장

기독교 영성에 대한 현대적 이해

Ⅰ. 시작하며

현대에 들어와 '영성'(spirituality)에 대한 관심[1]이 여러 분야에서 증가하고 있다. 그 연유는 다양하겠지만 크게 보면 세 가지 측면에서 살펴볼 수 있다.[2] 첫째, 에큐메니칼 운동사적인 측면인데 1961년 정교회가 세계교회협의회에 참여하면서부터 영성에 대한 논의가 활발해지기 시작하는 것이다. 둘째, 1960년대에서 1980년대까지 세계교회협의회[3]가 교회 일치와 사회 참여에 대한 운동을 활발히 벌여 가기 시작하면서 사회 운동의 정신사적인 정체성의 논의 과정에서 교회가 교회로서의 존재 근거를 나타내기 위한 하나의 언어로서 영성이라는 용어를 활발하게 사용하기 시작한 것이다.[4] 셋째, 오늘

---

1) Bradly C. Hanson, *Modern Christian Spirituality: Methodological and Historical Essays* (Atlanta: Scholas Press, 1990); 김중기, "새 천년을 위한 영성 연구의 방향," 연세대학교 신과대학 편, 《신학 논단》 제28권 (2000), p. 193. 김중기는 영성에 대한 관심은 세계 신학적 추세이며, 동시에 새 천년을 위한 문화사적 전환의식이라고 설명한다.

2) 비단 신학의 분야뿐 아니라 철학과 심리학, 상담학의 분야에서도 영성에 대한 관심이 증가하고 있다. 존 엘리아스(John L. Elias)는 최근 들어 중요한 종교적 자각은 '영성'에 대한 자각이라고 이야기하고 있다. 엘리아스는 17세기 복음주의적 부흥, 18세기의 로마 가톨릭의 갱신, 19세기의 새로운 종교운동들의 자각, 그 이후 20세기는 영성의 자각이라고 지적한다. "The Return of Spirituality: Contrasting Interpretation," *Religious Education*, Vol. 86, No. 3 (1991), p. 451.

3) Ans J. Van der Bent, "The Concern For Spirituality: An Analytical and Bibliographical Survey of Discussion within the W.C.C. Constituency," *Ecumenical Review* 38 (1986), pp. 101-104.

4) 영성에 대한 학문적 관심은 기존의 가톨릭 전통의 영성 이해라고 할 수 있는 수도자의 완덕의 생활을 의미하는 수노원석 영성(monastic spirituality)의 이해가 제2차 바티칸 공의회 이후에는 일반 기독교인들의 모든 삶의 영역까지 확대되는 것에서 기인한

의 삶 전체의 문명사 내지 정신사 전환의 원인으로 볼 수 있다. 1970
년대 이후 영성운동이 확산되고 있는 것은, 20세기 후반의 문명이
크게 전환하고 있다는 일종의 패러다임의 전환 의식 속에서 소위 도
구적인 이성의 우위성 속에서 인간의 자기 각성이라는 보다 더 근원
적인 인간됨을 성취하려는 세계사적인 정신운동과 연결되어 있다는
것이다.

그런데 이렇게 영성에 대한 관심이 증가하는데도, 영성에 대한 일
반적인 이해나 기독교 전통과 관련된 의미의 영성에 대한 이해를 좀
더 면밀히 살펴보면 사실상 '영성'에 대한 개념이 불분명하거나5) 왜
곡하거나 잘못 해석하는 경우를 많이 볼 수 있다. 즉, '영성'이라는
용어는 그 개념 정의에서 애매성과 모호성을 지니고 있다는 것인데,
여기서 애매성이라는 것은 '영성'이라는 용어가 다양한 의미로 해석
될 수 있다는 것을 지적하는 것이며, 모호성이란 '영성'과 '비영성'을

다. 또한 聖-俗의 이분법적 이해의 구도 속에서 영성과 신학을 구분하여 생각하여 이에
대한 학문적 연구가 미미하였던 개신교회가 1970년대 이후에는 타 종교와의 대화, 가
톨릭 신학적 영향 등으로 인한 영성에 대한 새로운 인식을 하는 것에서도 기인한다.
이러한 흐름은 제2차 바티칸 공의회(1962. 10~1965. 2) 이후에 활발하게 진행된다.
제2차 바티칸 공의회에서는 《교회에 대한 교의 헌장》 제39~42항의 "온 교회의 거룩함
에로의 부름"에서 영성의 근원이 되시는 예수 그리스도에 대하여 말하고 있으며, 그의
뒤를 따르는 모든 이들은 영성과 완덕으로 초대되었고 그것을 추구해야 함을 말하고
있다. W. M. Abbott (ed.), *The Documents of Vatican* II (New York: America Press,
1966), pp. 65-72; 박재만, "제2차 바티칸 공의회 이후 가톨릭교회의 평신도의 영성,"
한국기독교학회 편, 《오늘의 영성신학》 (서울: 양서각, 1988), pp. 7-44

5) Sandra M. Schneider, "Spirituality in Academy," in *Modern Christian Spirituality*
(Atlanta, Ga.: Scholars Press, 1990), p. 15.

구분하는 경계선이 명확하지 않다는 것을 의미하는 것이다.6) 다르
게 말하면 영성이란 개념은 정의하는 학자들에 따라 다양한 의미로
해석될 수 있을 뿐 아니라 역사적으로 볼 때에도 그 의미를 정확하게
구별해 낼 수 있는 일정한 신학적인 준거나 지표가 마련되어 있지
않다는 것이다.7) 따라서 제2장에서는 영성 개념을 이원적으로 인식
하고자 하는 전통적인 영성 이해의 문제점을 지적하며, 영성이 가지
고 있는 통전성과 전인성의 개념을 발견하고, 추구하고자 하는 영성
에 대한 현대적 연구 동향을 살펴보고자 한다.

II. 영성 연구의 현대적 동향

영성이라는 용어는 영육(body)이나 물질(material)과는 구분되는
그 밖의 모든 것을 총칭하는 용어로 사용되기도 하였고, 경건(piety),
금욕주의, 신비적 체험 등과 동의어로 사용되기도 하였다.8) 또는 크
리스천의 삶(christian life)을 뜻하는 지극히 포괄적인 의미로 사용
되기도 하였다.9) 이런 경우 영성이란 용어를 초월적인 삶 혹은 내면

---

6) Edwert H. Cousins, "What is Christian Spirituality?" in *Modern Christian Spirituality*, p.
   39.

7) Iris V. Cully, *Education for Spiritual Growth* (San Francisco: Harper & Row, 1984), pp.
   22-43. 강희천, 《기독교교육의 비판적 성찰》 (서울: 대한기독교서회, 1999), pp. 205.

8) John Alexandria, "What do recent writers mean by Spirituality?" *Spirituality Today*,
   p. 257.

적인 삶을 추구하는 인간의 보편적인 특성이나 가능성을 의미하는 존재론적인 용어로 사용한 것이라고 볼 수 있다. 영성이라는 용어는 신학적인 용어로 사용되는 것 이외에도 예술,10) 심리학,11) 철학12) 과 같은 영역에서 사용되기도 하는 용어이다. 특히 이들이 서로 각기 다른 영역을 다루고 있는데도 서로의 연결고리를 만들어 교류하고자 할 때 이 용어를 사용하기도 하였다.

이렇듯 다양한 방법으로 정의할 수 있는 '영성' 개념은 신학적 배경이나 시대적 흐름에 따라 '하나님과의 영적 친교' 측면을 강조하는 입장이 우위를 이루기도 하고, 때로 '영성의 결과'로 나타나는 삶의 모습을 강조하는 형태로 나타나기도 하였다.13) 이러한 양상은 다시 말하여 영성 개념이 시대적 상황에 따라, 신학적 흐름에 따라 서로 달리 사용되었다는 것을 의미한다.

강남순14)은 영성에 대한 이해가 시대마다 다르게 진행되었으나,

---

9) Gordon S. Wakefield, "Spirituality," in *The Westminster Dictionary of Christian Spirituality*, Gordon S. Wakefield (ed.) (Philadelphia: Westminster John Knox Press, 1983), pp. 361-363.

10) Kathleen Powers Erick, *At Eternity's Gate: the Spiritual Vision of Vincent Van Gogh*; 최종수 역,《고호의 영성과 예술》(서울: 한국기독교연구소, 2000).

11) Ena Van De Winckel, *De l'INCONSCIENT A Dieu: Ascese Chrtienne et psychologie de C. G. Jung*, 김성민 역,《융의 심리학과 기독교 영성》(서울: 다산글방, 1996); Ann Ulanov & Barry Ulanov, *Religion and Unconscious* (New York; Westminster John Knox Press, 1975), 참고.

12) Pierre Hadot, *Philosophy as a Way of Life* (Cambridge: Blackwell Pub., 1995), 참고.

13) 한동구, "구약성서의 입장에서 본 영성의 이해," 한국여성신학회 편,《영성과 여성신학》(서울: 대한기독교서회, 1999), pp. 63-65.

14) 강남순은 이러한 영향으로 인하여 최근 영성에 대한 연구 동향은 전통적 영성의 한계

88

전통적으로 영성은 타계성, 육체의 경멸, 쾌락의 부정, 가난, 훈련 등의 용어들과 연관되어 왔기 때문에 평범한 삶을 살아가는 사람들에게 영성이 의미를 가지기는 어려웠다고 지적한다. 이러한 독특성을 지닌 영성을 이해하는 데 이원론적으로 파악하고자 하는 전통적인 인식은 결과적으로 인간이나 현실에 대한 통전적 이해를 왜곡시켜 왔으며, 신비주의, 금욕주의, 기도, 경건한 신앙심, 수도원적 생활양식 등에만 관련하여 영성을 이해해 왔다고 한다.15)

기독교 영성의 개념을 단순하게 정의할 수는 없으나 간결하게 규정하자면, 영성은 성령에 의해 예수 그리스도 안에서 하나님의 경험을 통해서 실현되는 것으로서, 인간의 자기 초월적 지식·사랑·헌신의 능력을 함축하는 것으로 볼 수 있다. 또한 하나님의 영은 인간 공동체와 역사가 분리해서 다가오는 것이 아니라 인간의 경험들과 상징들을 통해서 다가오는 것이기 때문에 기독교 영성은 인간 삶의 모든 차원을 포함하는 것으로 규정할 수 있다. 그렇지 않는다면 영성의 의미는 협소화되거나 왜곡될 수 있는 것이다. 그러므로 영성의 계발이란 순수한 영혼의 차원만을 의미하거나 배타적으로 기도와 덕목의 성취와 훈련을 통해서만 이루어지는 것이 아니다. 포괄적인 의미의 기독교 영성은 통전적 차원에서 이루어져야 한다.

성들을 지적하면서 '창조 중심적 영성'(creation centered spirituality), '구성적 영성'(formative spirituality), '페미니스트 영성'(feminist spirituality) 등이 대두되었다고 한다. 강남순, "여성신학적 영성: 이론과 실천," 한국여성신학회 편, 《영성과 여성신학》(서울: 대한기독교서회, 1999), pp. 15-16.

15) *Ibid.*, pp. 16-17.

이러한 확장된 의미에서 영성 개념의 핵심은 무엇인가에 대한 연구가 다양하게 진행되고 있는데, 산드라 슈나이더즈(Sandra M. Schneiders)는 영성의 연구 경향을 '학문적 연구 분야로서의 영성'과16) '경험으로서의 영성'으로 구분해 설명하고 있다.17) 학문적 연구 분야에서 영성 개념은 중세까지의 신학을 영성신학(Spirituality theology)으로 보는 것에서 찾을 수 있다. 즉, 모든 신학은 영(spirit) 안에서 삶에 대한 통찰이었으며, 수도원적 또는 목회적 배경에서 성서, 제의, 개인기도, 공동생활 그리고 목회 등에서 경험되는 신앙적 경험을 전하려는 시도였다고 할 수 있다. 그러나 중세가 되면서 대학을 통해 신학적 논의가 철학적 배경 위에서 조직신학(systematic theology)적으로 연구되면서 종교적 경험에 대한 성찰들은 수도원과 목회의 영역에서 이루어지고, 대학에서는 철학적이고 논리적 논쟁으로 그 근거를 옮겨 가기 시작했다.18)

17세기에 들어와서 '수덕신학'이라는 용어가 처음 사용되면서 영적 삶의 원리를 교리의 한 부분으로 다루기 시작한다. 그러나 이러한

---

16) 산드라 슈나이더즈가 '학문적 연구 분야로서 영성'과 '경험으로서 영성'을 설명하는 것은 중세 이전까지는 학문의 경향이 교부들을 중심으로 이루어진 신학이 사실상은 성서신학이라 할지라도 영적 경험의 토대에서 해석하고자 하였던 경향이라고 설명하면서 학문적 연구 분야로서 영성에 대한 설명을 하고 있다. 산드라 슈나이더즈는 "Scripture and Spirituality," in *Christian Spirituality* I에서 이러한 입장을 설명하고 있다.

17) Sandra M. Schneiders, "Spirituality in the Academy," *Theological Studies* Vol. 50, No. 4 (1989).

18) Sandra M. Schneiders, "Spirituality in Academy," *Modern Christian Spirituality*, pp. 24-25.

논의는 교리신학과 스콜라적인 용어, 금욕적이고 신비적인 완성을 추구하는 윤리의 한 분야로만 인정되었던 것이다.[19] 따라서 초기 학문 연구자들의 연구에는 영적 단계의 위계 구조에 대한 문화적 전제들, 독신 수도사들에게 우선적으로 가능하다고 인정되는 기독교의 완전성이 지니고 있는 엘리트주의, 그리고 신과 인간에 대한 교리적 결론에 대한 확신감 등이 반영되었다.[20] 가톨릭 전통의 경우 바티칸 제2공의회 이후 성서와 전통으로 돌아가야 한다는 요청이 발생하면서, 영성에 대한 이전의 전제들에 대한 비판적 성찰이 뒤따르게 된다. 그리하여 신비신학과 수덕신학으로 연구되었던 영성신학에 대한 관심이 영적 경험을 연구하는 새로운 학문 분야로 등장하게 된다. 이러한 영적 경험에 대한 관심은 영성을 하나의 고립된 초월적 경험으로가 아니라, 사회적·문화적·우주적 배경들과의 복합적인 상호작용 속에 있는 구체적인 것으로 이해하고자 하는 목적을 지니는 것이었다.[21]

슈나이더즈는 하나의 학문적 분야로서 영성에 대한 독자적 특성이나 방법론은 일치하지 않지만 학문으로서 기본적 일치점들을 다음과 같이 제안한다.

---

19) G. B. Scaramelli(1867~1952)는 처음으로 신비신학(mystical theology)과 수덕신학(ascetical theology)을 구분하여 사용하기 시작한다. 이러한 구분은 영성적 삶을 획득되는 것이거나, 주입되는 것으로 구분하는 것이다. *Ibid.*, p. 25.
20) *Modern Christian Spirituality*, pp. 25-26.
21) *Ibid.*, pp. 25-32.

(1) 영성은 규범적이기보다는 묘사적인 특징을 지니는 것이다. 즉, 영성은 상황성을 반영하고 있다는 것을 의미한다.22)

(2) 영성은 에큐메니칼하며 상호 종교적인 특징을 지닌다.23)

(3) 영성 연구는 간학문적인 특징을 지닌다. 즉, 영성에 대한 연구가 인간의 통전성(wholeness)에 초점을 두고 있기 때문에 영성 연구에는 영적 경험의 모든 측면, 즉 육체적·심리적·역사적·정치적·미학적·지성적·사회적 경험들이 영성 분야에 통합되고 있다.24)

다양한 분야와 방법으로 영성을 정의하고자 하는 시도 중에 대표적인 예로서, 역사적 맥락과 문화적 특성과의 연관성을 살피고자 하는 시도들이 있다.25) 필립 쉘드레이크(Philip F. Sheldrake)는 포스트모던 시대의 세계관에 대한 변화가 영성 개념에 대한 변화를 요구

---

22) *Ibid.*, p. 32.

23) *Ibid.*, p. 32. Mattew Fox, *Western Spirituality: Historical Roots, Ecumenical Routs* (SantaFe, New Mexico: Bear & Company, 1981), 참고.

24) *Ibid.*, p. 32-33; Joann Wolski Conn, *Toward Spirituality Maturity*, "Freeing Theology: The Essentials of Theology in Feminist Perspective," Catherines Mowery LaCugna (ed.) (New York: Harper SanFrancisco, 1993), p. 239, *Women's Spirituality: Resources for Christian Development* (New York: Paulist Press, 1996); Ursula King, *Women and spirituality: Voices of Protest and Promise* (London: Macmillan Press, 1993). 위와 같은 여성신학적 입장의 영성 논의에서는 특히 사회문화적 상황들과 심리학적인 요소들을 연구에 반영하고 있다.

25) Philip Sheldrake, *Spirituality and History: Questions of Interpretation and Method* (Maryknoll N.Y.: Orbis books, 1998), pp. 17-91 참고.

92

하고 있다고 하며 다음 같이 그 이유를 댄다.

(1) 우주학과 양자물리학의 발전의 결과로 우주에 대한 관념이 변화하고 있다.

(2) 종교적 근본주의자들에 의해서도 이제는 진화론이 별다른 갈등 없이 받아들여지고 있다.

(3) 심리학의 이론들을 객관적인 이론으로 받아들이고 수용하는 분위기가 되고 있다. 즉, 인간의 내면의 변화들을 객관적인 개념들과 가치들로 받아들이고자 한다.

(4) 사회과학에서 경제학과 정치학의 발달은 사회 공동체에 대한 전통적 개념에 도전하고 있다.

(5) 히로시마에 투하되었던 원자폭탄 사건이라든가 세계 곳곳에 만연되어 있는 기아와 가난과 같은 현실적인 문제들로 사람들은 더 이상 인간 진보에 대하여 과신하지 않게 되었다.[26]

이러한 역사적인 상황들로 인하여 집단의식(collective consciousness)에 붕괴가 찾아오게 되었고, 사람들이 공동체성에 대하여는 관심을 잃게 되는 반면 순수한 개인의 발달(purely personal development)에 대한 관심과 내면세계에 대한 관심이 증가하게 되었다는 것이다. 쉘드레이크는 이러한 역사적 이유로 영성도 개인적인

---

26) *Ibid.*, pp. 2-3.

내면의 사건으로만 인식되어 온 것이 최근까지의 경향이라고 설명한다.[27] 그러나 이러한 경향에 반하여, 인간의 개인화로 인한 실존적 위기감을 경험하면서 영성을 단순히 개인적 차원의 가치로만 보지 않고 사회적이고 공적인 차원의 가치로 보고자 하는 연구 경향이 나타나게 되었다고 지적한다. '후기 물질주의'(post materialism) 경향은 다시금 순수한 내면의 발달의 문제에서, 한 공동체에서 경험하게 되는 개인들의 경험의 문제에 더욱 관심을 갖게 되었고 이러한 경향은 영성과 더불어 공동체에 대한 관심을 갖게 한 것이다.[28]

산드라 슈나이더즈와 마찬가지로 필립 쉘드레이크도 영성에 대한 연구가 다음과 같은 학문적 특색을 가지고 진행되어야만 다양한 관점에서 제기되고 있는 영성에 대하여 설명하는 것이 가능하다고 제안한다.

(1) 영성에 대한 연구는 종합 학문적(multidisciplinary)일 뿐만 아니라, 간학문적 연구로 진행되어야 한다.

(2) 역사적 진행에 대한 적절한 이해를 전재한다.

(3) 영성에 대한 연구를 역사적 맥락과의 연계 속에서, 해석학적

---

27) *Ibid.*, p. 3.

28) *Ibid.*, pp. 3-4. 필립 쉘드레이크는 신앙이란 더 이상 단순히 세대에서 세대로 전수되는 지혜의 문제는 아니라고 이야기한다. 현대를 살아가고 있는 사람들은 '영성'을 정의함에 있어서도 그들의 삶의 경험 안에서 이루어지는 하나님의 신비(mystery of God), 하나님의 활동(God's action)으로 이해하고자 한다고 한다. *The Way* (July 1996), 참고.

이고 신학적인 접근을 해 나가는 것은 상호 보완적인 연구방
법이다.[29]

이러한 시도는 '영성'의 개념을 정의하는 데에도 성서적이거나 신
학적인 접근 이외에 종합 학문적인 접근을 해야 할 필요성을 강조하
는 부분인 것이다.

그뿐만 아니라 각기 다른 교리 문제 때문에 결코 접근할 수 없는,
다른 종교들과 대화를 시도하고자 할 때에도 역시 그 핵심적인 것에
접근하기 위하여 영성이라는 용어를 채택하는 경향이 있다. 밴쿠버
에서 열렸던 제6차 W.C.C. 대회에서 채택한 주요한 주제들 중의 하
나가 영성이었다. 이 주제를 발전시키기 위하여 1984년, 1986년,
1987년에 걸쳐 협의 모임이 있었는데[30] 여기서 다루고 있는 영성의
개념 또한 제3세계가 향유하고 있는 각기 다른 전통들과 대화하기
위한 방법론적인 도구로써의 영성 개념이었다.[31] 그러나 영성이라

---

29) *Ibid.*, pp. 4-5. 영어권에서는 영성 연구에서 학문적 논의가 활기를 띠고 있음을 소개
하고 있다. 첫 번째로 중요한 연간 저널이 출간되어 나오고 있는데 *Studies in Spirituality*
는 영성 연구에서 종합학문적인 논의를 가능하게 하는 중요한 역할을 하고 있음을
이야기한다. 두 번째로 신학대학의 교육과정 내에 '영성' 과목이 점점 증가하고 있으
며, 세 번째로 American Academy of Religion과 연계 속에서 '영성'에 대한 연구가
활발히 진행되고 있음을 밝히고 있다. 이러한 접근 방법은 영성을 단일 개념으로 이
해하는 차원에서 복합적인 의미를 지닌 개념으로 인식하는 개념의 변화를 가져오게
된다.

30) Ans Van Der Bent, "The Concern for Spirituality: An Analytical and
Bibliographical Survey of the Discussion within the W.C.C. Constituency," *The
Ecumenical Review* 38 (1986), pp. 104-114.

는 용어에 대한 이러한 포괄적이고 범종교적인 사용은 기독교적 의미를 지닌 신학적 용어로는 사용하기에 어렵다는 문제점이 제기되기도 한다.32) 이러한 영성 연구를 통해서 현대적 영성 개념의 특징이 이원적 구조에서 통전적 구조로의 변화라는 것을 알 수 있다. 즉, 내적/외적 세계, 자연/초자연, 물질/정신, 자아/타자, 인간/자연, 성/속, 성직자/평신도, 초월/일상, 신비/실천 등과 같은 이원론적 구조를 넘어서 통전적 영성을 추구하고자 하는 움직임을 보인다.33)

20세기에 들어와서 논의되는 영성신학에 대한 쟁점 중의 하나는 일상적인 그리스도인의 생활 방식(수덕적인 삶)과 비상한 삶(신비적인 삶)과의 연속성과 비연속성에 대한 이해가 서로 상충되고 있다는 점이다. 이러한 이분법적 구분을 자세히 다루었던 학자는 홈즈(Urban T. Holmes)이다. 홈즈의 구분에 따르면 전통적으로 영성을 '수덕적 영성과 일상적 영성'(ascetical or ordinary spirituality), '신비적 영성과 특수 영성'(mystical or extraordinary spirituality)으로 구분해 왔다는 것이다. 이러한 구분은 교의학적인 전제를 지닌 영성신

---

31) Tosh Arai and Wesley Ariarajah (ed.), *Spirituality in Interfaith Dialogue* (New York: Orbis Books, 1989), 이명권 역,《종교 간의 대화와 영성》, pp. 6-13.

32) 수잔 존슨은 영성에 대한 현대적 연구 동향이 심리학적이고 인류학적인 경향으로 가고 있음을 지적하며 이것은 기독교 영성의 정체성을 약화시키는 결과를 가져온다고 주장한다. Susanne Johnson, *Christian Spiritual Formation in the Church and Classroom* (Nashville: Abingdon Press, 1989), pp. 30-44.

33) Katherine Zappone, *The Hope for Wholeness: A Spirituality for Feminist* (Mystic: Twenty-Third Publication, 1991); Matthew Fox, *Original Blessing* (SantaFe, New Maxico: Bear & Company, 1983) 등에서 통전적 영성에 대한 논의를 볼 수 있다.

학에서 비롯된 것이다.34) 곧 수덕신학과 신비신학이 바로 그것이다.

(1) **수덕신학**은 일반 기독교인들의 영성 훈련과 관련된 것으로, 특히 하나님의 임재에 대해 기독교인들이 스스로를 개방할 수 있는 능력을 기를 수 있도록 하는 데 강조점을 둔 신학이다. 여기서 수덕적(ascetical)이라는 단어의 어원은 희랍어 '*askesis*'로서, 이는 육상 경기장의 연습이나 훈련을 의미한다.

(2) **신비신학**은 초월적인 경험을 할 수 있는 능력을 소유한 사람들이 지니는 하나님의 임재라는 은사에 주요 관심을 둔 신학이다. 여기서 신비(mystical)라는 단어는 하나님과 합일되기 위하여 인간의 영혼이 위로 올라가는 것을 지칭하기 위해서 사용된 희랍어 '*musterion*'에서 이끌어 낸 용어이다.35)

이러한 신비신학과 수덕신학의 구분은 공통적인 가정을 보여 주는 것인데, 그것은 두 종류의 기독교인이 있을 수 있다는 점이다. 즉, 금욕주의라는 '저차원의 길'(low road)을 경험하는 사람과 신비 경

---

34) 조던 오먼은 그의 저서에서 영성신학을 다음과 같이 정의한다. 영성신학은 신적인 계시 진리와 개개인의 발전을 위한 지침을 규정하며, 영성생활의 시초에서 완성에 이르기까지의 영혼들의 진보 과정을 설명하는 신학의 한 영역이다. Jordon Aumann, *Spiritual Theology* (London: Sheed & Ward Ltd., 1980), p. 25.

35) 홈즈는 영혼이 신과 합일을 위해 올라가는 것을 명명하기 위해서 위 아레오바고 디오니시우스(Dionysius the pseudo-Areopagite, c.500)가 이 용어를 붙였다고 설명한다. Urban T. Holmes, *Spirituality for Ministry* (San Francisco: Harper & Row, 1982), p. 50.

험이라는 '고차원의 길'(high road)을 걷는 사람이 있다는 것이다. 이것은 전통적으로 영성 개념을 이해하는 방식에서 이원적인 방식이 보편적이었음을 보여 주는 것이라 할 수 있다. 다시 말하자면, '금욕주의'는 도구적 이미지(instrumental image)로서, 그리고 '신비 경험'은 최종 목적적 이미지(terminal image)로서 기본적 특징을 설명할 수 있다는 것이다. 도구적 이미지로서의 수덕신학은 기독교 훈련의 실천, 즉 어떤 사람이 자기의 삶에서 하나님의 현존을 목적으로 사용하는 수단(mean)과 관계가 있다. 금식, 규칙적인 기도 시간, 묵주 사용, 성서 읽기, 긍휼의 행위들은 기독교 영성을 추구하는 사람들이 하나님의 말씀을 향해 자기의 삶을 개방하는 데 도움이 되는 훈련의 본보기들이다. 이러한 것들은 훈련자의 의도 안에 있는 도구적 이미지가 된다는 것이다.[36]

또한 최종 목적적 이미지로서 신비신학은 신과의 합일 경험을 묘사하는 것으로, 그것이 직접적인 것이든 중개를 통한 관계이든 상관없이 어린양의 혼인, 휘황찬란한 암흑, 심연 앞에서 적나라하게 된 영혼, 그리고 이상하게 마음이 뜨거워지는 것과 같은 현상들로 훈련자가 의도한 목적에 맞지 않을 수도 있는 현상들이며, 하나님과의 합일을 지향하는 기도의 목표를 서술하는 것이라고 홈즈는 설명한다.[37] 여기서 홈즈가 문제점으로 지적하는 것과 같이 이원적 구조로 설명하는 방식은 영성을 일상생활과 유리된 별개의 행위로 인식하

---

36) *Ibid.*, p. 27-28.
37) *Ibid.*, p. 28.

게 하는 한계를 갖게 된다. 이것은 곧 영성 교육에서 앎과 삶의 문제, 인지와 정서의 문제뿐만 아니라 영성 교육에 참여하는 학생이나 교사, 영성 교육이 일어나는 교육의 장을 이분적이고 위계적으로 설명하는 한계를 지니게 된다고 볼 수 있다. 이러한 이원적 입장에서 논의되었던 영성의 개념들이 현대에 와서는 전통적 영성에 대한 비판적 성찰과 아울러 다양한 연구 방법과 기본 전제를 설정하여 설명하고자 하는 양상을 보이고 있다.

강희천은 또한 영성에 대한 현대적 접근은 전통적 이해가 지나치게 교리적이며 '인지' 중심의 차원에서 시도됨으로써, 신앙인의 일상적 삶과 분리된 형태로만 강조되어 온 편협한 인식에 대한 비판적 조명이라고 설명한다. 즉 하나님과 개인적인 관계 형성 및 이웃과의 공동체적 관계 형성이라는 두 가지 과제를 강조하는 맥락에서 시도되었던 영성의 이해 형태가, 종교개혁 이후 점차 성서 중심의 영성만을 추구하는 형태로 변했음을 비판적으로 지적한다. 그리고 개인의 내면적 영성만을 지향하는 형태로 변화하고 있는 최근의 현상에 대한 비판적 성찰이 바로 영성에 대한 현대적 이해의 출발점이라고 지적한다.[38]

이처럼 영성에 대한 전통적 이해 형태를 비판하려는 입장에 서서

---

38) 전통적인 영성의 개념이 내면적인 면에 강조점이 있다는 점은 다음을 참고. Tito Colliander, *Way of Ascetics: The Ancient Tradition of Discipline and Inner Growth*, 엄성옥 역,《수덕의 길》(서울: 은성, 1999); 강희천,《기독교교육의 비판적 성찰》(서울: 대안기독교서회, 1999), p. 211.

최근의 연구들은 그 연구 방법이나 기본 전제를 다양하게 선정하고 있다. 또한 영성에 대한 개념적 정의에서도 상호 일치하지 않는 양상을 보이고 있다. 이것은 영성에 대한 현대적 이해는 한마디로 특징적 현상을 규정하기 어렵다는 것을 의미한다. 다양한 이해 사이에서도 서로 상충되거나 대립적인 관계가 노출되고 있다는 것이다.[39] 이러한 맥락에서 현대적 영성 이해들을 유형별로 살펴보며, 각 유형들을 통전적 영성의 개념과 일상생활과의 상관성의 맥락에서 비판적으로 논의하도록 하겠다.

III. 영성에 대한 인간학적 접근

산드라 슈나이더즈는 근래의 영성 사용 경향에 대하여 다음과 같이 정의한다.

(1) 오늘날 영성은 가톨릭 혹은 개신교적 용어로 국한되지 않으며 유신론적 혹은 종교적 영역에 국한되지 않는다.[40]

(2) 영성은 교의적인 것이나 규범적인 것이 아니고 신학에서 유출

---

39) 강희천, *Ibid.*, p. 212.

40) 이러한 점에 비추어 현대에 와서는 에큐메니칼한 영성에 관하여 관심이 증가하고 있다. Gwen Cashmore & Puls Joan, *Clearing the Way: En Route to an Ecumenical Spirituality* (Geneva: WCC Pub., 1990) 참고.

된 원리를 삶에 적용하는 것도 아니며 각자가 완성과 초월을
향한 부름에 독창적이고 인격적으로 반응하는 것이다.

(3) 영성은 완성보다는 성장에 관심을 갖는다. 그러므로 그것은
선택된 소수에 제한되지 않고 인간성의 완성을 향한 체험을
하는 모든 사람에게 관심을 갖는다.

(4) 영성은 육체적·사회적·정치적·세속적인 것에서 분리된 내
적 삶에만 관심을 갖는 것이 아니라, 인간의 삶과 체험의 모든
영역에 관계가 있다.[41]

이러한 슈나이더즈의 견해는 영성의 개념을 세 가지의 차원에서
이해한 것이라고 볼 수 있다.

첫째, 한 사람이 그의 정신생활에서 '심리' 모양 혹은 형태를 가지
고 있는 것처럼 모든 인간이 영성 즉, '인간 존재의 근본적 차원'을
가지고 있다는 것이다. 그러므로 영성이라는 용어가 일차적으로 적
용되는 것은, 한 사람에게서 문제가 되는 궁극적인 것이 무엇이든지
간에 그 사람으로 하여금 궁극적인 것과의 관계 속에서 자기 초월적
통합을 가능하게 하는 인간 주체(human subject)라는 것이다. 인간
주체의 통합이 영성의 궁극적인 목적이기는 하지만 이것이 자기 욕
망의 탐닉 속에서가 아니라 초월자와 관계 속에서 이루어진다는 것
이다.[42]

---

41) Sandra M. Schneiders, "Spirituality in the Academy" *Theological Studies* 50 (1989),
 p. 679.

둘째, 영성 개념을 '한 사람의 영성을 현실화하는 삶의 경험'들이라고 한다. 슈나이더즈는 인간 실존의 본질적 특성으로서의 영성과 본질적 가능성의 성취를 향해 나아가는 구체적 과정을 구별할 수 있도록 한 것이다.

셋째, 자기 초월적 통합을 향한 인간의 노력에 대한 경험적 및 이론적 연구, 그리고 개인들과 집단들의 영성을 육성할 목적을 지닌 목회적 실천들과의 관련성에서 이 용어를 사용하고 있다.[43]

이러한 슈나이더즈의 개념 정의는 영성 연구에서 광범위한 학문적 제휴를 가능하게 하는 장점을 지니고 있다. 또한 일상적 삶과는 유리된 수덕적이고 신비적이며 수도원적이고 엘리트적인 양상으로 이해되어 온 영성 개념을 종교적인 면이 아닌 부분까지 확장시킨 공헌도 있다. 그러나 이러한 접근은 하나님을 영성에서 주변부적인 것으로 만드는 경향이 있으며 영성의 신학적 함축들을 강조하기 어렵게 만드는 경향이 있다. 왜냐하면, 영적 경험의 세부 사항이 인간 경험의 자료들로 밝혀진다면, 인간 삶의 변형 안에 있는 신적인 요소들의 가치를 탐구하기 어렵게 되기 때문이다.[44] 이러한 이유로 슈나이더즈의 개념 정의를 그대로 기독교 영성의 정의에서 인용하기는 어

---

42) Sandra M. Schneiders, "Spirituality as an academic Discipline: Reflections from Experience," *Christian Spirituality Bulletin*, Vol. 1, No. 2. (Fall 1993), p. 11.

43) Sandra M. Schneiders, "Spirituality in the Academy," *Theological Studies* 50 (1989), p. 683. 그녀는 자신의 영성에 대한 접근을 '인간학적'(anthropological) 접근이라고 부른다.

44) Mark A. McIntosh, *Mystical Theology* (Oxford: Blackwell Pub., 1986), p. 45.

려운 문제가 발생하는 것이다. 또 다른 문제점은 영성에 대한 인간학적인 접근은 '초월적 자아'라 불리는 형이상학적인 실재에 의존하고 있다는 점이다. 영성에 대한 인간학적 접근은 사적인 정신 상태와 경험을 모두 갖추고 있는 주체에 대한 관심의 지속성으로 보고 있다는 점이다.[45]

IV. 영성에 대한 총체적-경험적 접근

산드라 슈나이더즈가 실존적인 존재 방식으로 영성에 대해 이야기했다면, 존재 방식의 형태로 공동체를 제시하는 논의는 퍼구스 커(Fergus Kerr)에 의하여 이루어진다. 커는 실제 세계에 끊임없이 참여하는 것은 위를 향하여 천상의 영역의 영원한 형태들을 응시하거나 혹은 내적으로 정신적 극장의 쇼를 응시하는 고독한 관찰자들이 아니라, 서로 실제적인 교제를 나누는 주체들이라고 말한다. 우리를 인간으로 만드는 것은 서로에 대해 갖고 있는 규칙적이고 형태가 있는 반응들이다. 인간 삶의 기초는 인간 상호 간의 관계, 즉 우리가 어떻게 행동하느냐에 놓여 있다고 이야기한다.[46] 한 인간을 잠정적 존재에서 실제적 존재로, 구체적인 인격의 전개로 이끌어 감으로써 궁극적으로는 하나님의 상호 인격적, 삼위일체론적인 삶으로 이끌

---

45) McIntosh, *Ibid.*, pp. 46.

46) Fergus Kerr, *Theology after Wittgenstein* (Oxford: Blackwell Pub., 1986), pp. 65.

어 가는 '만남'이라는 관점에서 영성을 논의할 수 있다는 것이다. 자아에 의하여 경험되는 내적 초월성의 상태가 아니라, 오히려 타자의 신호와 초대가 불러일으키는 반응을 구체화하는 형태와 구조, 모습이 영성이라고 볼 수 있다는 것이다.[47] 이러한 관점에서 존재 이해의 방식이자 표현으로서 영성을 공동체적인 관점에서 보고자 하는 의도를 가진 학자들은 다음과 같이 영성을 규정하고 있다.

브래들리 한슨(Bradley C. Hanson)은 영성이 개인이나 공동체가 인간 삶의 본질과 목표에 대한 확신에 따라 사는 삶의 양식이라고 보며,[48] 고든 웨이크필드(Gordon S. Wakefield)는 영성을 인간 삶의 활기를 돋우고 초지각적 실체들을 향해 뻗어 나가게 하는 태도와 믿음, 실천이라고 본다.[49] 한스 발타자르(Hans Urs von Balthasar)에 따르면 영성이란 인간의 근본적인 실천적 혹은 실존적 태도로, 이것은 인간이 삶을 통하여 자신의 객관적이고 궁극적인 통찰력과 결정에 따라 습관적으로 행동하고 반응하는 방식이다.[50] 김경재는 인간의 영성이란 다차원적 존재로서 인간이 자신의 생명을 둘러싸고 있는 자연과 사회, 동료 인간, 신과의 교통과 만남 속에서 창출해 내는 전인적 생명의 약동이요, 반응이라고 본다.[51] 어반 홈즈(Urban T.

---

47) McIntosh, *Ibid.*, p. 47.
48) Bradley C. Hanson "Christian Spirituality and Spiritual Theology," *Dialogue* 21 (1982), p. 207.
49) Gordon S. Wakefield, *The Westminster Dictionary of Christian Spirituality*, p. 361.
50) Hans Urs von Balthasar, "The Gospel as Norm and Test of all Spirituality in the Church," *Concilium* 9 (1965), p. 7.
51) 김경재, 《그리스도인의 영성 훈련》 (서울: 대한기독교서회, 1988), p. 93.

Holmes)는 이러한 관점에서 영성을 다음과 같이 정의한다. 영성이란 인간의 관계 형성 능력이며 그 관계의 대상은 감각 현상을 초월하는 존재이며, 이 관계는 주체의 노력과는 별개의 것으로 확장된 또는 고양된 의식으로, 주체에 의해 인식되며 역사적 상황 속에서 본질을 받고 세계 속에서 창조적 행위를 통하여 그 자신을 드러내는 것이다. 즉 영성은 신적 존재와의 관계를 형성할 수 있는 능력이며 이것은 단순히 신비적인 내면의 경험이 아니라 구체적인 역사적 정황 속에서 나타난다는 것이다.52)

이러한 학자들의 의견을 종합하여 보면 영성이란 인간의 존재 이해 방식이자 표현이며, 초월자와 관계성 속에서 이루어지는 것이라고 말할 수 있다. 이러한 맥락에서 보면 영성은 본질적인 측면에서 관찰되는 것이라기보다는 삶의 현상과 사건에 대한 반응으로 현상학적인 접근으로 규정되어야 할 것으로 여겨진다.53)

---

52) Urban T. Holmes, *Spirituality for Ministry* (San Francisco: Harper & Row, 1982), p. 12.

53) 이러한 현상학적 접근 방법으로 하비 콕스는 오순절 성령운동을 분석하고, 21세기의 성령운동을 전망한다. Havey G. Cox, *Fire from Heaven: the rise of Pentecostal spirituality and the reshaping of religion in the twenty-first century* (Reading, Mass: Addison-Wesley Pub, 1995) 참고.

V. 영성에 대한 해방적 접근

영성 해석에는 형이상학적이고 존재의 초월적 경험의 내면 상태를 강조하는 견해와 이에 반하여 현실에의 살아 있는 실천적 참여를 강조하는 견해가 있다. 현실 참여가 통찰력의 선결 조건이라는 해방의 관점과 페미니스트들의 학문적 관점은 특정한 삶의 방식과 형태 속에서 영성이 구체화될 수 있다는 관점에 통찰력을 부여하게 된다. 피에르 아도(Pierre Hadot)에 따르면 이러한 관점은 고대 세계에서는 당연하게 받아들여지던 관점이었다. 고대 세계에서 지혜 자체는 특정한 실천과 훈련에 따라 특정한 삶의 방식 속에서 구체화되는 것으로 이해되었다.54) 그들이 '철학'으로 간주하는 것은 지혜를 사랑하는 자들이 실천하고 있는 삶의 형태에 대해 이론적으로 설명하고자 하는 시도였던 것이다.55) 이러한 관점은 영성을 이해하는 데 있어 내면의 상태가 아닌 구체적 삶의 양상에 관심을 갖게 하는 통찰력

---

54) Pierre Hadot, *Philosophy as a Way of Life: Spiritual Exercise from Socrates to Foucault*, (ed.) Arnold I. Davidson, (trs.) Michael Chase (Oxford: Blackwell Pub., 1995), p. 60. 피에르 아도는 이에 대하여 다음과 같이 요약한다. "이론은 본질적으로 결코 끝으로 간주되지 않는다. 그것은 분명히 그리고 단연 봉사의 실천 속에 놓인다. 에피쿠로스(Epicurus)는 이 점에서 명백하다. 그렇지 않으면, 아리스토텔레스 학파 사람들 사이에서처럼, 사람은 이론들 그 자체보다는 거의 신적인 즐거움과 행복을 가져다주는 삶의 방식으로 간주되는 이론적 활동들에 더욱 애착을 가진다. … 혹은 플라톤 학파의 사람들처럼, 추상적 이론은 참된 지식으로 간주되지 않는다. 포르피리(Porphyry)가 말하듯이 "행복에 넘친 명상이 주장들의 축적이나 혹은 박학한 지식의 보물 창고를 구성하는 게 아니라, 우리 안에서 이론은 본성과 삶 그 자체가 되어야 한다."

55) Pierre Hadot, *Ibid.*, p. 60.

을 제공한다고 볼 수 있다.

이러한 구체적 삶의 맥락에서 해방적 동기와 활동으로서의 영성은 다음과 같이 설명될 수 있다. 김경재는 기독교 영성을 존재 이해의 방식으로 설명하면서 동시에 한 인간의 삶과 공동체의 삶 속에 그리스도를 형성해 가는 힘으로 본다. 그것은 성령의 능력과 은혜의 빛 안에서의 삶이다. 기독교적 영성은 그리스도인 자신의 삶 속에, 교회 공동체의 삶 속에, 그리고 이 세상 역사 과정 속에 임재하시는 하나님의 입김을 심도 있게 체험하면서 삶의 전 영역을 자유, 사랑, 공의, 평화로 변하게 하는 창조적 변혁의 힘인 것이다.[56] 왈터 프린시페(Walter Principe)는 영성을 인간이 신앙, 또는 신념에 따라 지고의 이상, 삶의 본질과 목표에 대한 확신으로 사는 삶의 양식이라고 본다. 이는 영성을 존재론적인 신앙의 차원을 넘어서 실천되는 신앙으로 설명하는 것이다.[57]

1. 영성에 대한 해방신학적 접근

해방신학자인 구티에레즈는 전통적인 영성을 다음과 같이 비판하며, 영성이란 이웃과의 관계 속에서 추구되는 하나님과의 관계로 이해되어야 한다고 말한다.

---

56) 김경재,《그리스도인의 영성 훈련》, p. 125.

57) Walter Principe, "Toward defining spirituality," *Sciences Religiouses* 12 (1983), pp. 130-135.

첫째, 전통적 영성은 엘리트적 모델을 바탕으로 하고 있으며 따라서 특정인의 전유물로 인식되어 왔고, 신앙생활은 완전한 상태를 추구하는 경건한 삶이고 이것은 세상에서 도피해야 이룰 수 있는 것이라고 생각되어 왔다.

둘째, 전통적 영성은 개인주의와 심령주의의 경향을 지니고 있다. 영성은 인격적 완성을 향한 개인의 내면적 생활로 여겨졌다. 따라서 기독교인의 생활에서 중요한 것은 덕성의 함양이나 영적 추구라고 생각되었으며, 세속적이고 물질적인 것을 외면하고 영혼의 구원에만 관심을 갖게 되었다. 그러나 구티에레즈는 이웃과의 관계를 무시하는 영성으로는 하나님과 올바른 관계를 맺을 수 없다고 하며, 사회-정치적 억압으로부터 해방되기 위한 투쟁에서 체험되는 '생명으로 이어지는 죽음의 변증법'을 강조하면서 순교 신앙을 통한 '부활의 환희'로서 충만한 영성을 말한다.58)

이와 같은 맥락에서 존 소브리노(John Sobrino)는 영성을 "자아의 돌출된 공포나 갈망이라기보다는 '실제적인 것'에 직면하려는 하나의 근본적인 자발성"이라고 규정한다. 여기서 '실제적인 것'이란 하나의 추상적인 것이 아니라 응답을 요구하는 살아 있는 진리라는 뜻이다. 응답에 대한 요구를 피하는 것은 일종의 부정이며 이 부정은 사물들의 진리에 대한 그저 순수한 이성적인 잘못에 지나는 것이 아니다. 오히려 사물들을 불공평하게 다루는 것, 즉 사물들의 존재 바

---

58) Gustavo Gutierrez, *We Drink from Our Own Wells: The Spiritual Journey of a People* (Maryknoll, N.Y.: Orbis Books, 1985) 참고.

로 그것을 침범하며, 사물들에게 정직하기를 거절하고, 사물들을 올바르게 다루기를 거절하는 데 놓여 있다는 것이다.[59]

2. 영성에 대한 여성신학적 접근

구티에레즈와 같은 맥락에서 요안 올스키 콘(Joann Wolski Conn)은 영성의 개념이 매우 보편적인 것 같으나 사실은 보편적인 개념이 아니라고 주장한다.[60] 일례로 콘은 여성과 남성의 영성이 같을 수 없음을 지적하면서 그 차이는 서로의 삶의 맥락이 다르기 때문이라고 본다. 영성을 구체적 삶의 맥락에서 보아야 한다는 것이며 특별히 여성의 영성을 이해하기 위해서는 여성의 경험에서 출발해야 한다는 것이다.[61]

손승희는 영성을 신학적으로 정의하자면 예수 그리스도에게서 하나님이 이루어 주신 구원에 대한 인간의 응답으로, 교회 안에서 성령의 역사를 통해서 일어난다고 한다. 기독교적 영성은 기독교 신비에

---

59) Jon Sobrino, *Spirituality of Liberation* (Maryknoll, N.Y.: Orbis Books, 1988), p. 14.

60) 페미니스트 신학자들은 '객관적 의식'이 오랜 신화임을 지적하면서, 이 신화는 실제로 실천적 및 이론적 이해를 모두 가로막는다고 주장한다. 페미니스트 신학은 공동체의 삶으로 살아진 경험에 목소리를 부여하는, 신학적 반성을 위한 새로운 맥락을 제공해 왔다. Joann Wolski Conn, "Toward Spirituality Maturity," chapter in *Freeing Theology: The Essentials of Theology in Feminist Perspective*, (ed.) Catherine Mowry Lacugna (San Francisco: HarperCollins Pub., 1993), p. 239.

61) Joann Wolski Conn (ed.), *Women's Spirituality: Resources for Christian Development* (New York: Paulist Press, 1996), pp. 11-25.

대한 개인적 수락을 기반으로 하는 특수성이 있다는 것이다. 즉, 삼위일체적, 기독론적, 교회론적 차원에 관계된 기독교 신비를 받아들이는 데 있다는 것이다. 이 영성은 개인이나 집단에 따라, 시간과 장소에 따라 다양한 모습으로 나타나는데 오늘날의 신학적 경향은 영성을 기독교인의 내면생활에만 국한하지 않고 일상생활에서 실천되는 기독교인 생활의 외적 표현 방식도 포함한다. 삶의 스타일, 태도, 관념, 가치, 소신, 감정, 이미지, 몸의 표현에 이르기까지 이 모든 것이 신에 대한 그리고 경험에 대한 인간의 반응이라면 그것을 영성이라고 할 수 있다는 것이다. 기독교 영성은 자기 초월적 지식, 사랑, 결단이라는 인간 능력을 포함하면서 동시에 이러한 인간 능력이 성령의 은사로 실현되는 것을 의미한다는 것이다. 이 성령의 은사가 우리에게 오는 길은 하나님에 대한 우리의 경험으로 볼 수 있다. 또한 하나님의 성령이 우리에게 오는 길을 인간의 경험이라고 한다면, 인간 경험과 인간 경험을 표현하는 상징이 인간의 생활, 인간의 공동체, 인간의 역사로부터 분리될 수 없는 한 기독교 영성은 인간 삶의 전 차원을 다 포함하지 않을 수 없다. 따라서 기독교 영성은 영혼의 발달이나 기도의 발달이나 덕행의 발달이라는 차원을 훨씬 넘어서 전체적 인간 발달의 차원에서 이루어져 한다고 본다. 또한 여성의 영적 물음은 여성의 경험에서 시작되어야 하며 여성에게 일어나는 삶의 길은 경험이 그들의 영성을 형성케 하고 성숙케 하는 장이 된다고 본다.

이러한 맥락에서 페미니스트적인 영성은 기독교 전통 속에 들어

있는 여성의 영적 발달, 여성의 영적 행복을 저해하거나 말살시키는
요인들을 비판적으로 성찰할 필요가 있다고 보는 것이다.62) 여성신
학자 로즈마리 류터(Rosemary R. Ruether)도 여성의 영성을 여성해
방 관점과의 관련 속에서 파악한다. 여성해방 관점은 착취적인 사회
패턴들로 표현되는 이원론의 배후에 있는 근원적인 소외를 추적해
낸다. 이러한 분리들을 넘어서서 새로운 인간과 새로운 사회적 관계
들을 창조해 내는 것이 필요하다고 본다.63) 이러한 관계성의 사상들
은 많은 여성들이 그 자신이 남자들에게 의존하고 있다는 해석에서
부터 벗어나 인간을 인간답게 만들어 주는 요소를 관계성의 능력이
라고 보는 것이다. 이 관계성은 자신과 남들에게 삶(생명)을 부여하
는 방식으로 행사하는 선택을 할 수 있다는 것이며, 이 관계성은 타
자와의 융합을 의미하는 것이 아니라 상호성을 의미하는 것이라는
주장이다.64)

강남순은 여성신학적 견해에서 영성을 논의할 때 다음과 같은 의
문을 가지고 접근해야 한다고 제시한다.

(1) 여성신학적 견해에서 영성의 논의가 어떻게 출현하였는가?
그리고 여성신학적 견해에서 보는 영성의 특징은 무엇인가?

---

62) John D. Zizioulas, "Primary Christian Community," in *Christian Community*, pp. 57-68.
63) 로즈마리 류우터, "여성해방의 신학과 여성의 영성," 이우정 편,《여성들을 위한 신학》(서울. 한국신학연구소, 1986), p. 375.
64) J. Wolski Conn, "Towards Spirituality Maturity," pp. 254-255.

(2) 여성에게 영성의 의미는 남성들이 갖는 영성의 의미와 어떤 차이점을 지니는가? 즉, 영성에 대한 추구와 개념 형성에서 성(gender)은 어떠한 기능을 하고 있는가? 여성이 남성과 다르게 추구하는 영성은 무엇이며 전통적으로 어떠한 영성을 기대받고 있었는가?

(3) 여성이 갖는 삶의 일상적 경험들이 기독교 영성 형성에서 어떠한 역할을 하는가? 등이다.

이러한 전제에 대한 이해를 바탕으로 여성신학적 영성이 출현하게 된 배경을 좀 더 자세히 살펴보자.

우선 지적할 수 있는 것이 첫째, 기독교의 역사를 볼 때 여성에게 성숙한 인간상, 혹은 성숙한 영성의 가능성이 지극히 제한되어 왔다는 점이다. 대부분의 인간 발달의 모델은 인간의 성숙성의 척도를 독립성과 자율성으로 규정하여 왔으며, 동시에 여성들은 이러한 독립성과 자율성을 이루기 어려운 존재로 간주하여 왔다. 가부장적인 사회에서 대부분의 여성은 남성에게 종속적이고 의존적인 삶을 살아왔으며, 그 결과 인간의 성숙성을 가늠하는 척도인 독립성과 자율적인 능력이 사회적으로 제한되어 개발되기 어려운 상황이었다. 더 나아가 기독교 전통은 설교와 제도, 신학 등을 통하여 이러한 제도를 거룩한 질서로 당연하게 여겼으며, 자연스러운 것으로 간주해 왔다. 이러한 사실에 대해 인식하게 되면서, 여성이 온전한 영성(holistic Spirituality)을 어떻게 추구할 수 있는지에 대한 문제가 제기되기 시작한다.

둘째, 기독교의 전통적인 교리나 전통이 여성을 한 인간으로서 성숙하도록 돕기보다는 그것을 제한하는 데 중심적인 역할을 해 왔던 것이 또 다른 여성신학적 영성 출현의 배경이 되었다. 기독교의 희생과 자기 부정의 교리가 주로 여성들에게 적용되면서, 여성들 스스로 자기 부정적인 이해를 함으로써 온전한 인간성/영성을 추구해 가는 데 장애가 되어 왔다는 것이다.

셋째, 기독교는 전통적으로 여성을 통전적인 인간으로 이해하기보다는 남성보다 열등한 인간으로 이해했다. 이러한 전통 기독교의 인간론적인 이해를 근거로 형성된 영성이 과연 여성들에게 변화와 개혁의 힘을 줄 수 있겠는가 하는 문제가 대두되기 시작한 것이다.[65]

상호 연관되는 이러한 문제들이 불거지기 시작하면서 여성신학적 영성에 대한 논의가 나타나기 시작한 것이다. 여성들이 자신의 성 때문에 경험하게 되는 사회적 억압에 대한 인식의 성장, 또한 영과 육체를 대립하는 것으로 보는 전통적인 이원론적 사고가 여성을 육체로, 남성을 영에 속한 존재로 잘못 왜곡시켜 왔다는 인식의 확산으로 여성신학적 영성이 나타나기 시작한 것이다. 이러한 여성신학적 영성은 영과 육체, 하늘과 땅, 문화와 자연, 정치적인 것과 개인적인 것 등, 전통적으로 이분되어 있는 것들을 재통합하려는 얼개를 갖게 된

---

65) Carol Ochs, *Women and Spirituality* (Totowa, N.J.: Rowman and Allanheld, 1983), p. 10.

다. 다시 말해서 기존의 영성이 가지고 있던 세속적인 것과 성스러운 것, 종교적인 경험과 일상적인 삶의 경험이 분리되는 것을 극복하고 일상적인 삶의 경험이 종교화되는 의미 구조를 갖게 된 것이다. 세속적인 것이 성스러운 것과의 상호연관성을 추구할 수 있는 기초와 근거를 제공하는 것이다.

이러한 근거에서 출발한 여성신학적 영성의 특징은 무엇인가. 물론, 여성신학에도 다양한 주장이 있기 때문에 보편적인 여성신학적 영성의 특징을 논하는 것은 어려운 일이기는 하지만, 개괄적인 특징을 살펴보면 다음과 같다.

첫째, 여성신학적 영성은 여성신학이나 페미니즘과 마찬가지로 여성의 경험에 근원을 두고 있다. 전통적으로 신학이 인간의 경험을 반영한다고 하면서 남성의 경험만을 대변하여 왔음을 비판하면서 여성 억압의 경험과 그것을 극복하는 여성해방적 경험, 즉 여성 힘의 박탈과 여성 경험을 새롭게 재건하는 여성해방적 경험 모두를 포함한다. 이러한 특성 때문에 여성신학적 영성에서는 자신의 경험을 이야기하는 것(story-telling)을 중요하게 여긴다. 이야기를 통하여 여성들이 다른 여성과 경험의 공통성을 발견하고 그러한 나눔을 통하여 서로의 통전적인 모습을 추구해 나가도록 격려한다. 또한 서로의 의식을 고양하는 것이 여성신학적 영성에서는 중요한 과정이다.[66]

둘째, 여성신학적 영성은 가부장적 종교에 의하여 이분법적으로

---

66) Elizabeth Schusseler Fiorenza, *In Memory of Her* (New York: Crossroad Press, 1984), p. 13.

114

이해되어 온 것들을 재통합하고자 하는 특성을 지닌다. 이러한 재통합의 과정에서 기존에 열등한 것으로 간주되어 왔던 것에서 새롭게 가치를 되찾고 두 요소에 대한 상호연관성을 추구하는 특성을 지닌다. 특히 여성의 몸이나 성성(sexuality)에 대한 부정적 평가를 넘어서서 그것을 재평가하는 작업을 중요하게 여긴다.[67]

셋째, 여성신학적 영성은 인간과 자연과의 상호연관성을 중요하게 생각한다. 에코페미니즘의 분석에서 볼 수 있는 것처럼, 남성의 여성 억압이 자연에 대한 억압, 가난한 사람들, 병든 사람들에 대한 억압으로 이어지는 구조를 비판하며 이러한 것들과의 연대를 강하게 인식하는 상호연관성을 중요하게 여기는 특징을 띤다.[68]

넷째, 여성신학적 영성은 종교적 참여에서 논리적이고 추상적인 접근방법을 거부하는 형식을 지닌다. 여성신학적 영성은 미학적이고, 원형적이고, 육화되고, 삶을 확장하는 즐거운 예식을 강조하며 비감정적이고, 지나치게 추상적이고, 위계적이고, 지배적인 교회의 전통적인 예식을 거절한다. 결과적으로 여성신학적 영성은 목회와 예배의식, 신학, 교수법, 공동체 형성, 교회 조직 등 다양한 분야에서 새로운 변화를 시도하고 있다.

다섯째, 여성신학적 영성은 개인의 성장과 사회정의의 정치학 사

---

67) 정미현, "창조중심적 영성: 빙엔의 힐데가르트를 중심으로,"《한국기독교 신학논총 15집》, 한국기독교학회 엮음 (서울: 대한기독교서회, 1988), pp. 346-352.
68) Victoria Tauli-Corpuz, "Reclaiming the Earth-based Spirituality of Indigenous Women in the Cordilleras," *IGI* (August 1993), 강남순, *Ibid.*, 재인용.

이의 밀접한 관계에 대한 분명한 인식을 지닌다. 이러한 특징은 여성들이 하는 억압 체험이 단지 여성 개인 문제가 아니라 사회-정치-종교적 차원과 상호연관성을 지녔다는 인식에서 나온 것으로 "개인적인 것은 정치적이다."라는 말과 기본적 맥을 같이 한다. 이러한 여성신학적 특징은 전통적인 기독교 영성과는 상이한 것이라고 볼 수 있는데, 전통적인 기독교 영성은 주로 개인적인 차원의 영성을 다루어왔기 때문이다.[69]

이러한 관점에서 영성을 논의한다면 영성의 형성은 초월적 존재와의 관계만을 의미하는 것이 아니라 삶의 일상 속에서 경험되는 관계성 속에서 형성되는 것이라고 볼 수 있는 것이다. 여성신학적 관점에서 볼 때 영성은 실재의 구조 속에 있다는 것이다. 왜냐하면 존재하는 모든 것은 실재의 구조 속에서 정직한 관계성을 요구하고 있기 때문이다. 실재와의 진실한 만남을 통하여 만남의 지속적인 근원인 하나님과의 만남이 가능하다는 것이다. 실재와의 정직한 관계성은 그저 관찰뿐이 아니라 생명의 수여, 타자의 실재를 향한 사랑의 실천을 요구한다는 것이다.[70]

---

69) Patricia Schechter, "Feminist Spirituality and Radical Political Commitment," *Journal and Religion* 4:1 (Spring 1981), pp. 51-60.

70) 인식론에 대한 이러한 접근은 기독교 신비주의 전통들에서 지식 이론들과 어떤 유사성을 띠고 있다. 여기에서는 지식(아는 것)과 사랑하는 것이 종종 한데 결합되며, 그래서 '지식'의 궁극적 형태는 그 안에 어떤 정보가 마음에 전달되는 것이라기보다는 오히려 마음이 사랑 안에서 변형됨으로써 새로운 인식 수준으로 이끌리는 사건이다. 이런 신비주의 전통에서는 지식이나 지혜는 결코 순수한 이성적 요소가 아니라 새로운 삶의 방식을 통해 획득되고 명제적이기보다는 직관적으로 감지된 실천적, 혹은 '습

3. 영성에 대한 생태신학적 접근

해방적이고 정치적인 관점에서 영성을 설명하고자 하는 흐름은 생태계와의 관련성 속에서 영성을 이해하고자 하는 흐름으로 이어진다. 조직신학자 위르겐 몰트만(Jürgen Moltmann)은 성령과의 관련성 속에서 영성을 이야기하면서, 영성은 하나님의 영 안에 있는 삶과 하나님의 영과의 살아 있는 교제를 뜻하며, 영성은 독일의 전통에서 이야기하는 'Frommigkeit'(경건성), 곧 종교의 주관적인 면에서 인간의 내면을 포함하지만 이것에 불과하지는 않다고 본다. 오히려 신학자들이 이야기하는 'Vitalismus'(역동성)와 연결시키면서 역동성이라는 것은 삶에 대한 사랑이며, 삶에 대한 사랑은 인간의 삶뿐만 아니라 살고자 하는 모든 생물과 연결시키며 인간 삶에 독특한 자유를 선언한다는 것이다. 삶에 대한 사랑으로부터 나오는 이 생동성은 오늘날 기술사회의 정해진 과정 속에서 삶이 경직되게 만드는 것을 거부할 뿐 아니라, 현대 기술사회의 인간을 병들게 하는 건강의 제의도 거부해야 한다고 본다. 몰트만이 이야기하는 영성은 정치적이고 생태적인 관점을 지니는 것이다.[71]

관적' 부류의 지식을 포함하고 있는 것이다. Bernard McGinn, "Love, Knowledge, and Union Mystica in the Western Christian Tradition," chapter in *Mystical Union and Monotheistic Faith: An Ecumenical Dialogue* (New York: Macmillian, 1989), pp. 59-86.

[71] Jürgen Moltmann, *Der Geist des Lebens: Eine Ganzheitliche Pneumatologie* (München: Chr. Kaiser Verlag, 1991), 김균진 역, 《생명의 영》 (서울: 대한기독교서회, 1996), pp. 117-121.

토마스 베리(Thomas Berry)는 인간의 영성은 지구의 영성과 분리
해서는 설명할 수 없다고 본다. 이것은 지구가 인간의 근원이며 삶의
공급지이며, 삶의 보존자이며, 동시에 삶의 안내자라고 보기 때문이
다. 이러한 설명은 창조이야기의 관련성 속에서 설명될 수 있는데,
하나님이 인간을 창조하실 때에 모든 자연과의 관련성 속에서 창조
하셨기 때문에 인간이 자연을 하나의 객체로 인식할 것이 아니라 독
립된, 그러나 인간의 삶과 밀접한 관련을 맺고 있는 또 하나의 주체
로 인식해야 한다는 것이다. 이러한 관점에서 인간의 영성이란 하나
의 우주적 과정으로 또 하나의 우주적 주체인 자연과의 연계 속에서
살아가고자 하는 정체성 확립이라고 보는 것이다. 이것은 여성해방
보다 더 나아가 자연의 해방을 지향하고자 하는 견해이다.[72]

VI. 영성에 대한 발달적 접근

영성에 대한 발달적 접근이란 인간의 인생 여정에서 표출되는 영
성의 개념을 강조하는 것이다. 콘스탄스 리이안(Constance Leean)
은 영성에 대해 이해하려면 우선 배제해야 하는 것이 '개인적인 것인
가, 공동체적인 것인가?' '거룩한 것인가, 세속적인 것인가?'와 같은

---

72) Thomas Berry, "The Spirituality of the Earth," Charles Birch (ed.), *Liberating Life:
Contemporary Approaches to Ecological Theology* (New York: Orbis Books, 1990), pp.
151-155.

이분법적인 사고방식의 적용이라고 주장한다. 그는 다음의 몇 가지 명제를 제시하며 영성에 대한 새로운 이해를 시도했다.

(1) 비록 영성이나 영적인 삶에 대한 일반적인 정의는 찾기 힘들다 할지라고 영성이라는 주제를 다루었던 연구들에서 발견하게 되는 공통점은 곧 영성이라는 실재가 '내적 자아', '고양된 자아', '하나님', '성령', '초의식'(superconscious), '창조자의 목소리' 등으로 표현되는 '초월적 본질'을 의미한다.

(2) 대다수의 인간은 참된 것이든 거짓된 것이든 '자아 초월'의 경험을 열망하고 있기 때문에, 그들 자신의 영적 추구 형태가 잘못된 것일 수 있는데도, 그것을 영적인 것이라고 착각할 수 있다.

(3) 영성의 초월적 본질이 왜곡되는 주요 원인은 각 개인이 종교적 관습을 비판 없이 수용하기만 하고, 그것에 대한 비판적 성찰을 전혀 시도하고 있지 않기 때문이다.73)

영성이란 사람이 인생을 살아가면서 '현재'의 상태를 초월하여 변화되게 하는 '지식'을 추구하려는 삶의 양식이라고 볼 때, 그것은 영적 구원뿐 아니라 사회정의나 해방을 위한 구체적 행위가 되어야 하

---

73) Constance Leean, "Spiritual and Psychosocial Life Cycle Tapestry," *Religious Education*, Vol. 83, No. 1 (1988), pp. 45-46; 강희천, 《기독교교육의 비판적 성찰》, pp. 219-220.

는 건 자명하다. '현재'의 상태를 초월하여 변화되게 하는 가능성은 인간에게 내리시는 하나님의 임재, 은혜, 사랑을 인간들 사이의 관계에서도 똑같은 모습으로 구현하려는 영성의 육화(incarnation)와 연계되어 있음을 알게 된다는 것이다. 그리고 인간이라 한계 그어진 울타리를 초월할 수 있게 해 주는 것이 바로 영성이라는 것이다.

강희천은 리이안의 견해에 대하여 영성의 개념 정의나 영성 훈련의 바람직한 형태를 규명하려고 시도할 때 우선적으로 고려해야 할 의미 있는 시사점을 제공한다고 보았다. 그는 그중 대표적인 것을 다음의 세 가지로 설명한다.

첫째, 영성은 신앙인 모두의 공통적인 열망이며 경험이라고 정의해 볼 때, 영성의 의미를 신비적 차원이나 신학적 영역에만 국한시켜 해석할 것이 아니라, 모든 신앙인의 삶 속에서 하나님이 임재하도록 하는 '관심과 의식의 확장'으로 이해할 필요가 있다. 즉, 영적이고 초월적인 것에 대한 인간의 열망은 소수의 특정 개인에게서만 발견되는 것이 아니라 인간 모두의 공통적인 요구라고 전제할 때, 영성 훈련의 구성 계획은 신앙 공동체 구성원들이 함께 공유할 수 있는 영적 경험에 대한 탐구에 관심을 지니도록 그들을 격려할 필요가 있다는 것이다.[74]

둘째, 영성을 일상적인 삶에서의 순간적인 단절이나 이탈, 혹은 분리라는 의미로 이해할 것이 아니라, 전체적인 인간 삶을 바라보는 특

---

74) 강희천, *Ibid.*, pp. 220-221.

별한 시각으로 이해해야 한다. 바꿔 말하면, 영성이란 특정의 신비적 행위나 특성만을 의미하는 것이 아니라, 인간 삶 속에서 일어나는 다양한 모습이 모두 포함되어야 한다는 의미로 해석할 수 있는 것이다.75)

셋째, 영성은 전인적 인간상을 지향하는 특정의 훈련 과정을 통하여 성숙을 기대할 수 있다. 이는 영적 성숙을 위해서는 자아 성찰적인 자세, 의심하는 태도, 그리고 인지적인 차원의 비판의 자세가 요구되기도 하지만, 이와 동시에 '앎의 결핍'(a lack of knowing)에 관련된 특정의 훈련 과정이 필수적으로 요청되는 것을 의미한다. 이것은 곧 혼돈과 불확실성, 무지에 대해서도 개방적인 태도를 가져야 할 필요성을 강조하는 것으로서, 이는 극심한 좌절이나 '홀로 버려짐'과 같은 실재(reality)를 경험해 보지 않은 영성은 "그 어떠한 것도 지속적인 가치를 지니지 못한다."라고 하는 진리에 대한 각성으로 이어지지 못한다는 주장과 그 맥락을 같이 한다는 것이다.

이렇게 볼 때, 인간들이 지니고 있는 '이성적 자아'의 또 다른 차원인 '무지와 불확실성' 그리고 '혼돈' 상태에 오히려 개방적인 태도를

---

75) 강희천은 이 부분에서 영적 성숙이란 각 개인들의 삶의 과정에서 당면하는 도전들에 대한 '자아 초월'과 거룩함을 지향하게 되는 학습과 성장의 지속적인 과정으로 이해될 필요가 있다는 점을 지적한다. 이 같은 맥락에서는 영적 성숙은 특정한 시각에서 본 인간 발달의 한 양태라고 규정할 수 있으며, 이는 내면화된 종교적 관습의 지속과 변화 사이의 상충이나 내면적 갈등 현상을 지속적으로 통합시키려는 데 초점을 둔 자아 초월적 행위이며, 자아 책임적인 성인으로 성장을 지향하는 과정인 것이다. 강희천, *Ibid.*, p. 221,

취하게 하는 성향들은, 인간들이 이미 획득하여 그들의 마음(정신)에 자리 잡게 했던 현존의 인식 형태나 가치 판단의 근거, 그리고 선입관 등을 모두 비우게 하는 대신 하나님의 사랑(활동)에 자신을 기꺼이 개방하게 하는 결과를 가져온다는 것이다.[76]

영성에 대한 이러한 접근은 그동안 영성이 일상생활에서 획득할 수 있는 것이었음 보여 주는 것이라 할 수 있다. 특히 전통적인 영성이 지향해 온 삶/죽음, 특별한 영성적 체험/평범한 일상적 경험들을 분리해 오던 경향을 극복하고, 오히려 인생의 전 생애에서 경험하는 희로애락의 경험을 영성적 경험으로 통합시켜 현재를 초월하여 변화되게 하는 지식을 추구할 필요가 있음을 발견하게 되는 것이다.

그러나 이러한 발달적 접근에 대하여 수잔 존슨(Susanne Johnson)은 기독교적 정체성에 대한 의문을 제시한다. 수잔 존슨은 현대 심리학이 미국인들의 영성 추구에서 일차적인 접근법으로 사용되는 경향이 현대 영성 연구의 지배적인 경향임을 말하고, 심리학적인 접근이 실증적이고 과학적인 성과를 거둘 수 있으나 무역사적이고 원자론적이고 자동적인 인간 모형에 길들여질 가능성을 간과하고 있다고 지적한다.[77] 특히 수잔 존슨은 데이비드 노튼(David L. Norton)이 지적하고 있는 현대 인간주의 심리학 내에 함축되어 있는 '행복주

---

76) 강희천, *Ibid.*, pp. 221-222.

77) Susanne Johnson, "하나님 형상에서의 교육," Jack L. Seymour and Donald E. Miller, *Theological Approaches to Christian Education* (Nashville: Abingdon Press, 1990), 김재은 · 임영택 공역, 《기독교교육과 신학의 대화》(서울: 성광문화사, 1994), pp. 194-198.

의 인간관'을 인용하여 이러한 관점이 영성에 영향을 끼치는 영역을
네 가지 관심 영역으로 나눠 이야기한다.[78]

(1) 심리 문화에서는 자아실현을 향한 인간의 욕구를 인간 속에
    있는 '이마고 데이'(Imago Dei), 즉 하나님의 형상과 연결시키
    는 경향이 있다. 그러나 이러한 경향은 하나님의 형상을 단순
    히 성취될 잠재력으로 개인주의화하는 오류를 범하게 된다.

(2) 행복주의는 결혼과 종교, 정치와 직업 등을 단순히 자기실현
    으로 축소시키는 경향이 있다. 이것은 사회를 단지 개인 이해
    의 연결망으로만 다루는 실리주의적인 개인주의이다.

(3) 현대 심리학에서 많은 문헌이 하나님을 내면적인 인간 심리로
    격하하고 있는 것을 볼 수 있다.[79]

(4) 행복주의에서는 공동체를 건설하기 위해 모든 사람이 먼저 그
    자신의 자아실현을 추구해야 한다. 모든 사람의 자아성취 여
    부에 따라 건강한 공동체를 이룰 수 있는 정도가 된다.[80]

---

78) 고대 철학에서 인간론은 모든 인간은 태어날 때부터 자기 자신의 내부의 다이몬
    (daimon)에 따라, 혹은 진정한 자아에 따라 완전해질 수 있다는 것이다. 헬라 철학의
    명제, "너 자신을 알라"는 자신의 현대적 실증적 자아를 발견하라는 말이 아니라 자기
    안에 숨겨진 이상적인, '참된 자아'를 발견하라는 명령이다. 다이몬은 내적 성찰과 자
    아 훈련을 통해서 될 수 있는 자아를 의미한다고 수잔 존슨은 설명하고 있다. David
    L. Norton, *Personal Destinies: A Philosophy of Ethical Individualism* (Princeton, N.J.:
    Princeton University Press, 1976), pp. 5-6; *Ibid.*, p. 196.

79) Scott Peck, *The Roadless Traveled* (New York: Simon & Schuster, 1978), p. 281; *Ibid.*,
    p. 197.

80) *Ibid.*, p. 198.

수잔 존슨은 이와 같이 내적 삶의 자족성과 일차성을 전제로 하여 그것이 어떤 인식 가능한 전통이나 역사적 공동체와도 동떨어질 수 있다고 행복주의적 접근의 문제점을 지적한다.81)

수잔 존슨의 주장, 즉 발달적 태도로만 영성을 고찰할 경우 영성이 개인주의화되고 전통과 연계성을 갖기 어려워진다고 했던 것은 일면 타당하다. 그러나 필자는 일상생활을 위한 영성 교육의 견해에서 고려할 경우, 발달적 태도의 영성은 개인의 영성 형성을 개별적으로 삶과의 연관성 속에서 성찰할 수 있는 가능성을 지니는 것이라고 본다. 따라서 영성이 개인주의화될 수 있다는 수잔 존슨의 우려는 오히려 영성 교육이 구체화되고 상황화됨으로써 공동체화될 수 있고, 현재화될 수 있는 가능성을 지니는 것이기 때문에 그리 큰 문제가 되지는 않을 것이다. 그러나 전통과의 연계 문제는 수잔 존슨이 제시하는 것처럼 '이야기'를 통한 교육으로 가능할 수 있다고 생각한다.

요안 올스키 콘(Joann Wolski Conn) 또한 영성을 기독교인의 발달 과정이라고 이야기한다. 콘은 물론 영성 형성에서 성령의 역할을 먼저 전제를 하면서 설명을 하지만82) 영적 성숙과 심리적 성숙은 같은

---

81) 수잔 존슨은 내면에 대한 관심이 부각되기 시작한 18세기 이후로 낭만주의와 계몽주의 자아의 개인화된 유형이 두드러지게 나타난다고 이야기한다. 퀘이커 교도들은 내면의 빛을, 경건주의자들은 성령의 내적 증거를, 이성주의자들은 내재적 이성을, 낭만주의자들은 상상과 감정을 찾았다. *Ibid.*, p. 198; Robert Ulich, *A History of Religious Education: Document and Interpretation from the Judaeo-Christian Tradition* (New York: New York University Press, 1968), pp. 158-245. 참고

82) Joann Wolski Conn, "Spiritual Formation," *Theology Today*, Vol. 56, No. 1 (1999), p. 86.

차원에서 정의될 수 있다고 보면서 인간 발달 과정과 영적 성숙 과정을 일치시키는 견해를 보인다.83) 콘은 영성은 더 이상 금욕주의와 신비주의, 혹은 덕의 실행과 기도의 방법들과 단순히 동일시되지 않는다고 이야기한다. 인간 능력의 실현이라는 관점에서, 영적이 되고 초월적이 되는 것, 다시 말해 관계적이고 자유롭게 결단된 영성은 삶의 모든 것을 포함한다는 주장이다. 즉 영성은 하나님에 대한 경험을 통해 예수 그리스도 안에서, 성령의 은사를 통해, 인간 능력을 실현하는 것을 포함한다는 것이다. 하나님, 예수, 성령은 인간의 삶과 상징에 영향을 받은 몸-공동체-역사를 통해 경험되기 때문에, 기독교적 영성은 인간 삶의 모든 차원을 포함한다는 것이다. 콘은 이러한 관점에서 영성을 총체적 인간 발달로 간주해야 한다고 하며, 또한 여성의 영성과 남성의 영성을 다르게 연구하고 인식해야 한다는 점을 지적한다.84)

그러나 이러한 콘의 입장은 영성의 카테고리를 인간성의 카테고리와 같은 선상에 놓음으로써 영성에 대한 설명을 애매모호하게 피해 가고 있다는 점과, 사용하는 '영성'에 대한 용어를 제임스 파울러의 '신앙'(Faith) 개념과 비교해 볼 때 차이점을 발견하기 어렵다는 문제점을 지적할 수 있다.85) 오히려 신앙을 '세계에 대한 인식'으로

---

83) *Ibid.*, p. 93.

84) Joann Wolski Conn, "Women's Spirituality: Restriction and Reconstruction," *Women's Spirituality: Resources for Christian Development* 참고.

85) 파울러는 그의 저서 *Stage of Faith*에서 신앙을 "삶의 과정에서 지니는 궁극적인 관심이라는 하나의 보편적 현상"으로 인식하며 각 개인의 특수 능력을 통해 신앙의 형태 자

정의하고 있는 파울러는 신앙의 발달을 설명하기 위해 여덟 개의 기준을 사용하고 있는 데 반해, 콘은 여성과 남성이라는 구분으로 단순화해 설명하고 있다. 물론 콘의 관점이 가지는 공헌은 영성이 남성과 여성에게 상이한 형태로 나타나고 형성될 수 있다는 점을 밝힌 것이다. 이것은 여성의 영성 교육을 위하여 '성숙한 영성의 여성' 기준을 비판적으로 성찰할 필요가 있음을 제시하는 것이다.

VII. 마치며

기독교 영성에 대한 현대적인 논의는 전통적인 영성 이해의 '이원성'에 대한 비판에서 시작한다. 영성을 이원적 구조로 이해할 때 영성은 공동체적이고 사회적인 개념에서 개인적인 개념으로 바뀌어가고, 누구나 쉽게 획득할 수 있는 보편적 현상이라기보다는 수덕적이고 신비적인 개념 속에서 성직자나 수도사를 중심으로 한 일부 계층의 소유로 인식되는 경향이 보였던 것이다.[86]

체를 유형화할 수 있다고 말한다. 즉 '특수 능력'이라는 것은 신앙의 발달을 일으키는 '구조적 특징'인데 이는 다음과 같은 요소로 구성된다고 한다. 논리의 형태, 전망 능력 혹은 역할 수행 능력, 도덕 판단의 형태, 사회적 자각의 범위, 권위의 위치, 세계관의 형태, 상징의 기능이 그것이다. James Fowler, *Stage of Faith* 참고.

86) 물론 수도원 영성이 보여 주는 양상 가운데 일부는 공동체적인 모습을 회복하려는 경향이 역사적으로 나타나기도 하나—예를 들면 탁발 수도사들의 삶의 모습을 보면 구제에 힘쓰는 등 프락시스적인 모습을 발견할 수 있다—우선적으로 그들이 하나의 공동체를 형성한다는 것은 일상적 삶과의 결별을 통하여 가능했었다는 점을 지적하

이러한 경향에 주목하며 현대에 들어와서는 영성 개념에 대한 새로운 인식이 활발히 전개되는데 그 논의는 다음과 같은 경향으로 정리할 수 있다. 현대적 의미의 영성 개념은 더 이상 내면화되고 엘리트 중심적인 전통이 그 의미를 갖지 못하고, 다음과 같은 특징을 갖는다.

(1) 영성은 더 이상 로마 가톨릭이나 기독교 또는 종교적 현상과 같은 **배타적인 의미로 사용될 수 없다.**
(2) 영성은 **개인의 통전성**과 **자기 인식과 초월**을 향한 것이다.
(3) 영성은 더 이상 '완전성'의 문제를 다루는 것이 아니라 '변화'와 '관계', '성장'을 다루는 것이므로 **누구에게나 개방된 것이다.**
(4) 영성은 이제 내적인 차원의 관련성을 넘어서서 **삶의 전 영역에 걸친 경험들과 관련되는 것이다.**[87]

이러한 논의는 산드라 슈나이더즈(Sandra M. Schneiders)를 중심으로 이루어지는 인간학적인 접근에서 가장 두드러지게 볼 수 있는데, 영성이 누구에게나 보편적으로 형성될 수 있다는 것을 강조함으로써 영성이 종교적 엘리트 집단의 전유물이 될 수 없다는 것이다. 그러나 영성의 보편성 개념이 기독교인의 영성과 타 종교인의 영성

고자 한다.

87) Katherine Zappone, *The Hope for Wholeness: A Spirituality for Feminists* (Mystic, Connecticut: Twenty-Third Pub., 1991), pp. 10-13.

을 같은 종류로 다루는 것은 아니다. 따라서 기독교적 영성 이해에서 그것은 누구에게나 보편적으로 형성될 수 있는 것이라 할지라도 그 주도성이나 선재성에 있어서는 '하나님의 계시'라는 측면과 '하나님과의 만남'이라는 측면을 간과할 수 없다는 점을 기억해야 한다. 특별히 일상생활과의 통전성과 관련성 속에서 설명하자면, 영성은 종교적 영역의 특정한 신비적·초월적 경험으로만 형성되는 것이 아니라 삶의 구체적 정황 속에서 이루어지는 경험들을 통해서 형성되는 것이다. 하지만 그 주도성은 성령의 활동과의 관계 속에서 설명될 수 있으며, 삶의 전 생애를 거쳐 성숙되는 과정으로서의 사건이며, 공동체 속에서 구체화되는 것이라고 볼 수 있다.

일상생활 영성에 대한 신학적 논의

Ⅰ. 시작하며

영성을 논할 때 중요한 관심사로 떠오르고 있는 주제 하나가 바로 일상생활과 영성의 관련성 문제이다. 영성에 대한 전통적인 이해 가운데 왜곡된 것의 하나는 영성의 문제가 일상생활과 상이한 차원의 능력이며 신앙적 차원이라는 이해이다. 그러나 현대적 영성 이해를 영성이 지향하고 있는 통전성의 문제와 관련해서 본다면 영성은 일상생활을 장으로 하여 일상의 사소한 영역에서 개인적 체험 및 공동체적인 체험을 통해 형성되고 계발된다는 점을 주목할 필요가 있다.

이러한 맥락에서 제3장에서는 통전성과 관련해서 일상생활의 신학적 기초에 대해 논의할 것이다. 또한 일상생활을 구체적인 영성 교육에서 '통전성'으로 교육할 때 부각해야 할 신학적 주제는 어떠한 것들이 있는가에 대하여 살펴보도록 하겠다.[1]

Ⅱ. 일상생활에 대한 신학적 논의 동향

일상생활을 위한 영성을 논의하기 위해 선행적으로 다룰 일상에 대한 신학적 관심의 동향은, 현대의 다양한 변화에 적절히 대응할 수

---

[1] 통전성의 개념 안에 일상생활이 포함되는 것은 사실이다. 그러나 통전성에서 관심을 갖는 여러 요소들 중에 특별히 일상생활과 영성과의 관련성을 중심으로 고찰하고자 하기 때문에 통전성 중 '일상생활' 측면을 부각시키고자 한다.

있는 신학 패러다임(모형) 탐구와 맥을 같이 한다.[2] 이는 오늘날 그리스도교 신학의 많은 차이에도 불구하고 기초적인 합의에 도달하고자 국제 에큐메니칼 심포지엄의 주제로 논의된 적이 있다. 이 모임의 주제는 "변화된 현대적 경험들에 적절히 대응할 수 있는 '신학의 새로운 패러다임'을 찾을 수 있을 것인가?" 하는 것이었다. 이 모임의 목적은 특정한 가르침과 교리에 대해 논의하는 것이 아니라, 신학의 실천적 기본 이해에 대해 공동의 합의를 이루고자 하는 것이었다.[3]

이 회합을 통하여 지난 1백오십여 년 동안 그리스도교는 일련의

---

2) 계몽주의 출현 이후 지금까지 진행되어 온 신학적 연구 형태가 근래에 들어 비판의 대상이 되고 있다. 달리 표현하여 18세기 이후 신학적 탐구 형태를 지배해 온 학문적 인식 방법 자체가 최근 비판적 논의의 대상으로 부각하면서, 과연 정당한 형태의 신학적 탐구란 가능한 것인지에 대한 근본적인 회의가 분출하고 있다. 이 같은 최근의 변화는 지금까지의 신학적 탐구의 근간이 되었던 계몽주의(Enlightenment)적 낙관론에 대한 일종의 거부 현상으로 이어지면서, 신학적 서술 체제의 근본적인 변혁의 필요성을 제기 하고 있는데, 그것은 적어도 다음의 세 가지 기본 전제를 부정하는 과업과 더불어 시작된다는 것이다. 곧, 계몽주의 출현 이후 지금까지 시도되어 온 학문적 탐구 방법은 (1) 합리적이고 객관적이며, 또한 몰역사적이고 보편적인 성격의 '지식'을 추구하는 인식론적 이상이 실현될 가능성이 높다는 기대를 갖게 하는 특징을 띠고, (2) 지식을 발견하고 획득하게 하는 유일한 중재자로서 그 무엇보다 '학문과 합리성'만을 존중하고 숭상해 온 특징을 띠며, 또한 (3) '종교'의 본질에 대한 탐구를 하나님에 대한 개인적·주관적·자기 증명적인 경험의 영역에서만 시도하는 특징을 보여 왔으나, 최근에 이르러 이러한 기본 전제가 거부되기 시작하고 있다는 것이다. 강희천, "경험신학과 기독교 교육과정," 《신학논단 27집》(서울: 연세대학교 신과대학, 1999), pp. 233-234.

3) Hans küng, David Tracy (Hrsg), *Theologie, Wohin?* (Benziger verlag Gutersloher Verlagshaus Gerd Mohn, 1984), p. 9-10. 회합의 주제를 '신학의 새로운 모형'이란 질문 형태로 한 것은 다양한 의미를 함축하고 있는 것으로 볼 수 있는데 '새로운 모형'이라는 것은 '모형'이 그리스도교 안에서 일어난 근본적인 변화들을 설명하는 적합한 도구임을 의미하는 것이고 '새로운'이라는 부가어는 그리스도교 안에서 일어난 근본적인 변화들을 설명하고자 하는 용어인 것이다.

급격한 변화를 겪어 왔음을 지적하고, 지금도 여전히 변화 속에 있으며, 또 그리스도교가 과거와 연속선상에 있으면서도 현대 세계에는 새로운 변화 속에 놓여 있음을 지적했다. 그리하여 이러한 변화에 대응하기 위한 새로운 해석이 있어야 함을 이야기했다.[4]

그리스도교가 직면하고 있는 새로운 변화는 다음의 세 가지 관점에서 살펴볼 수 있다.

첫째, 현대 세계뿐 아니라 오늘의 그리스도교의 모든 형태에서 다원주의가 두드러지게 나타난다. 다원주의적인 요소는 그리스도교 세계의 모든 종파, 교회, 교파에 나타나는 현상이다. 한 전통 안에서 다원주의는, 하나의 특별한 공동체의 모든 구성원이 공유한 전통이라 할지라도 한 집단 안에서도 상이하게 해석하고 경험하며 분석한다. 다원주의는 중요한 신앙관과 신앙적 실천들에 대해 무관심에 의해 규정되지 않으며, 기본적으로 상이한 전통과 해석을 진지하게 받아들이며, 차이를 배제하지 않으면서도 상호 존중과 용납을 위한 토대를 받아들이고자 노력한다. 다원주의는 그리스도교적 공동체 또는 공동체를 조직하거나 관리하는 방식과 양태, 제도적인 삶 등을 포함한다. 그것은 그리스도인들이 내세우는 특수한 가르침들, 그리고 그 가르침들을 분석하고 해석하고 체계화하는 수단과 방법도 포함한다.[5]

둘째, 그리스도교는 세계 여러 종교들과 대화를 해야 하는 소통의

---

4) *Ibid.*, p. 14.
5) *Ibid.*, pp. 14-15.

도전을 받고 있다. 모든 종교가 가까이 대면하게 된 현대에는 서로 대화하며 협력해야 할 필연적 이유가 있는 것이다.6)

셋째, 그리스도교는 세속주의의 도전을 받고 있다. 역사적으로 현대만큼 종교의 소멸과 하나님의 죽음에 대하여 논의된 시기는 없었다. 실존의 두 가지 양식인 '거룩함'과 '세속적임' 중에서 현대는 후자의 영향을 지배적으로 받고 있다. 따라서 세속적인 것과 대조되는 종교적인 것이 세속의 생활에서 어떤 의미가 있는지를 설명해 주어야 한다. 이런 과정을 통하여 종교는 종교 나름의 상황에 충실할 수 있게 된다고 보는 것이다.7) 즉, 이것은 종교를 설명하는 데 사람들이 직면하고 있는 일상의 토대 위에서 하는 것이 종교 그 자체의 의미를 찾는 작업이 된다는 것을 뜻한다.

기독교 신학과 관련하여 신학의 흐름을 패러다임으로 설명하는 또 다른 견해는 하지슨(Peter C. Hodgson)에게서 찾을 수 있다. 그는 기독교 신학을 크게 세 가지 패러다임으로 구분하여 설명한다.

첫째, 고전적 패러다임(classical paradigm)으로 교부 시대부터 종교개혁 때까지, 어거스틴부터 칼뱅까지의 신학적 합의를 하나의 모형으로 본다. 둘째, 현대적 패러다임(modern paradigm)으로 17세기부터 20세기 후반까지의 계몽주의 시기이다. 셋째, 현대 후기 패러다임이다. 하지슨은 이러한 분류를 통해 현대 후기 패러다임을 후기 현대주의라 부르면서 다시 후기 현대주의를 두 가지의 유형으로 분

---

6) *Ibid.*, p. 15-16.
7) *Ibid.*, p, 17-18.

류한다. 즉, '보수적 후기 현대주의'(postmodernism of reaction)와 '저항적 후기 현대주의'(postmodernism of resistance)이다. 보수적 후기 현대주의자들은 정치경제적 현상 유지를 옹호하면서 동시에 현대 문화가 갖는 세속성과 자유주의를 부정하려는 자들이다. 이러한 주장을 견지하는 신학 그룹은 고백적·이야기 신학적 전통들(confessional and narrative traditions)을 갱신하려는 이들로 대표된다. 이들은 신학의 상황화와 문화·언어의 경계를 넘어서는 다원주의적 사유를 거부하는 견해를 따르고 있다. 이와 반대로 저항의 후기 현대주의는 현대주의의 공식적인 문화뿐 아니라 보수적 후기 현대주의의 허위 규범성에 대한 거부의 실천으로 등장한 것이다. 하지만 신학적으로 볼 때 이 견해는 모든 종교적 주장의 해체로 나아갈 수도 있고 또 재구성하려는 수정주의로 나아갈 수도 있는 위험을 내포한다.8)

이러한 구분에서 하지슨은 후기 현대란 현대성의 본질적인 성취인, 합리성·자유·인권·주관성·대화 등을 포기하는 것이 아니라, 오히려 새로운 환경들 속에서 이러한 사유와 행동들을 보다 더 근본적으로 전유하고 재구성하는 것이라는 태도를 취한다. 하지슨은 이러한 재구성이 가능하기 위하여 현대성이 가져온 문제점들에 대한 비판적 사유가 필요하다고 보며 현대성의 문제들을 다음과 같이 파

---

8) Peter C. Hodgson, *Winds of Spirit: A Constructive Christian Theology* (Louisville: Westminster John Knox Press, 1994), 손원영 외 역, 《기독교 구성신학》(서울: 은성, 2000), pp. 98-99.

악한다.

첫째, 기술적 합리성과 철학적 합리성 속에서 나타나는 인지적인 위기이다. 하지슨은 계몽주의 이후 이성의 사용은 끊임없이 기술적·과학적·조종적·산술적인 측면을 지향하게 되었다고 보며, 이러한 합리성이 우리 사회의 엄청난 생산성의 기초가 되었지만 현재에 와서는 비생산적인 것으로 인식되고 있다고 한다.9)

둘째, 역사적 위기이다. 현대는 유대-기독교 전통 안에 자리 잡고 있는 구원사를 경험했다. 구원사란 신의 활동과 현존 및 구원의 은총이 역사적 사건의 특별한 순서 안에서 그리고 그것을 통하여 출현하여 구원의 역사를 형성한다는 것이었다. 그러나 20세기에 경험하게 된 악의 경험들은 역사적 진보에 대한 회의를 불러왔다는 것이다.10)

셋째, 정치적이고 사회경제적인 위기이다. 하지슨은 국가사회주의의 붕괴와 지구적 자본주의의 승리가 현대 사회에 새로운 위기를 가져왔다고 본다.11) 이러한 정치·경제적인 소외는 사람들로 하여금 '비영성화'(despiritualizing) 현상을 초래한다는 것이다.12)

---

9) *Ibid.*, p. 100.

10) *Ibid.*, p. 100-101. 두 번에 걸친 세계대전, 파시즘, 스탈린주의, 유대인 대학살, 동남아시아의 갈등, 중앙아메리카, 페르시아 걸프전, 발칸반도 내의 새로운 인종차별주의, 국제적 테러주의, 잠재적 환경 재난, 핵무기의 지속적인 위험과 갈등 등을 의미한다.

11) 사회적 정책이 균형을 이루지 못함으로써 파생되는 불의와 불평등, 자본주의에 편만한 소외의 문제가 더욱 강화되는 위기라고 한다. 세계의 2/3 이상이 이러한 변화의 영향을 받으면서 지속적으로 소외와 가난을 겪고 있다고 한다. *Ibid.*, 101-102.

12) *Ibid.*, pp. 101-102.

넷째, 생태적 위기이다. 생태적 위기는 인간 환경의 위기일 뿐 아니라 정신적인 위기이며 영적 생존의 위기이다.[13]

다섯째, 성(sex)적인 위기이다. 성의 혁명(sexual revolution)은 서구 문화와 기독교에 오랜 동안 뿌리내렸던 성적 억압을 자유롭게 하였으나 동시에 성의 남용을 가져왔다. 한편 이러한 성에 대한 해방은 가부장적인 질서에 하나의 도전이 되었다.

여섯째, 종교적 위기이다. 현대에서 종교적 위기는 두 가지 측면에서 볼 수 있다. 하나는 전통적 신념과 가치를 수용할 때 현대성과의 대화를 명백하게 거부하는 근본주의 주장이고, 또 다른 하나는 믿을 수 있고 행동할 수 있는 것은 아무것도 없다고 생각하는 상대주의 인식이다.[14] 하지슨은 이러한 위기의 근본적인 원인을 '후기 현대적 세계에서의 하나님의 부재'라고 파악한다. 이러한 하나님 부재 현상을 극복하려면 사람들이 살아가고 있는 실존적 삶의 자리에서 하나님의 현존과 실제에 대하여 의미 있게 말해야 한다고 말한다. 그는 하나님의 현존은 하나의 언어 사건이라고 주장한다.[15] 그러나 언어

---

13) *Ibid.*, p. 103.

14) *Ibid.*, p. 105-106.

15) *Ibid.*, pp. 110-111. 맥페그(Sallie McFague)는 우리가 사는 실제 세계에는 부재(absence)가 현존보다 더 강력하게 편만해 있음을 지적하며, "에덴동산을 향한 향수의 형식이든, 역사적 예수를 향한 형식이든지 완전한 현존에 대한 갈망은 성인으로서 우리가 실존에 대해 알고 있는 것을 부인하는 것이다. 그런 순진함, 확실성, 그리고 절대성이란 가능하지 않다."라고 말했다. 그러므로 그녀는 "'부정의 능력'(negative capability)—부재, 불확실성, 부분성, 상대성을 견딜 수 있는 능력 및 폐쇄, 적합성, 전체성을 위한 갈망을 통제할 수 있는 능력"을 계발해야 한다고 주장한다. Sallie McFague, *Models of God* (Philadelphia: Fortress Press, 1987), pp. 25-26.

는 언제나 실천과 연결되어 있는 것이라고 보면서 '하나님은 어디에 계신가?'라는 질문은 역사의 밑바닥에서 고통받는 민중의 삶에서, 생명의 통전성과 일치성을 향한 생태학적 추구에서, 문화적 · 종교적 차이로 흔들리는 터전 속에서 이루어지는 공동체의 대화적 창조를 통하여 대답될 수 있는 것이라고 본다.[16]

이러한 하지슨의 견해는 기존의 조직신학을 해체하고 재구성해야 한다는 주장에서 다소의 논란이 있으나, 하나님의 현존과 행동을 언어적 매개 속에서 경험할 수 있는 하나님의 경험으로 이야기함으로써 언어의 의사소통의 장(場)인 일상에서 하나님의 경험을 이야기하는 것이라고 볼 수 있다. 이러한 하지슨의 의견은 기독교 영성 교육을 진행하는 데 '거룩함'의 경험들이 일상 언어의 실천 속에서 가능하다는 것을 시사해 줄 수 있다.[17] 더 나아가 일상의 하나님 경험들

---

16) 하지슨은 자신의 이러한 견해를 '실천의 해석학'이라고 설명한다. 그는 '실천의 해석학'만이 후기 현대 사회의 위기를 극복할 수 있는 방법이 될 수 있을 것이라고 보며, 또한 후기 현대성의 가장 큰 특징이라고 설명한다. 여기서 다시 하지슨은 '실천'의 개념을 명료화한다. 후기 현대에서 '실천'이라 하는 것은 세계 내에서 하나님의 현존과 행동을 어떻게 의미 있게 말할 수 있는가에 대한 해답의 시도이며 세 가지의 실천으로써, 해방적 · 생태적 · 대화적 실천을 이야기한다. 이 실천은 또한 하나의 추구(quest)로서 어떤 근본적인 방식으로 현재의 조건을 변화시키려는 시도이며, 그리고 그러한 변화를 가져오는 자원의 발견은 종교적 발견이고 구체적인 측면에서 거룩성의 포착이라고 본다. 여기서 영성과 일상성의 관련 속에서 주목하여 볼 수 있는 것은 '일상에서의 실천'을 바로 '거룩함'이라고 보고 있다는 점이다. 종교적 체험의 차원이 아닌 해방적이고 생태적이며 대화적인 실천이 바로 '거룩함'의 포착으로 연결되는 것이다. *Ibid.*, p. 115.
17) 이러한 조류에서 언어적 상징을 통해서 하나님 경험이 가능한 것임으로 교회의 언어와 신앙의 언어를 바꾸어야 한다는 것은 여성신학자들에 의해서도 제기되는 논의들

이 이야기될 수 있는 장에 대하여 논의하자면 그것은 다시 공동체로 돌아가야 한다. 하지슨이 구체적으로 공동체의 성격까지 제안하고 있지는 않지만 '공동체의 대화적 창조'라는 그의 표현은 바로 현대 사회가 맞고 있는 '비영성화'를 극복할 수 있는 대안이 바로 '공동체' 회복에서 가능하다는 뜻으로 이해할 수 있다. 더욱이 '대화적 창조' 가 일어나는 공동체라면 쉐릴이 표현하는 '코이노니아로서 공동체' 와도 맥을 같이 하는 것이라고 볼 수 있다. 물론 여기서 하지슨과 쉐 릴의 의견에 차이가 있다면 하지슨은 공동체에서 '일상의 하나님'이 고백되고 서로 이해되어야 한다고 주장하는 것으로, 쉐릴이 교회 중 심의 공동체를 이야기했다면 하지슨은 일상생활을 좀 더 공유하는 공동체를 이야기했다.

이러한 하지슨과 유사한 견해는 카우프만에게서 발견된다. 카우 프만은 '어떻게 신학을 할 것인가?' 하는 방법론을 이야기할 때 신학 적 담론의 출발점으로서 피조된 질서의 한곳으로부터의 출발을 이 야기한다.18) 카우프만은 신학적 담론이 '피조물에서 하나님에게로 이동'될 수 있는 방법에 대하여 설명하면서, 성서의 권위와 교회의

이다. Rosemary R. Ruether, *Sexism and God-Talk* (Boston: Beacon Press, 1983); Joan Chamberlain, *The Feminine Dimension of Divine* (Philadelphia: Westminster John Knox Press, 1979); Elizabeth Sussler Fiorenza, *In Memory of Her* (New York: Crossroad Press, 1983) 등 참고.

18) 현재 하버드대 교수인 카우프만은 신학이란 상상력이 넘치는 구성작업이 되는 것이고 시대에 적합한 종교적 상징을 창조하는 일을 신학적 과제라고 이야기한다. Gordon D. Kaufmann, *An Essay on Theological Method* (Atlanta: Scholars Press, 1995), pp. 13-26

권위 있는 선포 속에서 인간에게 허락된 하나님의 계시에 뿌리를 두고 있는 관점의 신학, 즉 성서 증언과 교회의 도그마와 더불어 시작하는 것은 다음과 같은 질문들을 회피하는 결과를 가져오게 된다고 말한다.

(1) 하나님을 말할 때 무슨 의미로 그것을 말하고 있는가?
(2) 피조된 질서 속에서 하나님에 대하여 말할 때 어떻게 해야 하는가?
(3) 계시란 무엇이고 계시의 개념을 어떻게 이해하여야 하는가?

하지슨은 이러한 개념들을 다룰 때 애초부터 주어져 있는 당연한 개념으로 전제해서는 안 된다고 주장한다. 그는 다른 개념들과 마찬가지로 이 개념들도 인간의 삶에 대한 반성과 경험에 대한 해석 과정에서, 그리고 그 과정을 통하여 고안되고 발전되어 온 것이라는 점을 강조한다. 따라서 왜 그러한 개념이 최초의 삶의 자리에서 고안되고 발전되었는지, 그리고 그 개념들이 지금에 와서는 어떻게 유지되고 재구성될 수 있는지를 묻는 물음이 있어야 한다는 것이다.[19] 이러한 질문들은 사회학적인 접근의 맥락에 따라 다소 다르게 입증될 수 있는 문제인데 신학이 본질적으로 교회의 일이고, 그러므로 성서와 도그마에 근거한 교회의 신앙을 의심 없이 받아들이는 것은 사회와 문

---

19) *Ibid*., pp. 27-28

화 속에 뿌리 내리며 존재해 온 교회의 삶의 방식을 단순하게 취급하는 오류를 범하게 되는 것이다.[20] 그렇기에 하지슨은 하나님, 인간, 교회, 화해, 계시, 기도, 신앙 등의 핵심 용어들을 포함한 교회의 전체 어휘들이 일상을 살아가는 사람들의 일상 언어에서 취한 사실에서 신학의 출발점을 세워야 한다고 보는 것이다.[21]

Ⅲ. 일상생활 영성의 신학적 주제

앞에서 비영성화에 비인간화의 상황을 극복하기 위한 대안으로 신학과 일상이 연계성을 가져야 한다는 것에 대해 살펴보았다. 이러한 관심으로 영성 교육에서도 일상과 영성이 연계성을 가져야 할 것을 강조하는 견해가 출현하게 되는데 이러한 주장을 신학적으로 설명하고 있는 대표적인 사람이 조셉 드리스킬(Joseph Driskill)이다.

영성 지도(指導)를 어원적 개념으로 살펴보면 '지도자가 피지도자의 영적 성숙을 돕는 것'이라고 정의할 수 있다. 그러나 영성 지도에서 지도자는 인간의 상호 관계 이외에 성령(Holy Spirit)과의 관계를 주목해야 한다.[22] 전통적으로 기독교 영성 지도에서 가장 일차적인

---

20) *Ibid.*, pp. 28-29.

21) *Ibid.*, pp. 29-31.

22) Edmund Hill, *Being Human: A Biblical Perspective* (London: Geoffrey Chapman, 1984), p. 102. 여기서 성령을 이야기하는 것은 삶의 과정에, 그리고 인간의 가슴속에 내재하고 있는 하나님을 일컫는 용어로 사용하는 것이다. 여기서, 영성 지도는 하나님의 존

지도자는 성령으로 인식되어 왔다.[23] 사람들의 삶 가운데서 활동하는 성령은 초월적 존재로서 신비하고 초월적 현상을 통하여 하나님의 뜻을 알리는 것이 아니라, 결정 가운데, 대화 가운데 가장 최선을 선택하고 결정할 수 있도록 은밀하게 하나님의 뜻을 알린다. 이것은 개인의 중요한 관계성 속에서 나타나는 것이다.[24] 또한 여기서 보이는 하나님의 모습은 언제나 현재적이고, 또한 사람들의 삶 속에 자신의 계시를 드러내는 모습으로 이해된다. 자신의 삶에서 하나님의 활동 모습을 찾고자 하지 않는 자에게는 삶에서 어떤 비판과 해석도 존재하지 않지만, 일상의 삶에서 하나님의 활동을 발견하고자 하는 사람은 끊임없이 하나님의 활동을 발견할 수 있다. 영성 지도는 바로 이러한 삶 속에 계시는 하나님의 활동을 발견하도록 안내하는 것이다.[25] 엘리자베스 리버트(Elizabeth Liebert)는 영성 지도의 신학적

재보다는 하나님의 활동에 관심을 가지고 있음을 볼 수 있다.

23) Elizabeth Liebert, *Ibid*, p. 10.

24) 이 부분에서 피셔는 성서적 범주와 과정사상을 바탕으로 하나님을 설명하고자 한다. 피셔는 이러한 시도로 영성에서 보이는 '이분적 사고'들을 극복하고자 하는 것이다. Kathleen Fischer, *Reclaiming the Connections: A Contemporary Spirituality* (Kansas City: Sheed & Ward Ltd., 1990), Chapter 3 참조, Elizabeth Liebert, *Ibid*., p. 10에서 재인용. 하나님의 존재보다 활동에 대한 관심은 '경험신학'의 구조에서 보인다. 경험신학은 신학적 탐구 방법에 대한 비판적 성찰을 토대로 최근 급진적인 인식 전환의 필요성을 강조하고 있는 대표적인 신학의 유형이다. 여기서 경험신학(empirical theology)은 과거 하나님의 모습을 서술하고 설명하는 데 주로 하나님의 '속성'만을 중시하면서 신학적 연구 주제를 설정해 온 학문적 관심과는 달리, 인간의 경험을 통해 파악하고 감지할 수 있는 하나님의 지속적인 '활동'을 주로 분석하고자 하는 진보적인 입장의 신학적 탐구를 총칭하는 용어이다. 강희천, "경험신학과 기독교교육과정,"《신학논단 27집》(서울: 연세대학교 신과대학, 1999), p. 235

25) Elizabeth Liebert, *Ibid*., p. 11.

전제의 핵심에 대해, 하나님이 바로 현재 우리의 일상적 삶에서 활동하시는 분이라는 관점과 인간의 삶 안에 내재하는 성령이 바로 영성 지도의 일차적 지도자가 된다는 것을 제시한다.

조셉 드리스킬은 영성 지도에서의 신학적 기초를 주류 개신교 신자가 지향하는 신학에 근거해서 다음과 같이 설명한다.[26] 주류 개신교 전통의 신학이 관심을 갖고 새롭게 해석하고자 하는 영역은 크게 다음의 세 가지로 요약할 수 있다.

(1) 하나님에 대한 근본적인 믿음에 관한 영역이다. 이 세상을 유지시켜 가고 있는 하나님의 사랑은 구체적으로 매일의 삶(daily life)에서 경험하게 되는 하나님의 활동에서 확신될 수 있다는 점에 관심을 갖는 것이다.

(2) 사회 정의에 관한 헌신은 신앙을 지지할 뿐 아니라 신앙 안에 예언자적 행동을 제공해 줄 수 있는 영성의 실천(spiritual practice)에서 더욱 강화될 수 있다.

(3) 성서와 역사적 정황에 대한 비판적 연구는 같은 삶의 정황에서 보여 주는 헌신적 삶의 자세에 의하여 더욱 구체적으로 될 수 있다.[27]

---

26) Joseph D. Driskill, *Protestant Spiritual Exercises* (Harrisburg: Morehouse Pub., 1999), pp. 3-30. 조셉 드리스킬은 주류 개신교 전통의 신학이 최근에 와서 지적 호기심과 신앙적 실천의 통합에 관심을 두고 기존의 신학적 명제들을 새롭게 해석하고 있다고 말한다. 이러한 최근의 관심에 로마 가톨릭 전통의 영성신학과 미학신학이 영향을 주고 있음을 설명하고 있다.

즉, 새롭게 해석하고자 하는 관점이라는 것은 구체적인 매일의 삶과 신앙적 실천과 역사의 장(text)에 대하여 관심을 가지는 것으로 요약될 수 있다. 이러한 맥락에서 일상생활 영성의 기초를 형성하는 신학적 주제들을 다음과 같이 살펴볼 수 있다.

1. 생기와 흙으로 만들어진 피조물

사람이 흙과 생기로 만들어졌다는 것은 인간의 존재가 물질과 영혼으로 이루어졌다는 것은 의미한다. 인간이 영혼뿐만 아니라 물질로 이루어진 존재라는 것은 영적 발달에 관하여 중요한 단서가 되며, 또한 영성 훈련(spiritual practice)에서도 중요한 기초가 된다.[28] 주류 개신교 전통 신학에서는 물질을 영혼의 하위 개념으로 이해하는 경향이 강하였으며, 비물질적인 것이 물질적인 것보다 중요한 의미

---

27) Joseph D. Driskill, *Ibid.*, p. 3-9.

28) 기독교 신학에서 몸과 마음에 관한 긴장은 2-3세기의 기독교 신학자들의 작품 속에서 보이는 논쟁으로 살펴볼 수 있다. 그리스 철학의 영향 속에서 이들은 하나님 형상으로 창조된 피조물이라는 관련성 속에서 영과 몸을 분리하여 이해하기 시작한다. 예를 들면 알렉산드리아의 클레먼트(Clement of Alexandria, c.150~c.215)와 오리겐(Origen, c.185~c.254)이 대표적인 경우이다. 그들은 '하나님의 형상'을 이미 선재한 '말씀'(Logos)이라고 이해하면서, 하나님의 형상을 인간의 영혼과의 관련성에서 이해할 뿐 물질적인 부분과는 별도의 것으로 이해하기 시작한다. 이러한 경향과는 달리 이레나우스(Irenaeus, c.130~c.200)와 터툴리안(Tertullian, c.160~c.225)은 하나님의 형상은 성육화된 하나님의 아들 '예수 그리스도'에게서 찾고자 한다. 예수의 성육으로 말미암아 불가시적 하나님이 가시적 하나님으로 나타난다는 것이며, 이런 의미에서 하나님의 형상을 영혼과 물질의 조화 속에서 찾고자 한다. *Ibid.*, p. 10.

를 지니는 것으로 이해하는 경향이 있었다. 그러나 최근의 해석 경향은 '생기와 흙으로 만들어진 존재'라는 점에서 인간에게는 영혼과 함께 물질적 측면도 중요하다는 것을 강조한다.

영성에서도 이러한 경향은 마찬가지였다. 영성에서 '헌신적 삶'은 '명상'이나 '관상적 기도'보다 하위 개념으로 인식되어 왔다.29) 그러나 인간을 창조할 때 영혼을 물질보다 우위에 둔 것이 아니라 같은 중요성을 지니고 있다는 신학적 해석은 영성을 정의하는 데, 또한 기독교 교육을 하는 데 중요한 이해를 제공하는 것이다. 이것은 영성의 개념과 영성 지도는 기도나 명상과 관련된 것과 아울러 인간 삶의 전체 구조와 관련되어 있다는 것을 의미한다.30) 삶의 전체 구조와의 관련성 속에서 이것은 공동체에 속하게 하는 근거를 제공한다. 삶에서 경험을 제공하고 신앙을 형성시켜 가는 공동체 속에서, 사회적 소속임을 확인하게 되고 진리와 의미와 실제에 대한 이해를 형성해 간다.31)

2. 하나님 형상으로 만들어진 인간

하나님의 형상으로 만들어졌다는 교리는 인간이 우주 안에서 맡

---

29) *Ibid.*, pp. 10-11.
30) *Ibid.*, p. 11. 이러한 점에 대하여 산드라 슈나이더즈는 '영성은 삶의 살아 있는 경험들'이라고 정의한다. Sandra M. Schneiders, "A Hermeneutical Approach to Study of Christian Spirituality," *Christian Spirituality Bulletin* (Spring 1994), pp. 9-14
31) *Ibid.*, pp. 11-12.

은 역할을 이해하는 데 도움을 줄 수 있는 명제이다.32) 인간이 하나
님의 형상으로 만들어졌다는 것은 첫째, 인간은 다른 피조물과는 다
르다는 차이성을 드러내는 것이며, 둘째, 인간과 하나님의 관계성을
의미하는 것이다. 우선, 하나님의 형상으로 만들어진 인간이 모든 만
물을 다스린다는 것은, 인간이 피조 세계를 유지하고 지탱해 갈 수
있도록 하기 위한 사랑과 연민과 창조의 능력을 지녔다는 것을 의미
한다.33)

관계성의 능력을 지녔다는 말의 뜻은 결국 삶의 자리에 성스러움
의 기초가 있다는 것이며, 매일의 삶에서 성스러움을 명확하게 할 필
요가 있다는 것을 의미한다. 정서적인 삶을 통해서 사람들은 매일의
평범한 삶에서 느낄 수 있는 감정들보다도 더 심오한 존재의 의미
있는 사건들을 경험하게 된다는 것을 뜻한다.34)

결국 하나님의 형상으로 만들어진 인간이라는 개념은 일상생활
영성에서 인간으로 하여금 평범하고 반복적이고 일상적인 매일의

---

32) 인간이 '하나님의 형상'(Image of God)으로 만들어졌다는 교리는 창세기 1: 1-2:4a
에서 발견할 수 있고 또한 제사장 문서 계통에 속하는 창세기 1:26-27에서 발견할
수 있다. 이 부분을 보면 다음과 같이 기록되어 있다. "우리가 우리의 형상을 따라 우
리의 모습대로 사람을 만들자. 그들로 하여금 바다의 고기와 하늘의 새와 땅위에 있는
모든 동물들을 다스리게 하도록 하자."

33) Josheph D. Driskill, *Ibid.*, p. 13.

34) 예를 들면 사람들은 일상 속에서 어린아이의 탄생의 기쁨을 경험하게 되고, 소중한
사람들의 병듦과 죽음을 경험하게 되고, 삶의 파편들 속에서 아픔과 고통의 정서들을
경험하게 된다. 그러나 신앙을 갖는다는 것은 결국 이러한 일상의 경험을 통해서 '성
스러움'을 발견해 내는 것이며, 둘째로 '하나님의 현존'을 발견해 내는 것이다. *Ibid.*,
pp. 13-14.

삶에서 하나님과의 관계성을 발견하고 심화시킬 수 있도록 돕는 것
을 의미한다. 그런데 이러한 관계성의 심화는 어떤 초월적이고 신비
한 경험을 통해서가 아니라 매일 반복되는 일상, 또는 의례적으로 찾
아오는 삶의 의식들, 또는 마주 대하게 되는 자연의 신비들 속에서
하나님의 창조 세계를 다시금 발견하는 것과 그 경험 속에서 하나님
의 현존을 경험토록 하는 것을 의미한다.35) 이것은 두 가지 차원의
문제를 지녔다고 볼 수 있다. 첫째, 삶의 경험들을 다양하게 확장시
키는 것이며, 또 한 가지는 경험에 대한 해석의 문제가 중요한 문제
로 대두되는 것이다.

3. 신앙으로 의롭게 됨

신앙으로 의롭게 된다는 신앙의 전통은 루터의 '이신칭의'(以信稱
義) 사상으로 말미암아 주류 개신교 전통에서 '성화'의 과정을 소홀
히 하는 경향으로 이해되어 왔다. 그러나 믿음으로 고백하는 '모든
사람을 의롭게 하는 하나님의 활동'에 대한 암시는 윤리적 삶에 대한
책임을 동시에 포함하는 것이다.36) 우리는 삶에서 하게 되는 하나님

---

35) 이러한 일상 속에서 경험하게 되는 신비적 경험을 아브라함 마슬로우는 '아하' 경험이
　　라고 표현한다. 이러한 '아하' 경험은 사람의 생을 변화시키는 역동적인 힘을 가지고
　　있다. 그러나 이러한 일상의 신비 경험은 대단히 의외적인 경험을 의미하는 것이 아니
　　라, '아름다운 저녁놀'과 같이 아주 사소하고 일상적인 것일 수도 있다고 한다.
　　Abraham Maslow, *Religion, Values, and Peak-Experiences* (Columbus: Ohio States
　　University Press, 1964)

에 대한 신앙의 경험들로 하나님의 인간에 대한 사랑과 이 세계가
하나님의 사랑으로 말미암아 지탱되고 있다는 것을 확신하게 된다.
'이신칭의' 사상과 '성화' 사상은 주류 개신교회에서 핵심적인 신학
사상이다. 이신칭의 사상과 성화 사상의 연결이 일상적인 삶에서의
실천적 신앙으로 표현되는 부분은 본훼퍼의 신학에서 살펴볼 수 있
는데 그것은 감사와 봉사로 이어지는 구체적 신앙의 표현을 의미하
는 것이다.37) 따라서 영성 지도를 할 때 '성화'의 신학적 이해는 하나
님과의 일치와 동감의 관계 경험이 사회를 향한 연민과 정의, 평화의
삶으로 이어지도록 해야 한다.38)

4. 하나님의 나라

하나님 나라에 대한 개념은 일상생활 영성에서 핵심적인 두 가지
의 신학적 근거를 제공한다. 첫째, 하나님의 사랑의 능력은 구체적
활동으로 나타나고 있다는 점이다. 둘째, '이신칭의'와 '성화' 사상은
'은총과 실천'이라는 면에서 구체적으로 표현되어야 한다.39) 다시

---

36) Joshep D. Driskill, *Ibid.*, p. 20.

37) 본훼퍼는 사회적 정의와 실천으로 이어지고 고백되는 신앙만이 은혜를 값싼 것으로
   취급하지 않는 신앙이 된다고 본다. Joshep D. Driskill, *Ibid.*, pp. 24-25.

38) *Ibid.*, p. 25.

39) 헬라어로 βασιλεια του τηεου라고 표현될 수 있는 'Kingdom of God'이라는 용어는 다
   른 의미로 'Reign of God'이라고 할 수 있다. 이것은 하나님 나라의 역동적인 속성을
   표현하는 것이며, 공관복음에 150번 사용될 만큼 예수의 가르침의 핵심적인 내용으
   로 볼 수 있다. 예수가 전한 '하나님 나라'의 의미는 피안적이거나 내세적인 의미 이외

말하자면 하나님의 통치와 하나님의 나라에 대한 기대와 소망은 현재적 삶에서 사랑과 정의와 연민을 실천하고 구체화하는 모습으로 체현되어야 한다.[40]

이러한 신학적 사상은 영성 지도에서 개인의 내면적 차원으로 고정될 수 있는 것을 공동체적인 관점으로 확장시킬 수 있고, 내면적 차원의 영성을 실천적 차원의 영성으로 구체화시킬 수 있는 근거가 되는 것이다. 드리스킬은 이러한 관계적이고 실천적인 영성 지도를 위하여 관심을 두어야 하는 구체적인 영역으로 '가정'과 '인간관계'를 제시한다. 가정생활을 통하여 구체적으로 활동하시는 하나님 활동의 신비를 찾아낼 수 있도록 해야 하며, 인간관계 속에서 하나님의 뜻을 감지해 낼 수 있다는 주장이다.[41]

에 현재적인 의미를 내포하고 있었고 'now' 그러나 'not yet'의 의미로 사용되었다. *Ibid.*, p. 25.

40) 예수가 전한 '하나님 나라'의 이러한 속성들은 다음의 성서 구절에서 찾아 볼 수 있다. 마 5:20, 7:21; 눅, 6:20 등 참고.

41) 드리스킬은 "두세 사람이 모인 곳에 성령이 함께한다."는 성서 구절을 통하여 관계로 형성되고 진행되는 일상의 생활(Daily Life) 속에 성령의 활동은 진행되고 있다는 것으로 해석하고 있다. *Ibid.*, pp. 26-27.

IV. 일상생활에서의 영성: 관계로 경험하는 신비

1. 창조 세계에서 경험되는 신비

일상생활은 신비를 경험하는 장이다. 하나님의 신비는 일상생활의 타자와의 관계 속에서 경험된다. 매튜 폭스(Mattew Fox)는 하나님과의 경험을 생태적 입장에서 설명한다. 그는 신학의 전통을 패러다임(paradigm)의 개념으로 설명하면서 영성을 중심으로 한 신학의 전통을 크게 두 가지 틀로 구분하여 설명한다.42) 어거스틴과 토마스 아 켐피스를 중심으로 하여 전통적으로 내려오는 타락/구원(Fall/Redemption) 전통과 이레네우스와 토마스 아퀴나스를 중심으로 형성되어 내려오는 창조 중심(Creation centered) 전통이다. 타락/구원 체계는 모든 자연을 타락한 대상으로 대상화하며 자연 중에서 존재하시고 감지할 수 있는 하나님의 존재에 대하여 인정하지 않는 특징이 있다. 오로지 인간의 영혼(soul) 안에 내재하는 하나님만이 존재할 뿐이다. 이러한 신학적 견해는 서구의 신학 전통에서 종교와 과학을 분리하는 전통을 가져올 수밖에 없었을 뿐 아니라 엘리트주의적이고 가부장적인 전통을 가져왔다.43)

---

42) Mattew Fox, *Original Blessing: A Primer in Creation Spirituality* (Santafe, New Mexico: Bear & Company, 1983), pp. 9-11.

43) 첫째는 창조의 위기이며, 둘째는 실업의 위기이다. 제1세계의 실업 인구만 해도 청년들을 포함하여 4억5천만 명이 넘고 있음을 지적한다. 그런데 이러한 실업 문제는 환경 문제와 밀접하게 관련되어 발생하는 문제인데 고용 창출을 위한 비용으로 사용해

이에 비하여 매튜 폭스는 창조 중심의 영성은 통합적인 전통을 제시하고 있다고 본다. 그는 창조 교리를 모든 인간과 모든 종교가 공통적으로 소유하고 있다고 보며, 영성의 관심을 지구적 영역(global dimensions)으로 확대시켜 갈 때 이기적이고 자기중심적인 관점에서 생태 중심적인 관점으로 전이할 수 있다고 한다. 그리고 이러한 생태적 관점이 바로 지구와 인간과의 연합을 통하여 환경의 문제를 극복할 수 있는 단초를 제공한다고 믿는다.[44] 창조 중심적 신학은 이러한 환경에 대한 해결책을 제시해 줄 수 있는 신학적 사고들이라는 것 이외에도 엘리트 중심적인 영성에서 다수가 공유할 수 있는 일반 영성으로, 가부장적인 구조의 영성에서 평등을 지향하는 영성으로 전환 가능성을 열어 주며, 신학적 사고의 새로운 패러다임을 제시하는 것이다.[45] 그리고 이 새로운 신학적 틀로서 창조 영성은 일상의 삶에서 시작하여 일상의 삶을 변화시키는 일상의 영성이 될 수 있음을 제시하고 있다.[46] 뿐만 아니라 자연 세계를 통하여 하나님 경험을 할 수 있다는 논의가 가능하게 해 준다.

루퍼드 셸드레이크(Rupert Sheldrake)도 자연적 은총에 나타난 자연 이해에 대한 새로운 관점으로 하나님과 자연에 대한 견해를 발전

야 할 자금이 전쟁을 준비하기 위한 핵 개발 비용으로 사용되고 있음을 지적하며, 이러한 정책은 '반환경'적인 일일 뿐 아니라 실업의 원인이 되고 있다고 주장한다. *Ibid.*, p. 13-14.

44) *Ibid.*, pp. 15-16.

45) *Ibid.*, pp. 17, 316-317.

46) *Ibid.*, pp. 317-318.

시킨다. 생물학 영역에서 신과학적 사유를 발전시켜 온 루퍼드 셸드레이크는 자연을 어떻게 보느냐에 따라서 하느님과 자연과의 관계에 대한 사고가 달라진다고 본다.[47] 그는 최근 생물학계에서 중요한 변화들이 일어나고 있는 것에 주목한다. 그는 다음과 같은 변화가 신학 자체의 관심의 구조를 재구성하도록 촉구하는 변화하는 자연관이라고 주장한다. 무엇보다도 기계적 세계는 성장하는 유기체적 우주라는 관념으로 바뀌어 가고 있다는 것이다.[48]

---

47) 셸드레이크 역시 오늘날은 생명 없는 기계론적인 자연관으로무터 자연을 유기체적이고 살아 있는 것으로 보는 패러다임의 전환 시대라고 하였다. 셸드레이크는 전 역사에 걸쳐 많은 기간 동안 우주를 몸·혼·영을 가진 거대한 동물과 같은 살아 있는 유기체로 생각하였고, 중세 유럽 역시 애니미즘이 공인되는 시대였다고 말한다. 그러나 종교개혁으로 인하여 북유럽에서는 애니미즘적 요소를 이교적인 유산이라고 배척·억압하게 되었고 이런 변화가 자연 세계를 탈신성화하는 결과를 가져왔다고 셸드레이크는 지적한다. 이로부터 기독교는 신과 인간과의 상호작용, 곧 타락과 구속의 드라마에만 몰두하게 되었고 자연 정복과 착취에 대한 종교적 제한(한계 인식)을 상실하게 되었다고 비판한다. 17세기의 과학 혁명을 주도한 기계론적인 자연관 역시 기계라는 중심 이미지에 기초한 것이었으며 세계와 동식물과 인간의 몸, 모두 기계이고 과학의 일은 그 기계의 메커니즘을 찾아내는 일이라는 것이다. 이러한 기계론적인 우주에는 생명이 없고, 내적 목적도 없으며, 목표를 향해 움직이는 방향성도 없다는 것이다. 전 자연은 예측 가능한 법칙에 따라 결정론적으로 운동(관성의 법칙)할 뿐이다. 여기에서는 계속되는 창조 곧 이 세계를 동반하는 '신 개념'이 사라져 버릴 수밖에 없다는 것이다. 폭스와 셸드레이크는 17세기의 개신교 신관이 바로 이러한 기계론적인 세계관에 근거한다고 설명한다. 즉, 당시의 신학자들은 기계론적인 세계관을 당연시 하였고 자연 신학 전통을 기계론적인 세계관에 넘겨주었다는 것이다. Matthew Fox & Rupert Sheldrake, *Natural Grace* (New York: Dell Publishing Group, 1997), 참고.
48) 셸드레이크는 1966년 이후 빅뱅(Bing Bang) 이론에 영향을 받아 우주는 거듭 성장하여 새로운 구조들과 형태들을 창출하는 생명체로 이해되고 있다고 한다. 다음으로 자연의 무생명성이 자연히 장(Field)들에 의해 조직되어 있다는 사상으로 대체되어 가고 있다고 한다. 이는 과거의 애니미즘적 영혼관이 보이지 않는 유기체 조직화의 원리, 즉 생명 스스로 짜깁기의 원리라는 장들의 모습으로 되살아나고 있음을 지시하

17세기 이래로 지난 3세기 동안의 과학은 자연 세계의 예측 가능성이라는 관념 속에 있었으나, 비결정론과 카오스 이론은 자연의 자유와 자발성에 대한 인식을 회복시키고 있으며, 인식 가능한 자연계라는 사고도 어두운 물질(dark matter)의 발견으로 더 이상 지지받을 수 없게 되었다는 것이다. 또한 신체에서 분리된 과학이라는 인식이 참여적 과학이라는 인식으로 대체되면서 관찰 방식과 실험자의 기대가 내용에 영향을 준다는 인식 주체의 역할이 강조되기 시작하였다고 본다. 바로 이러한 자연 이해의 변화들이 함께 결속되면서 세계관에 엄청난 변화를 가져오게 되는데 이것은 이전의 애니미즘과 같은 이미 성숙된 유기체로서 자연에의 회귀를 의미하는 것이 아니라, 오히려 그와는 달리 창조성으로 가득 찬 계속 성장하는 유기적 세계관을 제시한다는 것이다. 이러한 유기적 세계관으로의 전이로 하나님의 '창조 은총'에 관심을 갖게 되고 '창조 영성'에 대한 논의로 자연

는 것이다. 셋째, 살아 있는 유기체의 영혼은 유인자에 의해 성장 동기를 부여받는다는 아리스토텔레스의 논지가 최근 유인자(matter) 개념에 의해 과학에 복귀되고 있다고 한다. 이 개념은 현대 동역학에서 매우 중요한 것으로 유인자는 목표지점의 견지에서 형태들이 이루어져 가도록 도와주는 역할을 하는 것이다. 개신교 신학 체계 안에서 아리스토텔레스의 사상은 신학의 패러다임 변이를 가능하게 하는 유인이 되는 것이다. 넷째, 불활성의 고정된 물질로서의 원자라는 개념으로부터 역동적 에너지로 구성된 활동성 구조로서 원자 개념으로 대체되어 가고 있으며, 또한 죽은 지구라는 관념은 살아 있는 유기체 지구라는 가이아 이론으로 전환됨으로써 옛 신화가 과학의 이름으로 증명되고 있다고 한다. 그리고 결정론은 양자이론에 의하여 대체되어 가고 있으며 최근에는 우주 안의 카오스 역할이 인정됨으로써 극미의 세계뿐 아니라 날씨나 두뇌활동 등 대부분의 자연 체계 내에서 비결정론적인 기연간이 받아들여지고 있는 상황이다. *Ibid.*, p. 22.

스럽게 이어지는 것이다.

또한 매튜 폭스는 종교개혁과 개신교 신학에 대하여 비판적 태도를 보이고 있다. 프로테스탄티즘은 인쇄술의 발달과 맞물려 있는 문자의 재발견의 시기에 일어난 운동인바, 강점이 곧 약점이 되어 신앙운동이 텍스트에 얽매이는 문자적 신학으로 고착되었다고 본다. 진리는 문자(logos), 곧 이성으로써 이해되는 것이라는 사고가 '성서'와 '자연'이라는 계시의 두 원천에서 '자연'을 배제해 버리는 결과를 가져오게 되었다는 것이다. 따라서 폭스는 서구의 기독교가 과도하게 구속사 중심의 예수 지향적인 신학에 편중되어 있다고 설명한다. 계몽기 이후의 신학의 방향이 '역사적 예수'에 대한 관심이었다면 지금은 '우주적 예수'로의 전통을 회복시킬 필요가 있다는 것이다. '우주적 예수'에 대한 전통이 회복될 때 생태계의 위기 극복과 더불어 '영성'의 형성이 가능하다고 보는 것이다.[49]

고전 물리학의 세계관과는 달리 자연에 대한 관점의 변화에 근거

---

49) *Ibid.*, p. 34-35. 폭스는 쉘드레이크가 사용한 장(Field)의 이미지를 바탕으로 의미를 상실해 가는 영혼에 대한 새로운 해석이 가능하다고 본다. 우주 운행을 가능하게 했던 고대의 우주 영혼(Anima Mundi) 개념이 모든 것을 포함하되 보이지 않는 조직화의 원리로서의 중력장으로 대체되었고, 자석의 영혼은 자기장으로, 식물의 아니마는 성장 유기체를 형성시키는 형태 발생장과 상응할 수 있게 되었다는 것이다. 이렇게 볼 때 인간 영혼은 인간 몸속에 있는 것이 아니라 영혼(field) 속에 몸이 있다고 말함으로써 전 우주와의 연결을 생각할 수 있게 된 것이다. 따라서 열대 우림의 파괴, 낙태, 인간 감수성들의 상실은 바로 인간 영혼 감각이 쪼그라들어 세계의 기쁨과 고통과의 연결성, 그에 대한 느낌으로부터 일탈된 현존 모습들인 것이다. 믿음의 근본주의적 양태들, 인간 중심주의는 바로 우주 및 우주 영혼과의 연결들을 거부하는 위선과 편협의 문제와 관련되어 있다는 것이다.

하여 신과학의 패러다임을 전인적, 생태론적, 시스템 이론적으로 이해하는 프리초프 카프라(Fritjof Capra)는 과학의 본성을 다음의 다섯 가지로 정리한다. 부분에서 전체로 전환,50) 구조에서 그물로 전환,51) 객관적 학문에서 인식론적 학문으로 전환,52) 건물에서 과정

---

50) 첫째는 부분에서 전체로의 전환의 변화이다. 지금껏 고전 물리학의 세계에서는 전체란 부분의 합으로만 정의되었다. 그러나 신과학의 패러다임에 따르면, 오히려 부분의 특성은 전체의 역동성을 이해해야만 밝혀질 수 있는 것으로 봄으로써 기존의 부분과 전체의 관계를 역전시킨다. 자연의 본성이 대상화된 물질로서가 아니라, 유기체적·생태적·상호관계적으로 이해되면서 어떤 대상도 그 자체로 독자적인 속성을 지닐 수 없으며, 일체의 속성은 그 사물이 맺고 있는 제반 관계성으로부터 파생되어 나온다고 보기 때문이다. 따라서 모든 생물체는 관계성을 떠나서는 존재할 수 없으며 더욱 고양된 생명일수록 더 많은 다양한 관계들이 모여 한 전체로서 조화롭게 기능하게 되는 것이다. 카프라는 이러한 자연의 활동을 '자기 조직화'(Self-Organization)라고 명명한다. 자기 조직화의 과정을 통해 자연은 새로운 생명을 탄생시키며, 진화의 방향을 더듬어 가고 있다고 보는 것이다. 여기에서 세상 만물과 관계를 맺고 있는 신은 스스로 창조한 힘, 곧, 우주 차원의 원리로서 이해될 수 있는 것이다. 다시 말해 모든 것과의 관계 속에서 전 우주를 조직화해 나가는 창조의 과정 자체를 하나님의 창조성으로 부르고 있는 것이다. Fritjof Capra and David Steindle-Rast, *Belonging to the Universe: Exploration on the Frontiers of Science and Spirituality* (San Francisco: HarperCollins Pub., 1993), 김재희 역,《신과학과 영성의 시대》(서울: 범양사, 1997), p. 11, 179.
51) 둘째, 구조에서 과정으로의 전환. 기존의 자연 이해에 따르면 자연 속에서 기본 골격이 있고 이러한 구조에 근거하여 자연 과정이 생겨난다고 하였다. 여기에서 과정은 구조로부터 생겨나는 수동적 특성을 지닐 수밖에 없었다. 그러나 신과학적 자연 이해에 따르면, 구조, 골격이란 '과정'이 능동적으로 활동을 펼치며 드러나는 한 규칙일 뿐이라는 것이다. 자기 조직화의 원리에 의해 생명의 과정이 역동적으로 진행될 때 생명은 정해진 규칙 및 방향에 따르는 것이 아니라, 인간이 전혀 예측할 수 없는 창조성도 발휘할 수 있다. *Ibid*, p. 11, pp. 196-208.
52) 객관적 학문에서 '인식론적' 학문으로의 전환, 고전 물리학에서 자연에 대한 서술은 항시 객관적인 것으로 이해되었다. 여기서 관찰자인 인간과 지식을 획득하는 인간의 인식 과정은 항시 생략되고 만다. 그러나 신과학은 자연 현상을 묘사하는 데에 사건을 관찰하고 탐구하는 과정에 대한 연구, 곧, 인식론의 중요성을 강조하고 있다. 인간이

으로 전환하는 지식의 체계,53) 절대치에서 근사치로 전환54)이다. 여기에서 처음의 두 명제는 자연에 대한 관점의 변화 그 자체를 뜻하며, 다른 세 논의는 그에 따른 인식론적 변화를 설명하고 있다. 카프라는 이러한 신과학의 패러다임에 근거하여 기독교 신학 패러다임도 새롭게 변화되었음을 강조한다.

이상과 같은 자연에 대한 변화된 관점을 서술하는 신과학적 패러

보고 느끼는 세상은 객관적으로 그곳에 그렇게 존재하는 것이 아니라 인간이 가진 감각 기관을 통해, 다시 말하여 인식 과정에 의해 창조되는 것이라고 보는 것이다. 관찰자에 따라 물질 현상이 입자와 파동으로 각기 다르게 보일 수 있다는 불확정성의 원리는 바로 인식론의 중요성을 설명하는 핵심적인 내용이다. 따라서 세계가 관계의 그물망 속에 놓여 있다고 할 때 객관적인 현실이란 존재하지 않으며 인간의 주관성이 이러한 세계 현실과 끊임없이 대화적 참여를 하게 되고 그것으로 체험의 양식(Pattern)을 만들어 낼 수 있는 것이다. *Ibid.*, pp. 11-12, 209-226.

53) 넷째, 건물에서 그물로 전환하는 지식의 체계. 건물로서의 지식의 체계란 존재하는 모든 가치를 서열적으로 이해하는 학문 태도를 의미하는 것이다. 그러나 신과학적 자연 이해에 따라 지식 체계는 상위, 하위의 건물 구조로서가 아이라 모든 것이 상호 얽혀 있는 그물 구조로 이해된다. 물리적 현상이란 원래부터 서로 얽히어 있는 사물들의 역동적 그물망으로서, 사물들은 끊임없는 상호작용을 통해 존재하는 것이기에 가치 구조가 자리할 여지가 없다는 것이다. 비록 과학에서 기본 요소가 없을 수는 없지만 그것은 과학자가 임의로 설정하는 것이지 영속적인 내용으로 주어져 있는 것이 아니라고 하는 것은 관계성의 다원적 측면을 통찰하게 되는 것이다. *Ibid.*, pp. 12, 227- 245.

54) 다섯째, 절대치에서 근사치로 전환. 관찰자가 분리될 수 없으며 인간을 떠난 자연 그 자체란 말이 인식론적 측면에서 인정되지 않음으로 신과학에서는 실재에 대한 근사치를 구할 수밖에 없다는 새로운 주장을 하는 것이다. 다시 말해, 현상과 현상에 대한 서술이 정확하게 일치하지 않음으로써 과학자는 진리의 절대치를 알 수 없고 실재를 제한된 범위에서 근사치로 표현할 수밖에 없다는 것이다. 즉, 과학은 상호 연결된 복잡한 관계성을 열심히 설명하려 하지만 그것으로 실재를 다 이해할 수 없으며 그로써 절대적 진리가 될 수 없다는 사실이다. 이것은 결국 실재 자체가 신비인 것을 부연 설명하는 것이다. *Ibid.*, p. 12-13, 246-273.

다임은 신학 패러다임의 변이를 추구하며 신학이 자연(실재)의 본성에 맞는 영성을 지닐 수 있게 해 준다. 우주 실재(관계성) 앞에서 어느 누구도 관찰자가 될 수 없기에 객관적 관점은 허구라고 하는 논리, 개인이 우주에 속한다는 존재 인식 확장, 부분에서 전체로의 패러다임 전환, 가치의 다차원성을 말하는 그물 구조의 이야기 등의 신과학적 신학의 골자는 인간 존재가 우주 자연과 함께 숨 쉬고 움직이는 동반자임을 자각하게 하며 신학을 재구성하도록 요청하는 것이다.

2. 신앙 공동체 안에서 경험되는 신비

버나드 맥긴(Bernard McGinn)은 기독교 신비를 일상적 차원과의 연계 속에서 설명한다. 기독교의 신비는 '하나님의 즉각적 혹은 직접적 임재'로서 설명될 수 있는 것과 또한 거기에 반응하고 인식하는 일과 관련된 기독교 신념들과 실천의 일부분이다.55) '신비'란 '의식의 신적 근거'(divine grounding of consciousness)를 지녀야 한다. '신적 근거'란 하나의 초월적인 개념이며, 모든 생명의 지속적인 근원 혹은 근거로서 '하나님 인식'을 의미하는 것이다. 이러한 의식의 신적 근거를 가지고 진리를 발견하고자 하는 과정에서 '신비'는 다음과 같은 성격을 지닌다.

첫째, 신비는 문화적 진공 상태 속에 존재하는 특정한 순간이 아니

---

55) Bernard McGinn, "The Foundation of Mysticism," Vol. 1 of *The Presence of God: A History of Western Christian Mysticism* (New York: Crossroad Press, 1991), p. xviii.

다. 오히려 그것은 이미 주어진 종교적 전통 안에 있는 하나의 요소(element)이다. 기독교 신비가들은 자기 자신들을 기독교 성서와 예배와 가르침에 의한 그들의 모든 경험, 지각(인식), 그리고 통찰력 안에서 모양 지워진 기독교 실천가들로 간주하여 왔다는 것이다. 이것은 기독교 영성의 전통은 구체적인 일상에서의 체험과 실천 속에서 형성될 수 있는 것임을 의미한다.

둘째, 기독교의 신비적 요소는 오로지 하나님과의 결합에 대한 어떤 경험이라는 관점으로만 규정하지 말고 근본적으로 하나의 과정(process), 혹은 삶의 방식으로 간주해야 한다. 다른 말로 하면, 하나님과의 강렬한 만남의 순간이 존재하는 것이 사실인 반면에, 그 순간은 평생에 걸친 영적 여행, 즉 가장 완전한 의미에서 신비주의를 구성하는 것에 대한 모든 준비와 반성의 일부분이라는 것이다. 버나드 맥긴에 따르면, 신비는 한순간의 강렬한 경험으로 완성되지 않는다고 하며, 신앙 공동체 안에서 개인의 삶을 위해 불러일으키는 모든 반성과 변형도 이차적인 의미에서 신비라고 한다.

셋째, 버나드 맥긴은 '신비적 경험'보다는 '신비적 의식'에 주목할 것을 제안한다. '신비 체험'이라는 것이 신비주의에서 큰 역할을 담당해 왔지만 하나님과의 만남의 본질에서 전통적으로 '비범한 내적 상태'들에 초점을 두는 경향이 있다는 것이다. 이와 대조적으로 버나드 맥긴은 버나드 로너건(Bernard Lonergan)의 사상을 인용하여 의식이란 '경험', '질문', '이해' 그리고 판단 따위의 인식 과정 전체를 암시하는 보다 광범위한 용어라고 한다. 그러므로 신비적 의식이란 언어와 텍스트를 진지하게 받아들이는 한 가지 방법이며, 내적 자아의 감각뿐 아니라 변형적 지각, 즉 '사고'(thought)라고 부르는 것을 넘어서서 '주의 깊음'(mind-fullness)으로 이끌리는 지각을 의미하는 것이다.

레오나르도 보프(Leonardo Boff) 또한 신비를 일상생활의 맥락에서 설명한다. 보프는 신비를 정의함에 있어 '신비적 태도'라는 규정하에 세 가지 영역에서 신비적 태도를 정의한다. 먼저 '신비'의 전통적인 개념은 그 어원에서 찾아볼 수 있다. 신비는 희랍어로는 *'mysterion'*으로, 어원적으로 살펴보면 숨겨졌거나 전달되지 않은 현실이나 의지의 특징을 인식하는 것을 뜻하는 *'muein'*에서 온 것이다. 이 의미는 이론적 내용을 포함하기보다는 입교 의식에서 이루어지는 종교 체험과 관련이 있다. 사람들은 기념 의식, 노래, 춤, 극화, 의례적 행위 실현을 통해 특정 폐쇄 집단이 간직하는 계시나 영적 교감을 체험한다. 따라서 신비는 어려운 교의의 요강을 듣거나 사물의 비밀스런 측면을 배우는 것을 의미하기보다는 공동체적 종교 체험을 뜻하는 것이다. 그러나 신비 개념은 후대에 와서 이러한 원래 뜻과는 달리 신비 체험과 거리가 먼 철학적 관심에서 교의나 계시가 갖는 초사회적·초공동체적인 측면을 가리키기 위하여 사용되었고, 이러한 사용은 초이성적 측면을 강조하는 용어가 된 것이다.56)

보프는 이러한 전통을 비판적으로 성찰하면서 신비를 다음의 네

---

56) Leonardo Boff, *Ecologia, Mundializacao, Espiritualidade* (San Paulo: Editora Atica, 1993), 김항섭 역, 《생태신학》 (서울: 가톨릭출판사, 1996), pp. 152-153.

가지 의미로 설명한다.

(1) 인류학적이고 존재론적 의미

(2) 종교적 의미

(3) 그리스도교적 의미

(4) 사회정치적인 의미

먼저 인류학적이고 존재론적인 의미에서, 신비는 하나의 구체적 사물을 인식할 경우에 항상 포착해야 할 관점으로 남게 된다.[57] 신비는 지식과 대립하는 것이 아니라 오히려 지식이 신비에 속한다. 지식에 신비가 상존하는 것도 신비에 속하는 것이다. 신비는 이성의 한계가 아니라 이성의 무한함이다. 따라서 현실은 이성보다 더 크고 인간이 인식을 통해 지배하려는 의지보다 한없이 큰 것이다. 이러한 신비를 포착하는 것은 인간의 섬세한 정신이며, 근본적으로 연민적 태도이다. 즉 인간은 섬세한 정신을 통해 자신이 연약한 존재임을 발견하고 다른 이들에게 영향을 받는 공동체적 존재임을 인식한다. 또한 이해관계와 권력의지에서 벗어나면서 연대감을 느낄 수 있다. 즉 하나의 교의나 이데올로기가 아니라 분석적 이성으로 계량할 수 없는

---

57) 이러한 의미에서 한 사람 한 사람이 신비이다. 사람들은 오랜 동안의 관계를 통해 과학과 다양한 전통의 접근법으로 사람을 알 수 있다. 그럼에도 불구하고 사람은 변함없이 처녀림이고 항상 다른 접근법에 대한 가능성이 남는다. 따라서 한 사람 한 사람 모두 신비이다. Leonardo Boff, *Ibid.*, pp. 153.

160

현실에 대한 근본적 체험이 신비이며, 이러한 이해는 존재론적이고
모든 이에게 개방되어 있는 것이다.58)

V. 마치며

"성육신 이후 인류, 모든 인간, 그리고 역사는 하나님의 성전이다.
세속은 더 이상 존재하지 않는다."라는 구티에레즈의 말처럼 일상생
활 영성에 관심을 갖는 것은 성스러운 것을 특별한 영역에 한정시켜
생각하거나 인식하지 않는다는 말이다. 하나님과 구원의 체험, 성스
러움과 신비의 체험은 하나님이 창조한 자연 세계에서 발견되는 생
명 가득한 우주에 대한 신비 체험이며, 이러한 우주 속에서 숨 쉬고
있는 자신을 발견하는 연대적이고 유기적인 관계 속에서 경험되는
하나님 창조에 대한 신비 체험이다. 더 나아가 하나님을 체험하는 것
은 삶의 구체적인 자리에서 가난과 불의를 경험하는 것이며, 고통받
고 억압받는 사람들과의 연대를 통해 생성된다. 즉, 해방의 능력과

---

58) 아인슈타인은 그의 저서《나는 세상을 어떻게 보는가?》에서 "내게 가장 감동을 일으
키는 것은 삶의 신비이다. 이 신비는 미와 진리를 고무하고 예술과 과학을 일으켜 세
운다. 누군가 이 신비를 느끼지 못하거나 또는 놀람과 경악을 더 이상 체험할 수 없다
면 그는 살아 있지만 이미 죽은 자이고 눈이 먼 자이다. 이 신비라는 비밀스러운 현실
은 또한 종교를 구성하고 경외감을 자아낸다." 아인슈타인은 신비의 감지가 창조적
과학자들에게는 근본적인 것이라고 하는데 왜냐하면 이 감지를 통해 과학이론이 포
착하지 못하는 차원에 민감할 수 있고 항상 배워야 한다는 겸손을 기를 수 있기 때문
이라고 한다. *Ibid.*, pp. 154-155

가난한 사람들을 위한 사회적 활동에의 참여를 통해서 하나님의 구원사를 세속사 안에서 경험하는 것이다. 왜냐하면 구원사는 세속사의 가장 중심에 자리 잡고 있기 때문이다.59) 이것은 초월적 하나님에 대한 체험 대신에 삶의 자리와 이웃과의 연대가 강조되는 일상에서 경험되는 관계적 하나님을 강조하는 것이다. 일상생활의 관계 속에서 경험하는 신비, 그리고 신비의 체험 속에서 선택하는 삶의 가치들과 삶의 구체적 실천의 차원들, 그리고 다시금 삶의 실천적 차원 속에서 경험할 수 있는 사랑과 고통, 나눔과 희생에서 세상을 창조하신 창조주 하나님의 사랑을 경험하는 것이며, 십자가를 통해 실존의 모든 부자유를 거부하고 해방을 선포한 예수의 헌신과 고통을 체험하는 것이다. 이러한 경험은 다시금 예수의 작은 제자로 살고자 하는 삶을 결단하게 하고 일상생활의 영성 형성과 성숙을 가능하게 하는 것이다.60)

---

59) Stanley J. Grenz & Roger E. Olson, *20th Century Theology: God & the World in a Transitional Age* (Downers Grove: InterVarsity Press, 1992), pp. 12-13.

60) 여기서 이러한 논의는 지식 사회학적인 근거를 지니고 있다고 볼 수 있다. 지식 사회학의 주요 논지는 "지식은 중립적이거나 탈가치적이지 않다. 오히려 모든 지식은 당대의 사회 환경과 조건들을 구현하는 경향이 있다."라고 보는 것이다. Dermot A. Lane, *Foundation for a Social Theology: Praxis, Process and Salvation* (New York and Ramsey, N.J.: Paulist Press, 1984), p. 77; Gustavo Gutierrez, *The Power of the Poor in the History*, trans. Robert R. Barr (Maryknoll, N.Y.: Orbis Books, 1983), p. 205.

제4장

전통적 영성 지도의 재개념화:
영성 훈련에서 영성 교육으로

Ⅰ. 시작하며

전통적 영성 개념에 대한 비판과 함께 최근 실천신학계와 기독교 교육학계에서는 영성에 대한 전통적 인식 형태와 기존의 영성 훈련 프로그램에 대한 비판적 성찰이 광범위하게 일고 있다.[1] 그 성찰이란 우선 영성의 개념 정의에서 발견되는 왜곡된 해석을 배제하거나 편협한 이해를 넘어서는 학문적 이해의 시도가 이어지고 있다는 점이다.

강희천은 비판적 분석의 대상을 다음과 같이 세 가지 분야로 설명한다.

(1) 영성을 단순히 명상이나 기도, 관상과 같은 수덕적(ascetical) 차원에서만 이해하려는 견해
(2) 영적인 것과 육적인 것, 내세와 현세, 거룩한 것과 세속적인 것의 이분법적 구분을 토대로 영성을 신비주의적 차원에서만 이해함으로써 현실을 무시하는 태도
(3) 영성의 본질을 규명할 때 감정이나 이성 어느 한쪽으로만 치우침으로써 통전적 차원의 영성 개념을 제시하지 못하는 편견

브래넌 힐(Brennan R. Hill)도 영성 교육이 종교 교육에서 중요한

---

1) 강희천,《기독교교육의 비판적 성찰》(서울: 대한기독교서회, 1999) p. 204.

차원임을 인식하고 영성 교육이 기독교교육에 주는 교육적 의미를
진지하게 고려해야 한다고 제안한다. 브래넌 힐이 제안하는 영성 교
육의 전제는 통전적인 영성이다. 제자도, 진정한 자아에 대한 탐구,
봉사, 전인적인 명상, 기도 등을 중시하며, 삶 즉 일상생활과 분리되
지 않은 기독교 영성이 되어야 한다고 말한다. 이러한 전제 위에 그
는 영성 교육에서 고려해야 할 사항을 제시한다. 브래넌 힐은 영성
교육에 대하여 10가지 사항으로 나누어 설명하고 있지만 그것을 유
형으로 정리하면 다음과 같은 문제를 제기한다고 볼 수 있다.

(1) 기독교 영성은 기독교교육에서 핵심적인 사항이므로 기독교
교육 내에서 영성에 대해 성찰해야 한다.
(2) 교사들은 영성의 자료를 제공해 주고, 직접적인 영성의 모델
이 되어야 하기 때문에 교사에 대한 적절한 교육과 자질에 대
해 성찰해야 한다.
(3) 영성 교육의 내용에 대한 성찰로서, 통전적인 영성을 위해서
선택해야 할 교육 내용은 어떤 것인가?
(4) 영성 식별에 대한 문제로서, 무엇이 성숙한 영성인가?[2]

이러한 맥락에서 전통적 영성 훈련을 비판적으로 성찰하면서 전
통적 영성 훈련이 가지고 있는 공헌과 한계를 고찰하고 이러한 점들

---

2) Brennan R. Hill, *Key Dimensions of Religious Education* (Winona, Minnesota: Saint Mary's
Press, 1988), pp. 108-112.

이 현대적인 의미의 영성 지도, 즉, 영성 교육으로 재개념화할 때의 특징, 형태 등에 대하여 살펴보도록 하겠다.

II. 전통적 영성 지도에 대한 비판적 논의

영성 지도에 대한 개념을 처음으로 사용한 것은 3~4세기의 사막 교부들이었다고 추정된다. 많은 사람들이 영성 지도를 받기 위하여 사막의 은자들을 찾기 시작함으로써 '영성 지도'(spiritual guidance, spiritual direction)가 시작된다. 그 후 이러한 전통은 수도원을 통하여 이루어지며 역사적 전통 속에서 맥을 이어왔다. 하지만 현대에 들어서 그 유형과 형태가 다양해져서 영성 지도의 개념을 한 가지로 정의한다는 것은 어려운 일이 되었다. 전통적인 영성 지도의 개념이 무엇인지 살펴본다고 해도 정확한 개념 정의의 증거들을 찾기는 쉽지 않다. 다만 영성 지도의 목적, 내용, 방법, 대상 등을 탐구해 봄으로써 전통적인 영성 지도의 개념을 살펴볼 수 있다. 따라서 전통적인 영성 지도를 유형적으로 살펴보고 그 특징은 다음 글에서 상세히 서술하도록 하겠다. 전통적인 의미의 영성 지도를 간략하게 살펴보면 대체로 다음과 같은 몇 가지 특징이 있다.

첫째, 전통적인 영성 지도는 개인의 내면적 변화와 영적 문제를 중심으로 이루어지고 있었다. 영성 지도의 목적은 영성 추구자들의 부족함과 약함을 드러내고(reveal), 그것을 치유(healing)하는 것이었다.3) 또한 자기기만 및 다른 모든 해로운 것들을 분별하고 방어해 나가는 것을 돕는 것에 그 목적이 있었다.4) 이것은 내면적 차원의 문제를 가장 우선시 하는 것으로 볼 수 있다.

둘째, 신비적이고 초월적인 경험을 최우선으로 여기고 있었다. 이러한 관점 때문에 직관력과 통찰력이 중요한 영성적 자질로 떠오른다.5) 영성 지도의 중요한 공헌 중 하나가 직관력과 통찰력에 대한 긍정적 수용이라고 보는 것이다. 그러나 직관력과 통찰력을 영성적 자질로서 최우선으로 여기면서 영성은 몇몇 소수의 특별한 능력을 지닌 사람만이 갖게 되는 자질 개념으로 축소된다는 점에 문제가 있다. 이것은 영성의 태도적 측면, 다시 말하여 양육과 교육으로 가능한 영성 형성의 측면이 부각되지 않고 있다는 점을 지적할 수 있다. 이러한 성향은 영성의 엘리트화를 초래한다.

셋째, 신비적이고 초월적인 경험을 위하여 특정한 행위를 반복하고6) 연습하는 훈련 중심의 특징을 지니고 있다는 점이다.7) 이러한

---

3) John R. Sommerfeldt (ed.), "Spiritual Fatherhood in the Literature of the Desert," *Abba: Guides to Wholeness, Holiness, East and West* (Kalamazoo: Cistercian Pub., 1982), p. 42, James A. Davies, "Patterns of Spiritual Direction," p. 51에서 재인용.

4) J. Ruffering, *Uncovering Stories of Faith* (New York: Paulist Press, 1989), p. 4.

5) Kenneth Leech, *Soul Friend* (Harrisburg: Morehouse Pub., 2001), p. 49. 스타렛츠들은 늘 "우리는 사랑으로써 싸워 나간다. 사랑이 가장 강한 힘이다. 사랑보다 강한 그 무엇도 없다. 사랑과 같은 것은 그 무엇도 없다."라고 말한다.

6) Cheslyn Jones, Geoffrey Wainright, and Edward Yarnold (eds.), *The Study of Spirituality* (New York: Oxford University Press, 1986), pp. 175-184.

7) 유해룡, "고대와 중세의 영성," 정용석 · 이후정 외 편, 《기독교 영성의 역사》 (서울: 은성, 1997), p. 156. 유해룡은 이러한 영성 지도의 대표 유형으로 '예수기도'를 소개한다.

점에서 피지도자의 능력보다는 지도의 방법을 더 중심적인 과제로 여기는 경향이 있으며, 영성 형성을 과정으로 보기보다는 특정한 수준에 도달하기 위한 목적 지향적인 과제로 인식한다.

넷째, 영성 지도는 그 출발이 수도원이라는 점이다. 원시 기독교 공동체에서는 전문적인 의미를 지닌 개인 지도가 특별히 필요하지 않았다. 구성원들은 공동체에 참여함으로써 성숙하고 성장하였으며, 이런 가르침은 제일 먼저 주교와 장로들에게서 받았고, 그 다음은 비공식적인 훈시를 통해서 부모, 배우자, 친구들 그리고 동료 그리스도인들에게서 받았다. 이와 같은 상황에서 최초의 은수사들이 사막으로 들어가면서, 그들은 그리스도의 공동체와도 결별하고 성찬에 참여하지도 않았다. 이러한 이유로 그들은 영적 식별과 영적 지도자의 필요에 따라 영적 지도를 시작했다. 이러한 점에서 보면 영적 지도의 시작은 역사적으로 많은 변화를 겪으면서 발전한다 하여도 일차적으로는 성찬 공동체와 예배 공동체의 결별을 통해서 시작되었다.8)

III. 전통적 영성 지도의 유형

제임스 데이비스(James A. Davis)는 개인의 영적 발달(spiritual

---

8) Thomas Merton, *Spiritual Direction & Meditation* (Minnesota: The Litergical Press, 1960), pp. 9-10.

development)을 고무하려고 도와주는 일련의 지도 행위들을 '영성 지도'(spiritual direction)라고 하면서 다음과 같이 크게 세 가지 범주로 나눈다.9)

    (1) 개인 유형(individual type)
    (2) 중재 유형(interventional type)
    (3) 기관 유형(institutional type)

개인 유형 영성 지도 패턴에는 '사막의 압마/암마', '동방 전통의 영성 지도', '평신도 중심의 신비주의', '현대 교회의 영성 지도' 들이 포함된다. '중재 유형'의 영성 지도 패턴의 대표적인 것은 로욜라의 이그나티우스의 영성 지도이며 '기관 유형'에는 '수도원의 영성 지도'와 '고백-판단의 영성 지도'가 포함된다.

이렇게 역사적 고찰을 통한 유형을 분류하는 이유는, 현대에 가장 일반적으로 인식되어 있는 영성 지도의 유형이 다양한 여러 유형 중 한 가지라는 점을 역사적 근거로 입증하려는 것이다.10) 또한 현대에 들어 전통적인 영성 지도에 대한 이해가 개인주의와 내면적 평화를 추구하면서 기도와 명상과 침묵 훈련 등으로 유형이 축소되고 있는

---

9) James A. Davis, "Patterns of Spiritual Direction," *Christian Education Journal*, Vol. 13. No. 3 (Spring 1993), p. 49.

10) Evelyn Underhill, *Anthology of the Love of God* (New York: Harper & Row, 1953), p. 123ff.

것을 발견하려는 것이다. 또 어떠한 유형이 절대적으로 우월하다고 가치를 판단할 수는 없지만, 교회가 가지는 교회적 상황과 개인적 상황에 따라 영성 지도를 다양화할 수 있다는 점을 제시하려는 의도이다.11) 각 범주별 영성 지도의 특징을 살펴보면 다음과 같다.

1. 개인 중심적 영성 지도 유형

개인 중심적 영성 지도 유형의 가장 큰 특징은 영성 지도에 참여하고자 하는 자가 자유롭게 영성 지도자를 선택할 수 있었다는 것이며, 영성 지도자의 개인적인 영성 경험과 하나님의 뜻에 대한 분별과 상담이 영성 지도에서 가장 중요한 방법으로 사용되었다는 것이다. 개인 중심적 영성은 기원후 4~5세기경의 시리아, 이집트, 팔레스타인의 사막에서 고독을 추구하며, 영성의 민감성을 추구하는 사람들에 의해 시작되었다.12)

1) 압바/암마 유형

압바/암마 유형 영성 지도의 목적은 영성 추구자들의 부족함과 약함을 드러내고(reveal) 그것을 치유(healing)하는 데 있었다.13) 또

---

11) Kenneth Leech, *Soul Friend: The Practice of Christian Spirituality* (San Francisco: Harper & Row, 1977), p. 139.

12) James A. Davies, "Patterns of Spiritual Direction," pp. 50-51.

13) John R. Sommerfeldt (ed.), "Spiritual Fatherhood in the Literature of the Desert," *Abba: Guides to Wholeness, Holiness, East and West* (Kalamazoo, Michigan:

한 자기기만과 자기 과시의 욕망과 다른 모든 해로운 것들을 분별하고 방어해 나가는 것을 돕는 데 목적이 있었다.14) 영성 지도를 받으려고 몰려오는 사람들은 '완덕'을 이루거나 '마음의 청결함'과 '거룩성'을 이루고자 하는, 주로 내면적 욕구를 품고 있었기 때문에 영성 지도의 목적도 자연스럽게 그러한 요구를 이루어 주고자 하는 방향으로 나아갔다. 즉 영성 수련을 하고자 하는 사람들의 내적인 삶을 형성시켜 주는 것이 영성 지도의 목적이었던 것이다.15)

사막의 영성 추구자들이 영적 지도에서 가장 중요하게 생각한 지도 내용은 지도자들의 영성적 경험이었다. 영성 지도자들의 경험은 주로 고독과 기도의 삶에 대한 것이었으며, 유혹을 물리쳐 나갈 수 있는 지식에 대한 것들이 주를 이루었다. 또한 영을 분별할 수 있는 분별력이 영성 지도의 내용에서 중요한 요소였다.16) 영성 추구자들은 영성 지도자들이 제시하는 모든 말에 순종과 신뢰를 해야 했으며, 지도자들 또한 먼저 '삶의 본'을 통하여, 영성의 삶을 보여 주었으며 언어(word)로 지도하였다.

또한 영성 지도자는 단순히 피지도자에게 '영성의 기술'(spiritual technique)을 가르치는 것이 아니라, 피지도자들이 기도를 통해 영

Cistercian Pub., 1982), p. 42, James A. Davies, "Patterns of Spiritual Direction," p. 51에서 재인용.

14) J. Ruffering, *Uncovering Stories of Faith* (New York: Paulist Press, 1989), p. 4.

15) Kenneth Leech, *Soul Friend: An Invitation to Spiritual Direction* (New York: HarperCollins Pub., 1992), p. 41.

16) K. Leech, *Soul Friend*, p. 42.

적 성숙을 가져올 수 있도록 돕는 역할을 하였다. 그들은 피지도자들의 생활의 실제적 문제점에 답해 주거나, 목회적인 돌봄(pastoral care)을 통해서 내면세계를 형성해 가도록 도와주었다. 그들은 공동체 안에서 거룩한 문서들을 지도의 규율로 삼았다. 그들의 가장 큰 규율은 무엇보다도 연장자들의 지도(guidance)와 충고(advice)를 받는 것이었다. 또한 연장자들의 충고와 지도는 철저히 개인적이었다. 연장자들의 지도와 충고는 토론되거나 비판되는 것이 아니라, 그것이 이해되지 않는다 할지라도 암기해야 하는 것이고 삶에 적용해야 하는 것이었다.17) 이러한 지도 과정을 유형화하여 설명하면 다음과 같다.

첫째, **침묵**으로 본을 보여 주는 것이었다. 영성 지도에서 '영성적인 아버지'나 '거룩한 사람들'이라 불린 이들의 역할은 '안내자'로서의 역할이었다. 그리하여 그들의 역할은 규범적인 내용을 전달하거나 전수하고자 하는 것이 아니고 '침묵으로 본을 보여 주는 것'이 가장 우선 되는 가르침의 방법이었다. 침묵으로 가르치다가 요청이 있을 때 입을 열어 가르침을 주곤 하였던 것이다.18)

둘째, **고백**(Confession)이다. 5~6세기에 동방 교부들의 영성 지

---

17) K. Leech, *Soul Friend*, p. 42

18) Evagrius Ponticus, *The Praktikos & Chapters on Prayer* (Kalamazoo, Michigan: Cistercian Pub., 1981), p. 14. 이곳에서 이바그리우스는 마카리우스가 어느 날 사막의 한 교부를 방문하여 자신의 영혼을 구하기 위한 현명한 충고를 부탁하였다고 한다. 그때 그 사막 교부는 "만약 당신의 영혼을 구하고자 한다면 질문을 받은 것 외에는 말하지 마라."라고 대답하였다고 한다.

도의 전통을 서방교회에 전해 주는 데 크게 기여를 한 사람이 교부 존카시안(360~435)이다. 그는 동방교회의 영성 지도자로 널리 알려진 이바그리우스(345~399)의 제자로 베들레헴의 한 수도원에서 수년 동안 머문 후 이집트의 사막으로 가 영성 지도의 경험을 쌓았던 인물로 알려져 있다. 그는 이집트의 사막 곳곳을 다니면서 여러 곳에 흩어져 있는 은둔자들을 만나 영적 담화를 나누면서 영성 지도를 경험하였다. 그 결과물이 〈담화물〉(the Conferences)이다. 이후 그는 프랑스 남부의 마르세이유에 있는 수도원으로 가서 자신의 영성 지도 경험을 적용하기 시작했다. 고해성사가 제도화되어 있지 않을 때 그는 끊임없는 회개와 양심 성찰을 위하여 자신의 생각이나 유혹들을 수도원의 장상(senior monk)들에게 쏟아 놓을 것을 권고하였다. 그럼으로써 하나님의 가장 큰 선물인 분별력을 얻을 수 있다고 여겼기 때문이다.[19]

셋째, **예수의 기도**이다. 5~8세기의 동방교회에는 영향력 있는 기도의 형태가 등장하게 되는데 그것은 '예수의 기도'(Jesus' Prayer or Prayer of Jesus)라는 것으로서 예수님에게 말하는 짧은 문장 형태를 반복하도록 되어 있다. 표준적인 형태는 "하나님의 아들 주 예수여 나를 불쌍히 여기소서."(Lord, Jesus Christ, Son of God, have mercy on me.)이다. 이런 예수의 기도를 중심으로 하여 예수 중심의 영성이 형성되어 갔다고 볼 수 있다.[20] 예수 기도의 단순성은 기도자로

---

19) "The Conferences of Cassian," in Owen Chadwick (ed.), *Western Asceticism*, 8:23.
20) Cheslyn Jones, Geoffrey Wainright, and Edward Yarnold (eds.), *The Study of*

하여금 언어를 뛰어넘어 침묵으로 들어가 흩어진 생각을 극복하여 직관적인 인식으로 넘어가도록 하는 것이다.[21]

넷째, **기억**이다. 초기의 수도자들은 하나님을 기억함으로써 늘 하나님의 임재 의식을 간구하였다. 성 바질은 영성 생활의 중심을 기억이라고 표현하기도 하였다. 일을 하거나 음식을 먹거나 심지어 다른 사람들과 얘기를 하거나 쉬고 있는 동안에도 하나님의 임재를 추구했다. 그래서 짧고 반복적인 기도의 유형들을 자주 사용한 것으로 보인다. 끊임없이 하나님을 인식하기 위하여 성서의 한 구절을 내적으로 외우거나 예수의 기도를 중심으로 하여 예수 중심의 영성이 형성되어 갔다고 볼 수 있다.[22]

압바/암마 유형의 영성 지도에서 영성을 추구했던 사람들의 첫 번째 영성 지도자는 하나님이었다. 그리고 그들이 형성한 작은 그룹(cell)이 그들에게 영성 지도의 두 번째 지도자였다. 이러한 작은 그

Spirituality (New York: Oxford University Press, 1986), pp. 175-184.

21) 유해룡, *Ibid.*, p. 156. 유해룡은 예수의 기도에서 가장 대표적인 인물로 북부 그리스의 감독 디아도커스(Diadochus)를 소개한다. 그는 이미지 없는 고요한 기도 상태로 들어가기 위하여 예수의 기도라는 단순한 형식을 빌어 반복기도를 하곤 하였다고 한다. 디아도커스는 이런 점에서 이바그리우스의 영향을 받은 바가 컸다. 디아도커스는 습관적인 사용을 통하여 기도는 더더욱 자발적이 되고 활동적이 되어서 영성적인 부분과 신체기관의 일부가 된다고 한다. 그는 '예수의 기도'의 상태가 졸림과 깸의 중간 상태에 있을 때 마귀에 대항하는 가장 효과적인 무기가 된다고 하였다. 이 예수의 기도는 지성의 빛이 비전으로 인도되고 동시에 가슴의 따뜻한 감각으로 인도된다고 가르친다.

22) Cheslyn Jones, Geoffrey Wainright, and Edward Yarnold (eds.), *The Study of Spirituality* (New York: Oxford University Press, 1986), pp. 175-184.

룹 안에서, 사막의 교부들과 제자들의 관계에서 개인적이고 카리스마적인 상호작용에 의해 영성 지도가 이루어지고 있었다. 영성 지도의 카리스마적인 능력을 지니고 있는 사람을 '거룩한 사람'(holy man)이라고 했으며, 아람어로 압바(abba), 또는 암마(amma)라고 불렀다. 《교부들의 금언》(*Apophthegmata Patrum*)이라는 방대한 금언집이 전해 내려오고 있는데, 여기에는 주로 사막 교부들이 제자들에게 영성 지도를 하면서 남겨놓은 핵심적인 메시지들이 실려 있다.23) 작은 그룹 내에서는 연장자들이 영성 지도자의 역할을 하였으며, 영성 지도자들과 피지도자들의 관계는 일생을 통하여 계속되었다. 영성 지도자는 단순히 피지도자에게 '영성의 기술'을 가르치는 것이 아니라, 피지도자들이 기도를 통해서 영적 성숙을 가져올 수 있도록 돕는 역할(helper)을 하였다. 또한 지도자들은 교사라기보다는 아버지로서, 어머니로서의 이미지를 가지고 있었다. 뿐만 아니라 그들의 거룩한 삶과 마음의 순수성을 지켜 갈 수 있도록 지도하는 멘토의 역할을 담당하였다.24)

---

23) 《교부들의 금언》(*Saying of the Desert Father*)은 여러 수도사들 집단에서 기억으로 내려온 금언들이 뒤에 수집되어 재배열된 것이다. 그중에는 그리스어로 된 〈알파벳에 의한 선집〉(Alphabetical Collection)이 있는데 그것은 압바(abba)와 암마(amma)의 이름을 알파벳 순서로 나열해 놓은 금언집이다. 그리고 서방세계에서 가장 잘 알려진 것으로는 〈체계적인 선집〉(Systematic Collection)이 있는데, 그것은 금언들을 양심 성찰, 자기 통제, 식별, 순명, 인내, 사랑 등의 주제로 분류해 놓은 것이다. 〈알파벳에 의한 선집〉으로는 번역된 베네딕트 와드(Benedict Ward) 편역, 《사막 교부들의 금언》, 이후정·엄성옥 공역 (서울: 은성출판사, 1995)가 있다. 체계적인 선집으로는 Benedict Ward, "The Saying of the Desert Fathers," in *Western Asceticism*, Owen Chadwick (ed.), pp. 33-189를 참조하라.

2) 동방정교회 유형

동방정교회 영성의 가장 큰 특징은 경험과 신학을 분리하지 않았다는 점이다. 그들에게 영성이란 적용된 교리였다.[25] 동방정교회 유형의 영성 지도 목적은 하나님과 인간, 영혼과 몸, 인간과 다른 피조물, 이상적 세계와 현실적 세계, 하늘과 땅의 구분을 종결짓고자 하는 것이었다.[26] 동방정교회의 영성 지도 내용의 가장 대표적인 것은 '예수 기도'라고 볼 수 있다.[27] 예수 기도는 반복적인 훈련이란 특징을 갖고 있는데 헤지카스트들이 예수 기도를 할 때 네 가지 의식을 가지고 실행하였다. 첫째는 예수의 이름에 대한 헌신이고, 둘째는 죄에 대한 날카로운 참회 의식이며, 셋째는 거듭된 반복 훈련이며, 넷째는 내적인 침묵을 통하여 집중적이고 내면적인 침전 세계로 들어가는 것이다.[28]

서방교회에 비해 인간에 대한 긍정적인 시각[29]에서 영성을 해석

---

24) James A. Davies, "Patterns of Spiritual Direction," p. 51.

25) 이러한 입장에서 영성 지도가 이루어졌다. 5세기의 마크(Mark the Ascetic)는 다음과 같이 이야기하였다. "그리스도를 따른다는 것은 다른 하나님의 사람들에게 자문을 구하는 것을 의미한다. 그들의 발걸음을 하나님이 어떻게, 어느 곳에서 인도하시는 것을 알기 위하여, 그리고 어두운 거리를 램프 없이 걷지 않기 위하여." K. Leech, *Soul Friend*, p. 46.

26) Andrew J. Sopko, "Orthodox Spirituality and the Religious Educator," James M. Lee, *The Spirituality of the Religious Educator* (Birmingham: Religious Education Press, 1985), p. 150.

27) *Ibid.*, p. 153.

28) 유해룡, "중세 기독교의 영성," pp. 120-121.

29) Lsra Thunerg, "하나님의 형상인 인간," Bernard McGinn, *Christian Spirituality. Origins to the Twelfth Century*, 이후정 외 역, 《기독교 영성: 초대부터 12세기까지》 (서울: 은성,

해 온 동방정교회의 영성 훈련 방법은 무엇보다 다양성 속에서 일치를 추구하는 신비주의적 특성을 지닌다.[30] 하나님과 인간, 영혼과 육체, 천국과 지상 사이의 구분을 초월할 수 있는 개방적이며 유동적인 가능성으로 개인의 영적 생활을[31] 통해 얻을 수 있다고 보는 것이 동방정교회 영성 훈련의 특징이다.[32]

동방정교회의 교수-학습 과정의 특징은 크게 다섯 가지의 명제로 그 특성을 요약할 수 있다.

(1) 영적 체험이란 역사적 예수에 대한 단순한 명상이 아니라 성령의 역사를 통해 하나님의 임재를 실제로 경험하는 것이므로 영성 훈련의 과정도 이에 상응해야 한다.

(2) 하나님과 인간 그리고 영혼과 육체의 관계는 상호 대립적인 것이 아니라 서로 어우러질 수 있는 것으로 마음의 기도가 이를 가능하게 하며,[33] 특히 주기도문을 지속적으로 반복하는 영성 훈련 방법은 예수에 대한 기억이 아니라 성육신의 현재적 체험으로 이해되어야 한다.

2003), pp. 478-480.

30) 유해룡, "고대와 중세의 영성," 정용석 · 이후정 외 편,《기독교 영성의 역사》(서울:은성, 1997), p. 112.

31) Ernest Benz, *The Eastern Orthodox Church: Its Thought and Life* (New York: Doubleday & Co., 1963), pp. 10-35.

32) Iris V. Cully, *Education for Spiritual Growth* (HarperCollins Pub., 1984), pp. 151-160.

33) Bradley P. Holt, *Thirsty for God: A Brief History of Christian Spirituality*; 엄성옥 역,《기독교 영성사》(서울: 은성, 1996), p. 90.

(3) 영성 훈련을 통해 그리스도 안에서 삶을 추구하는 생활은 결과적으로 문화의 변화를 동반하게 한다. 여기서 문화란 인간과 세상 사이에서 일어나는 상호작용을 의미하는데, 인간이 성령의 임재를 통해 그 자신의 임무를 수행하게 될 때 인간과 세상 사이의 갈등은 화해로 변하게 되며, 결국 사회(세상) 전체를 변화시키는 결과로 이어질 수 있다는 것이다.

(4) 성례전은 하나님의 임재를 실제로 경험하는 통로일 뿐 아니라, 인간과 자연 사이의 올바른 관계를 예시하며, 세상을 변화시키는 정당한 범례를 제공할 수 있음으로 영성 훈련에서는 이를 중시해야 한다.34)

(5) 성서를 자국어로 읽는 일은 예수의 삶을 현세에서 재현하는 데 도움을 주기 때문에 영성 훈련에서 자국어로 된 성서의 이해를 강조해야 한다.35)

동방정교회의 영성 지도의 방법 중 하나는 고독과 침묵의 방법이며, 또 하나는 삶의 본을 보임으로써 영성 지도를 하는 것이었다.36) 영성 지도자에 대하여 살펴보면 러시아를 중심으로 한 영성 지도

---

34) Carnegie Samuel Calian, *Theology without Boundaries: En Counters of Eastern Orthodoxy and Western Tradition* (Louisville: Westminster John Knox Press, 1992) 참고.
35) 강희천, 《기독교교육의 비판적 성찰》, pp. 238-239.
36) Apophthegmata Patrum, alphabetical collection, Theophilous the Archibishop, 2 in Culligan, *Spiritual Direction* p. 25, 암바 판보(Abba Pombo)는 "만약 덕을 세우지 못한다면, 그는 말을 통해서도 덕을 세우지 못할 것이다."라고 한다.

자들은 스타레츠(staretz)라고 불리는 그룹이었다. 그들이 가진 지도자로서의 특징은 다음과 같았다.

첫째, 직관력(insight)과 분별력(discernment)이다. 그들은 기도와 심미적 노력을 통해서 다른 사람들의 마음을 볼 수 있는 능력을 지니고 있었다. 둘째, 그들은 다른 사람들을 사랑할 수 있는 능력이 있었으며, 다른 사람들의 고통을 자신의 것으로 공감하는 능력을 지니고 있었다. 셋째, 그들의 사랑의 능력은 다른 이를 변화시킬 수 있는 능력이었다.37) 이와 동시에 그들은 본질적으로 카리스마적이고 예언자적인 인물이었다. 동방정교회에서는 서품받은 모든 사제가 고해성사를 들을 수 있는 기회를 가지는 것은 아니었다. 주교가 권위를 인정한 사람만이 고해성사를 받을 수 있었다. 그렇기에 영성 지도자의 역할이 고해성사를 받는 자와 일치하는 것은 아니었다. 스타레츠는 서품을 받지 않은 단순한 평신도 수도사거나 수녀일 수도 있다. 대부분의 스타레츠들은 제도적인 교회에서 주는 공적 지위를 소유하지 않는다.38)

---

37) K. Leetch, *Soul Friend*, p. 49.

38) The Right Reverend Kallistos Ware, "The Spiritual Father in Orthodox Christianity," in Kevin G. Culligan, *Spiritual Direction: Contemporary Reading* (New York: Living Flame Press, 1983), p. 24. 러시아의 건설적인 영성 지도자로 알려진 스타레츠 중의 한 사람이 세라핌이다. 그의 삶은 '물러감과 돌아옴'이라는 표현으로 묘사할 수 있는 삶이었다. 생애의 전반이 철저히 세상과 유리된 '물러감'의 삶이었다면, 나머지 반은 '돌아옴'의 삶이었다. 그들에게 '돌아옴'이란 철저히 세상 사람들에게 봉사하는 일을 의미하였다. 그들의 봉사 방법은 오직 고독한 삶 속에서의 '기도'였다.

3) 탁발 수도사 유형

동방의 사막 교부들로부터 시작된 영성 지도의 전통은 서방에 영향을 끼치고 다양한 변화를 겪으며 발전되어 가지만, 12세기의 탁발 수도회 이전에는 특정 폐쇄 수도 공동체에 속한 수도자들의 영성을 형성시켜 주는 수단으로 주로 사용되어 왔다. 이러한 개별적인 영성 지도의 전통은 수도생활에서부터 점차적으로 제도화되어 감으로써 공동체 형성과 개인의 영성 생활을 위한 특별한 규칙이 나타나게 되었는데 그것들이 영성 지도의 원칙을 대신하기도 하였다. 〈베네딕트 수도 규칙〉 등을 예로 들 수 있는 데, 이 규칙은 엄격한 법률적인 형태를 취하기보다는 공동체를 형성해 가는 데 적합한 성경 내용을 재편성한 것으로 원론적이면서 자발적인 성격을 띠고 있다.39) 동방교회에서는 주로 수도자들이 수도자의 영성을 형성하기 위하여 행하는 끊임없는 금욕생활과 기도를 지도하는 규칙으로 사용하였다.40)

특히 사막의 교부들과 그들을 중심으로 하는 제자들과의 관계 속에서 영성 지도가 실시되었다. 반면에 초기 서방교회에서 영성 지도는 동방교회에 비하여 간접적이었다. 초기에는 경건 생활을 위한 독

---

39) 이형우 역, 《성 베네딕트 수도규칙》 (서울: 분도출판사, 1991).

40) 동방의 수도원들은 그 전통이 사막 교부들의 전통을 이어 받고 있기 때문에 영성 지도의 성격도 사막 교부들과 같은 맥락으로 놓을 수 있다. 그러나 동방으로부터 수도원생활의 전통을 이어 받은 서방교회는 그 영성 지도에서 조직적인 체계를 갖추고 있다. 그러기에 범주 분류에서 '기관' 범주로 설정을 하기 때문에, 시기적으로는 탁발 수도회보다 먼저 등장하지만 여기서는 시기적으로 구분하지 아니하고 유형벽 구분에 의한 설명이므로 후에 가서 다시 설명하도록 하겠다.

신 그룹들(the holy virgins)이 주로 영성 지도의 대상이 되었으며 그들에게 일정한 교육의 형태를 띤 영성 지도가 주로 감독들에 의하여 이루어졌다.[41] 그러나 12세기에 들어서면서 폐쇄적인 수도원 공동체에서 개방적이고 대중적인 영성 운동으로 발전한 탁발 수도회의 등장으로 말미암아 평신도에 대한 영성 지도가 관심을 끌게 되었다. 또한 영성 지도에 대해서 일반화된 개념이 나타나면서 누구든지 객관적인 과정을 통하여 지도를 할 수도, 받을 수도 있다는 생각을 하게 되었다. 12세기 이후 세상을 수도원으로 여기고 세속으로 뛰어든 공동체로, 영성 지도의 패러다임에 변화를 가져온 대표적인 수도회가 프란시스 수도회(Franciscans)와 도미니크 수도회(Dominicans)였다.[42]

조던 오먼(Jordon Aumann)에 따르면 새롭게 창립된 두 개의 새 수도회는 청빈생활을 엄격히 준수할 것을 강조하였으며, 또한 그들은 사도 수도회로서 설교 임무에 헌신하였다고 한다. 그러나 새로운 전통과 규율을 수립해 가고 있었으나 그 전통에서는 프란시스 수도회는 베네딕트 수도승 생활을 새로운 요구에 적응시킨 반면 도미니

---

[41] Kevin A. Wall, "Spiritual Direction," in Culligan, *op. cit.*, pp. 11-12. 그리고 행동이나 생각의 한계를 어느 정도 규정지어 주고 있다는 점에서 수도자들에게 비교적 용이한 영성 지도의 지침서로 받아들여졌다.

[42] 프란시스 수도회와 도미니크 수도회는 '기관'을 중심으로 이루어져 왔던 영성 지도의 전통을 다시 사막 교부들의 전통으로 되돌아가게 하는 공헌을 했으며, 개인적으로 영성 지도를 받을 수 있다는 것은 수도원을 중심으로 기관적 전통을 가지고 이루어졌던 영성 지도가 성직자 중심의 엘리트 모형이라면, 영성 지도의 대중화에 기여하고 있다고 볼 수 있다.

크 수도회는 프레몽트레 수도회의 수도 생활 규칙을 거룩한 진리의
연구에 꾸준히 적응시켜 나간 것으로 보인다.43) 그러나 단순히 수도
승 생활의 발전뿐 아니라 그 이상의 것으로 교회의 중요한 요구에
부응하게 되는데, 복음서의 그리스도교적 생활로 돌아가야 하고, 청
빈 분야에서 수도원 생활을 개혁해야 하며, 당시 이단을 근절해야 하
고, 수준을 향상시켜야 하며, 복음을 전파하고 신자들에게 성서 교육
을 진행해야 하는 등 갖가지 요구에 응하였던 것이다. 이것은 특히
도미니크 수도회에서 실현하였는데, 그들은 의식적으로 명백히 그
당시의 필요에 부응하기 위해, 또한 스콜라 철학을 육성하기 위해 계
획되었던 것이다. 이에 반하여 프란시스 수도회는 옛날 수도회의 전
통을 더 많이 따랐으며 단순하고 청빈한 생활로 돌아가고자 하였
다.44) 여기서는 수도원 유형으로 대표적인 프란시스 수도회를 중심
으로 살펴보도록 하겠다.

성 프란시스를 중심으로 하는 프란시스 수도회의 **영성 지도의 최우
선 목표**는 무엇보다도 수도사들을 복음서의 명령에 순종하게 하는
것이었다. 성 프란시스는 그의 제자들에게 모든 일상에 동일한 순종
으로 일관할 것을 강조하였다. 하나님의 뜻에 대한 완전 복종은 자연
스럽게 자신을 거짓 자아로부터 떠나게 해 주는 것이며 성부 하나님

---

43) Jordon Aumann, *Spiritual Theology* (London: Sheed & Ward Ltd., 1980), pp.
174-175.
44) J. Aumann, *Ibid.*, p. 174.

의 관계를 소원하게 하는 자기기만으로부터 벗어 날 수 있도록 해 준다는 것이었다. 그리하여 성 프란시스는 예수 그리스도를 따르는 데 솔직함을 매우 귀중한 규범으로 규정하였다. 또한 프란시스 수도 회 지도자는 효과적으로 하나님의 지혜와 성령의 인도함에 익숙하 기 위해서는 진자아(眞自我)를 발견하도록 하는 것을 영성 지도의 목 표로 설정하였다.45)

프란시스 수도회는 **영성 지도 방법**으로 첫째, 자기 개방을 중요하 게 여겼다. 성 프란시스는 영성적으로 성장하는 데는 자신의 가르침 뿐 아니라 수도자들이 서로 형제애를 나누는 것이 중요하다고 보았 다. 그리하여 서로에게 솔직할 것을 강조하였으며 서로에게 영성 지 도자가 되어 조언을 하도록 하였다. 그들은 또한 활동 수행자로서 그 역할을 수행하는 동안 그 행위들의 동기를 철저히 살피어 그것이 자 아 만족에서 오는 것인지 아니면 하나님의 뜻을 위하여 행하는 것인 지를 발견할 수 있도록 하였고 이를 위하여 자신을 개방하도록 하였

---

45) 성 프란시스는 그의 제자들의 영성 지도를 위해서 〈1221년의 규범〉과 〈1223의 규범〉
   을 남겼다. 이 규범의 서두에서 "프란시스의 수도자들은 우리 주 예수 그리스도의 거
   룩한 복음서를 지켜야 할 것이다."라고 하였다. 성 프란시스는 프란시스 수도회를 위
   해서 1221년 처음으로 프란시스회 규칙을 썼지만 이것은 공식적으로 인정을 받지 못
   하였다. 그리고 2년 후에 프란시스 형제들의 요구에 의해서 보다 세련되고 구체적인
   두 번째의 회칙을 써서 1223년 6월 11일에 총회를 거쳐 교황 오노리노 3세의 인준을
   받게 된다. 그래서 1221년의 회칙을 제1회칙, 1223년 회칙을 제2회칙이라고 부르나
   후자만이 교회에서 공식적으로 인정한 프란시스 수도회의 회칙이다. 프란시스 자서
   전의 저자 중의 한 사람인 첼라노의 토마스(Thomas of Celano)는 이 회칙을 '복음의
   진수'라고 하였다. "The Classics of Western Spirituality," *Francis and Clare: The Complete
   Works* (New York: Paulist Press, 1982), p. 136

다.[46)

둘째, 기도 생활의 중요성을 강조하였다. 프란시스 수도회는 제자들에게 기도 생활을 지도하였다. 성 프란시스는 기도를 통하여 하나님의 은혜를 자유롭게 경험하게 하기 위하여 끊임없이 기도할 것을 권고하였다. 기도의 형식은 개인적으로 은밀하게 하는 기도 형식이나 혹은 함께 기도하는 양식이었다. 이러한 기도 후에 성 프란시스와 그의 제자들은 자신들의 기도의 결과를 서로 나누고 식별을 받은 후 어떤 일에 대한 결정들을 내렸다.[47)

셋째, 작문 생활을 통한 의사소통이다. 모두가 자신들의 삶의 목적 속에서 우러나오는 글들을 통해서 심오한 의사소통 구조를 이루어 가고 있었다.[48)

프란시스 수도회는 수도 규율에 따라 다음과 같은 **영성 지도의 규율**을 가지고 있었다.

첫째, 성서에 대한 명상적 반추를 하라. 둘째, 복음서가 직면한 상황들을 제자들에게 제시함으로써 도전을 받도록 하라. 셋째, 각 수도자들이 진정한 은혜의 역사를 식별할 수 있게 경험들을 나누도록 하라. 넷째, 공적으로나 사적으로 자문과 기도를 통해서 인도를 받으라.[49)

---

46) 이러한 양상은 기독교교육 역사에서 유대교육의 공동체 아동들이 서로의 학습을 도와주도록 하는 제도와 아주 유사한 제도라 생각된다. 이러한 것이 결국 영성의 공동체성을 보여 주는 것이라 판단된다. *Ibid.*, pp. 107-136.

47) *Ibid.*, p. 136

48) James A. Davies, "Patterns of Spiritual Direction," p. 58.

이런 프란시스 수도회의 모델은 프란시스 자신의 구체적인 삶을 통해서 이루어진 것이기 때문에 경험적일 수밖에 없었다. 프란시스 수도회의 영성 지도자는 효과적으로 하나님의 지혜와 성령의 인도함에 익숙하게 되기 위하여 제자들에게 진자아를 발견하도록 지도하였다.

영성 지도자의 역할을 살펴보면 성 프란시스는 '아버지' 같은 지도자 모습을 제시하였다. 지도자와 수련자 사이는 권위로 형성된 관계가 아니라 서로를 존중하고 사랑하는 아버지와 아들의 관계인 것이다. 사막의 안토니아의 전통과 유사하게 '영적인 아버지'(pneumati-kos pater)란 자신을 먼저 하나님 앞에 굴복시키고 똑같은 목적을 가지고 제자들을 인도하는 사람들을 의미하였다.[50] 이러한 특색으로 지도자들은 '카리스마적 인격'을 지닌 것으로 나타나게 되었으며, 전통과 신비적 경험을 연결시키는 '신비 신학'을 추구하였다. 영성 생활의 경험을 토대로 그들은 다른 사람들을 가르쳤고, 신앙에 용기를 주었으며, 개인적으로나 그룹으로 상담을 하였다.[51] 지도자와 피지

---

49) 성 프란시스의 영성 지도의 원칙은 토마스 그룹의 프락시스 모형과 유사성을 갖고 있다. 명상적 반추, 성서의 이야기들에 대한 나눔, 경험의 나눔, 서로의 자문, 기도를 통한 인도 등이 유사성을 갖는다. 또한 이 모든 영성 지도의 원칙이 성 프란시스의 실제 경험에서 나온 것이기 때문에 더욱 더 실천적인 설득력을 지닌다. 그룹의 모형이 영성적인가 아니면 성 프란시스의 모형이 실천적인가? 성 프란시스의 영성 지도의 특색과 토마스 그룹의 Shared Praxis 모델을 비교하여 분석의 요소를 남긴다고 보인다. "The Classics of Western Spirituality," *Francis and Clare: The Complete Works* (New York: Paulist Press, 1982), pp. 107-136.

50) Louis Davino, "The Rule of 1223: A Franciscan Model for Spiritual Direction," in Culligan, *op., cit.*, p. 181.

도자의 관계는 상호적인 사랑과 따뜻한 관심으로 이루어져 있었
다.52)

4) 현대 유형

현대에 와서 영성 지도의 유형은 개인에게 관심을 두는 초기 사막
교부 시대의 영성 지도의 유형으로 돌아가는 경향을 보이고 있다. 이
것은 권위적인 기준을 가지고 있던 유형의 영성 지도와는 상반된다
고 볼 수 있으며, 또한 기관을 중심으로 하는 유형도 아니라고 볼 수
있다. 케네스 리치(Kenneth Leech)는 종교개혁 이후 개신교 영성 지
도의 전통은 매우 위축되어 있었다는 점을 지적하는데, 그 이유는
'영성 지도'라는 용어가 사제중심주의(sacerdotalism)와 밀접한 관계
가 있다는 인식을 받아 왔기 때문이라고 한다.53) 그러나 정기적으로
영성 지도자를 찾는 로마 가톨릭의 전통보다는 덜 일반적이기는 했
지만 개인적인 영성 지도의 전통이 있었다고 밝힌다. 특히 개혁자들
이 선택한 영성 지도의 방법은 편지를 통한 것이었으며, 편지를 쓰게
된 것은 어떤 특별한 이유에서보다는 영성 지도가 꼭 필요한 사람들
에게 지리적으로나 신분적으로 직접적인 접촉을 할 수 없는 경우가
많았기 때문이라고 한다. 당시 개혁 교회의 영성 지도란 일정한 권위

---

51) S. Meech and H. Allen (eds.), *The Book of Margery Kempe* (Oxford: Oxford Univ.
    Press, 1961), p. 42.

52) James A. Davies, "Patterns of Spiritual Direction," p. 58.

53) Kenneth Leech, *Soul Friend: An Invitation to Spiritual Direction* (New York: Harper
    SanFrancisco, 1992).

나 지속적인 관계가 요구되는 것도 아니었고, 종종 위기 상담자와 같은 역할을 하였던 것이다.54) 개혁주의 전통의 지도자인 리차드 박스터(Richard Baxter)는 영성 지도는 무엇보다도 사람들의 개별적 특징과 상황을 고려하면서 임해야 한다고 이야기한다.55) 이러한 맥락에서 보자면 영성 지도의 목적은 각 개인에게 확실한 종교적 경험을 하게 하는 것이며, 영성 지도를 통하여 한 개인이 자신의 삶의 상황에서 하나님의 뜻을 분별해 낼 수 있는 능력을 알게 하는 것이다. 이를 위한 방법으로 현대 영성 지도에서 가장 관심 있게 진행되고 있는 것이 '관상기도'(contemplative prayer)이다.

현대 영성 지도에서 가장 큰 특색 중 하나로 볼 수 있는 것은 지도자와 피지도자의 관계이다. 영성 지도자와 피지도자의 관계는 동료 또는 친구의 관계로 설정되며, 영적 지도의 과정에서 함께 영적 성장

---

54) K. Leech, *Ibid.*, p. 85.

55) "첫 번째 그룹은 회심은 하였으나 영적으로 연약하고, 미성숙한 사람들인데, 그들에 대하여 충만한 은혜 가운데 거하도록 돌보아 주어야 한다. 그들을 돌보지 않으면, 복음을 욕되게 하고 결국은 자기 자신은 쓸모없는 사람이 될 것이기 때문이다. 두 번째 그룹은 회심은 하였으나 어떤 특별한 죄 가운데 빠져 은혜를 모르고 사는 사람들이다. 그들과 죄의 추악함을 논하면서 다른 한편으로는 치료를 위하여 올바른 방향을 제시함으로 그들을 타락에서 벗어날 수 있도록 도와주어야 한다. 세 번째 그룹은 어떤 죄속에 빠져 있거나 열성이 식어서 이전과 같이 그리스도를 사랑하지 못하고 믿음이 연약해져 가는 사람들인데, 그들에게 특별한 도움을 주어야 한다. 그 상태가 심각하면 할수록 그 회복을 위하여 더 많은 노력을 기울여야 한다고 지적한다. 네 번째 그룹은 믿음이 견고한 사람들인데 이러한 사람들에게고 관심을 기울여 그들이 다른 사람들을 돕고 봉사할 수 있도록 지도해 주어야 한다고 보는 것이다. Richard Baxter, *The Reformed Pastor* (Grand Rapids, Michigan: Sovereign Grace Pub., 1971), 지상우 역, 《참된 목자》(서울: 크리스챤다이제스트, 1993), pp. 112-115.

을 이루어 가는 관계이다.

2. 중재 범주: 과제 중심적 영성 지도 유형

중재 범주의 영성 지도는 일정하게 주어진 규칙적 과제를 수행하는 방식의 영성 지도를 의미한다. 이 유형에서 영성 지도자는 과제를 수행하도록 돕는 역할을 하는 것이고 오히려 중재하는 과제가 핵심 역할을 하기 때문에 중재 범주로 분류하는 것이다. 대표적인 것으로 예수회를 중심으로 하는 로욜라의 이냐시오(이그나티우스: 1491~1556)의 영성 지도를 들 수 있다.[56]

이냐시오는 《영신 수련》(*Spiritual Exercises*)에서 영성 지도의 목표를 다음과 같이 서술했다. "영신 수련의 목적은 사람이 아무런 사욕 편정(邪慾偏情)에도 좌우됨 없이 자기를 이기고 자기의 생활을 정리하기 위함이다."[57] 바바라 베돌라(Babara Bedola)는 이냐시오의 영

---

56) 1491년 구이프즈코아의 바스크에서 태어난 그는 군인이 되었으나, 1521년 프랑스인들에게 대항하여 팜플로나를 방어하다가 오른쪽 다리를 다치자 군대생활을 포기해야 했다. 회복기에 삭소니의 루돌포가 쓴 〈그리스도의 생애〉와 보라지네의 야고보가 쓴 〈황금전설〉을 읽고서 그의 사상이 전환되었다고 한다. 얼마간 동요와 방황과 망설임을 겪은 후 그는 자신의 관점에서 하나님의 뜻을 분별하려고 하였다. 그는 한동안 만레사의 도미니크 수도원에서 지내기도 하였으며, 그곳의 수도원장은 그의 고해 신부이자 지도자의 역할을 하기도 하였다. 그러나 이냐시오의 영성 지도에 가장 큰 영향을 준 것은 몬세랏의 베네딕트였다. 여기서 데모시오의 모데르나와 시스네로스의 영성 수련을 접하게 되었다. Jordon Aumann, *Ibid.*, pp. 250-251.

57) St. Ignatius Loyola, *The Spiritual Exercises*, 윤양석 역,《성 이냐시오의 영신수련》(서울: 한국천주교중앙협의회, 2001), p. 28.

성 지도가 매일이 생활과 기도를 통합하고자 하는 시도를 포함하고 있으며, 더 나아가 하나님의 뜻을 분별하고 그 뜻에 따라 살 수 있도록 돕는 역할을 한다고 설명한다.58) 이러한 목적에도 불구하고 이냐시오의 영성 지도가 갖는 한계성은 개인의 삶에서 역사에 대한 관심을 결여하고 있으며, 공동체성보다는 개인의 삶의 실존성에만 관심을 갖고 있다는 점을 지적할 수 있다.

1) 이냐시오식 영성 지도법

이냐시오식 영성 지도의 방법은 기간을 4주간으로 정하여 수련을 하는 것이 특징이다. 이냐시오식 영성 지도의 방법에서 맨 처음 피정자에게 인간은 하나님을 찬미하고 공경하고 또 그렇게 함으로써 구원을 받도록 지어졌으므로 피조물을 향해 무관심을 기르도록 권고한다.59) 그러므로 인간은 피조물이 그의 영원한 목표를 달성하도록 도와주는 한 그것을 이용해야 하고 피조물이 그 목표에 장애가 된다면 그곳에서 벗어나야 한다고 지도한다. 피정자들은 첫 주 시작에 하나님을 섬기고 찬미하기 위해 만사를 행해야 한다. 이것이 후에 예수

---

58) Babara Bedolla & Dominic Totaro, "Ignatian Spirituality," in *Spiritual Tradition for the Contemporary Church*, Robin Mass & Gabriel O'donnell (Nashville: Abingdon Press, 1990), p. 181.

59) Marian Cowan & John Carrol Futrell, *Companions in Grace: a Handbook for Direction of spiritual Exercises of St. Ignatius of Loyola* (Kansas City: Sheed & Ward, 1993), pp. 15-25; Alain Guillermou, *St. Ignace de Loyola et la Compagnie de Jesus*, 김정옥 역,《로욜라의 성 이냐시오와 예수회》, pp. 10-20; Philip Caraman, "Ignatius Loyola," *Westminster Theological Journal*, Vol. 53, No. 2 (1991), pp. 380-382.

회의 영성의 특징인 '하나님의 영광을 위하여'(Ad majorem Dei glo-
riam)이다.[60]

첫 주의 묵상 주제는 죄와 지옥이다. 이냐시오는 피정자에게 세 가지 능력으로 그 주제를 묵상할 것을 권고한다. 즉, 가능한 장소를 구상하고 문제의 죄를 상기한 후, 그것을 지성으로 반성하고 마지막으로 의지와 함께 감정을 움직일 것을 이야기한다. 이냐시오는 영성의 진보를 위하여 묵상만큼이나 중요하다고 생각하는 특별 성찰을 묵상에 더 한다. 첫 주의 내용 마지막에 그는 피정자에게 품행 및 회개와 같은 여러 가지 문제에 대해 가르치는 열 가지 항목을 추가한다.

둘째 주간에 피정자는 성지 주일까지 그리스도의 생애를 묵상한다. 기간을 12일까지 연장할 수 있는데, 둘째 주간의 목표는 하나님의 부름에 응답하여 자신을 선정하는 것이다. 그 첫날에 피정자는 관대하고 친절한 왕에 대한 그리스도인의 응답을 비교해야 한다. 그 다음 첫 3일은 묵상을 한다. 넷째 날에 이냐시오는 '두 개의 표준이 되는 상징' 즉 그리스도의 상징과 루시퍼의 상징을 소개한 후 그리스도께서는 모든 영혼이 영적인(그리고 실제적이기도 한) 가난, 기꺼이 모욕을 받으려 함, 겸손함에 도달하기 바란다고 설명한다. 5일에서 7일까지는 다시 그리스도인들의 삶을 묵상하고 그 후 이냐시오는 겸손의 세 가지 유형(구원에 필요한 겸손, 더 완전한 겸손 및 가장 완전한 겸손)을 설명한다. 이 두 주간의 마지막에 피정자는 자신의 목표를

---

60) Philip Sheldrake, "Ignatius Loyola, 1491-1991," *Expository Times*, Vol. 102, No. 10 (1991), p. 296.

선정하되, 하나님의 영광과 자기 영혼의 구원을 위해 이를 행해야 한다. 만일 이 선정이 자기의 소명 선택이나 결정해야 할 어떤 다른 문제에 대한 것이 아니라면 자기 자신의 생활 개혁이나 자신의 신분에 어울리는 어떤 세부적인 곳에 대한 선택을 하도록 지도한다. 그러나 어떤 경우에나 하나님의 영광이 선택의 첫째 요인이 되어야 한다.

셋째 주간의 묵상 주제는 그리스도의 수난과 죽음이고 이에 따라 피정자는 그리스도에게 충성을 다할 동기를 찾게 되고, 자기가 선택한 것을 수행하는 데 중요한 은총과 힘을 간구하게 된다. 이냐시오는 여기서 피정자에게 그리스도가 먹고 마시는 일에 어떻게 행동하였는가를 생각하고 그리스도를 모방하라고 권한다.

마지막 넷째 주간은 부활에서 승천에 이르는 그리스도의 생애에서 나타난 사건에 대한 묵상이 이루어지고, 셋째 주간처럼 금욕을 그리 강조하지 아니하고 절제 및 중용을 강조한다. 그 다음 이냐시오는 사랑을 증가시키기 위한 묵상의 몇 가지 윤곽을 제시한다. 그 상이한 기도들이란 첫째는 십계명, 대죄나 영혼, 육체의 기능에 관해 반성하고 성찰함이다. 그 다음 말씀 한마디에 대한 묵상이나 기도에서 쉼과 그 후 다음 말마디로 넘어감이다. 셋째, 숨을 들이마시거나 내뿜을 때마다 한마디로 열망을 드러내고 주의 기도나 성모송을 제 나름대로 바침이다. 마지막으로 이냐시오는 영을 분별하기 위한 규칙의 상세한 목록을 제시한다. 이 영의 분별 규칙은 피정자와 지도자 쌍방에게 중요한 것으로 특히 피정하는 첫 주간과 둘째 주간에 연구해야 한다. 그 다음 자선에 대한 몇 가지 규칙을 제시하는 것으로 영성 수련을 마무리한다.

3. 기관 중심 범주: 목회 중심적 유형

기관 중심의 범주에는 서방의 수도원적 유형과 트리엔트 공의회 이후의 가톨릭 전통이 포함된다. 트리엔트 공의회 이후의 가톨릭 전통의 영성에서는 '정통'에 대한 관심과 '고해'에 대한 관심을 갖게 된다. 이러한 고해의 전통은 개인의 '거룩함'을 추구해 나가는 데 가장 일상적인 실행 방법으로 등장하게 되는 것이다. 또한 이 영성 지도의 방법은 '고해자'와 '판단자'를 하나로 한 지도 유형이 되었으며, 이러한 연결은 성직자에게 공적이고 책임감 있는 영성 지도의 의무를 부여하는 기능을 하였다.[61] 이러한 과정을 통하여 영성 지도는 점차 기관을 중심으로 하는 형태로 자리 잡게 되었고 이러한 변화로 많은 평신도들이 영성 지도를 받는 것이 용이해질 수 있었다. 이 글에서는 수도원을 중심으로 한 영성 지도의 유형이 가진 특징에 대하여 살펴보도록 하겠다.

수도원운동을 서방교회에 소개한 사람은 성 아타나시우스(St. Athanasius: 300~373)였고 수도원운동의 대표적인 인물은 개혁자 누르시아의 베네딕트(Benedict of Nursia: 480~560년경)였다.[62] 서

---

61) Janet Ruffring, *Uncovering Stories of Faith* (New York: Paulist Press, 1989), p. 7, 12.
62) Williston Walker, *A History of Christian Church*, 강근환 외 공역, 《세계기독교회사》(서울: 대한기독교서회, 1975), p. 115.

방교회 수도원적 영성의 효시를 이룬 베네딕트의 공로는 동방의 수도 양식을 서방의 조건에 적응시켰다는 점이다. 즉, 베네딕트는 은거, 청빈, 겸손의 전통적 요소를 지니면서도 지나친 엄격성을 피해 분별력과 중용의 정신을 규칙에 담아냈다. '베네딕트 계율'에 보면 첫째, 수도원장에게 절대 순종과 조직 구성원의 참여 정신, 둘째, 수도사의 철저한 자기 부정과 순결·청빈·순명을 통한 복종 정신을 강조하지만 고행이나 금욕을 위한 금욕이기보다는 새로운 창조적 건설과 자기 절제와 정진과 훈련을 강조했다.[63]

서방교회를 중심으로 한 수도원의 영성 훈련의 특징은 하나님의 말씀에 대한 경청, 경외 그리고 그에 대한 응답이라는 신념을 기초로 하여 수도원적인 실천을 영성 훈련의 목적으로 삼아 왔다. 수도원 전통은 공동체 지향적인 훈련을 시도했었다. 노동, 성서연구, 기도의 세 가지 규범적 행동을 중심으로 수도사들의 영적 생활을 오랫동안 규정해 왔으며, 이 같은 전통은 아직까지 유사한 형태로 이어지고 있다. 수동적인 자세에서 신비주의적 영성을 지향하는 동방정교회의 정통과는 달리 서방교회는 좀 더 적극적인 자세로 하나님의 임재를 추구하는 전통을 유지하는 맥락에서 영성의 형태를 규정해 오고 있다. 서방 기독교의 영성 훈련의 형태를 페닝턴(M. Basil Pennington)은 다음과 같이 묘사하고 있다.

첫째, 서방교회의 영성 훈련의 형태는 성서와의 실존적 만남을 강

---

63) 성 베네딕트 왜관 대수도원, 《성 베네딕트 수도 규칙》(왜관: 분도출판사, 1974), pp. 2-3.

조한다. 곧 성서를 경외하는 마음으로 읽으면서 성령의 역사를 기대할 때, 하나님은 성서를 통해 인간에게 말씀하시며, 인간은 그에 응답하고 감사라는 실존적 체험을 하게 된다는 것이다.

둘째, 하나님과의 만남은 하나님에 대해서 단순히 개념적이고 관념적으로 아는 것이 아니라, 인간의 생각이나 감정의 차원을 넘어선 깊은 체험을 통해서 알게 됨을 강조한다. 곧 영성 훈련이란 단순한 사색의 과정이 아니라 하나님의 임재와 활동을 경험하게 하는 차원의 과정인 것이다.

셋째, 이 같은 차원의 경험을 얻기 위해서 무엇보다 하나님께 대한 사랑과 신앙을 지닐 수 있도록 염원하는 정신적 기도, 그리고 사랑의 하나님과 하나되는 경험으로 이어지는 기도 등이 요청된다.[64]

이렇듯 영성 지도는 여러 범주로 나눌 수 있을 만큼 다양한 형태를 가지고 진행되어 왔지만, 공통적으로 비판을 받는 부분이 있다. 트리엔트 공의회 이전의 영성 지도의 대상은 특수한 계층, 즉 일상적 삶을 떠나 수도적 삶을 살기를 원하는 사람들이나, 특별한 영적 자질이 있다고 생각되는 사람들을 중심으로 이루어져 왔다는 점이고, 또 하나는 지도의 형태가 훈련이라는 반복적이고 기술적인 방법의 형태로 이루어져 왔다는 것이다. 그리고 교회 안의 공동체와 연관성을 갖기보다는 영성 지도를 위한 또 하나의 공동체로 존재했었다는 점, 그

---

64) M. Basil Pennington, "Western Contemplative Spirituality and Religious Educator," *The Spirituality of Religious Educator*, pp. 116-121, 강희천, *Ibid.*, pp. 239-240.

리하여 영성 지도는 예배나 성례, 친교나 봉사 등과 같이 교회의 존재 양식과는 연계되어 있지 않은 또 다른 하나의 전통으로 존재했다는 점을 지적하고자 한다. 따라서 이러한 전통적 영성 교육이 지닌 한계점을 극복하고자 하는 논의를 '영성 지도(훈련)'에서 '영성 교육'으로의 재개념화를 통해서 살펴보고자 한다.

IV. 영성 지도에서 영성 교육으로의 재개념화

1. 영성 교육의 의미

현대의 영성 지도에 대한 논의를 살펴보면 영성 지도의 용어를 다양하게 사용하고 있음을 알 수 있다. 영성 지도(spiritual direction, guidance), 영성 훈련(spiritual exercises), 영성 교육(spiritual education) 등의 개념이다. 영성 지도나 영성 훈련이라는 용어를 사용하는 학자들의 개념도 면밀히 살펴보면 교육학적 용어로 보았을 때 교육의 의미를 함의하는 영성 지도, 영성 훈련의 개념을 사용하고 있음을 알 수 있다. 즉 전통적 영성 지도와 현대적 영성 지도라는 내용의 차이를 중심으로 설명할 뿐 영성 지도 개념 자체를 재개념화하려는 시도는 그다지 많지 않다.[65]

---

65) 따라서 이 글에서 시도하고자 하는 것은 '영성 지도'의 개념은 전통적인 영성 훈련의
　　 의미로 '영성 교육'이라는 용어는 현대적인 의미의 개념으로 재개념화하고자 한다. 이

196

그러나 이 글에서는 전통적 의미의 영성 지도를 '훈련 중심의 영성 지도', 즉 '영성 훈련'이라고 보면서 전통적 훈련 중심의 영성 지도에 대한 비판적 대안으로서 영성 지도를 '영성 교육'이라 제안하고자 한다. 왜냐하면 영성 교육이라는 명칭은 훈련이라는 용어로 표현할 수 없는 다음의 두 가지 새로운 개념을 함축하고 있기 때문이다.

첫째로 '훈련'이라는 용어를 '교육'이라는 용어로 대치한다는 것은 곧 영성 추구자들의 본성에 대한 전통적인 인식 형태를 비판하려는 의도를 내포하는 새로운 개념의 수용을 의미하는 것이다. 전통적인 의미에 따르면, 훈련이란 그 훈련 과정에 참여한 사람들의 타고난 능력이나 소질이 단계적으로 발전되어 가는 일종의 교수-학습 과정을 의미하는 것이다. 따라서 훈련의 과정에서는 계발되어야 할 능력의

렇듯 용어 자체를 '영성 교육'으로 설명하지는 않지만 현대적 의미의 영성 지도를 이야기하는 입장은 다음과 같다. Jean Laplace, *Preparing for Spiritual Direction* (Chicago: Franciscan Herald, 1975); William A. Barry & William J. Connolly, *Practice of Spiritual Direction* (New York: Harper & Row, 1982); Martin Thornton, *Spiritual Direction* (출판지역 불명: Cowley, 1984); Kenneth Leech, *Soul Friend: an Invitation to Spiritual Direction* (San francisco: Harper San francisco, 1992); Eugene H. Peterson, *Contemplative Pastor: Returning to the Art of Spiritual Direction* (Grand Rapids, Mich.: Wim B. Eerdmans Pub, 1993); Gerald G. May, *Care of mind, Care of Spirit: a Psychiatrist Explores Spiritual Direction* (Grand Rapids, Mich.: Harper San francisco, 1992); Gary L. Davis, "Spiritual Direction," *Religious Education*, Vol. 81, No. 2 (1986); Benedict Auer, "Soul-Speaking: Spiritual Friendship as a Model for Spiritual Direction," *Spiritual Life*, Vol. 42, No. 2 (1996); Philip F. Sheldrake, "The Role of Spiritual Direction in the Context of Theological Education," *Anglican Theological Review*, Vol. 80, No. 3 (1998); Ekman P. C. Tom, "Faith Development Theory and Spiritual Direction," *Pastoral Psychology*, Vol. 44, No. 4 (1996).

양태나 실현된 능력의 결과가 어느 정도 분명하게 규명되어 있으며, 모든 학습자들은 그 최종적 실현 상태를 향해 변화되도록 기대된다는 것이다.66)

그러나 교육이라는 개념에 따르면, 학습자들의 타고난 능력이나 잠재력이란 반드시 유사성을 지닌 것도 아니며, 그 능력이 계발(un-foldment)되는 과정에서도 반드시 유사성이나 동일성만이 전제되는 것은 아니다. 다시 말해, 발달 과정상의 차이 및 성장 단계에서의 차이를 필연적으로 표출할 수밖에 없는 존재로서 이해된다. 그러나 본질적인 차이에도 불구하고, 그들로부터 공통적으로 발견되는 현상이란 지속적으로 자아 성장을 지향하고 있는 특성, 타고난 잠재력을 계발하려는 성향, 그리고 그 같은 잠재력의 계발을 위해서는 교사의 지속적인 도움을 필요로 하는 존재라는 점을 들 수 있다.67) 바로 이런 점에서 영성은 '훈련'보다는 '교육'이라는 교수-학습 과정에 의해 그 성숙을 기대할 수 있는 본질적 특징을 지닌 실재라고 말할 수 있는 것이다.68)

둘째, 교육의 개념과 훈련 개념의 차이는 교육 내용의 선정에서도 유사하게 반영된다고 볼 수 있다. 훈련 개념이 일반적으로 학습자들로 하여금 특정의 기술을 습득하게 하거나 일정한 수준의 상태와 목적에 도달하도록 하는 지속적이며, 반복적인 행위라는 의미로 이해

---

66) 강희천, *Ibid.*, p. 244.
67) 여기서 타고난 잠재력이란 본질적 가능성을 의미한다.
68) 강희천, *Ibid.*, pp. 244-245.

되고 있으나, '교육'은 동일한 최종 상태로 모든 학습자를 동화시키려는 작업이 아니라, 타고난 다양한 유형의 잠재 능력을 최대한 계발하도록 도와주는 행위를 포괄적으로 의미한다. 이렇게 볼 때, 몇 가지의 제한된 틀이나 최종의 실현 상태에 학습자들을 도달하게 하려고 시도하는 '훈련'이라는 개념과 분명하게 구분되는 것이 '교육'이라는 개념에 함축된 의미이다.[69]

2. 영성 교육의 특징

영성 훈련과 영성 교육을 비교하였을 때 영성 교육의 특징을 다음과 같이 제시할 수 있다. 영성 훈련이라는 기존의 명칭 대신에 사용하도록 제안되는 영성 교육(Education for Spirituality)의 대표적인 특징은 통전적·전인적·총체적인 접근 방식이라는 점이다. 여기서 사용되는 통전적 접근이란 평신도들의 영적인 성숙을 격려하고 지도하는 교육 형태를 계획할 때 다음의 세 가지 사항을 중요하게 고려하는 접근 방식을 의미한다.

---

[69] Jean Laplace, S. J., *Preparing for Spiritual Direction*, pp. 24-43. 더 나아가 장 라플레이스는 영성 지도의 교육적 의미를 강조하며 영성 지도는 개인의 영성적 발달과 요구사항을 고려하여 이루어지는 교육적 활동이라고 보며, 이러한 활동은 피지도자의 자유를 존중하면서 이루어져야 한다고 주장한다. 더 나아가 영성 지도와 피지도라는 용어보다는 '도움의 대화'(Dialogue of Assistance)와 '상담가'(counsellor)라는 용어를 사용하는 것이 더 바람직하다고 제안한다.

(1) 다양하게 정의되는 영성의 개념 중 '초월과 내재 사이의 균형
으로서 영성'이라는 개념을 중시하는 입장에 서서, 종교적 신
념 체제와 실제적 삶의 형태를 이원화하지 않고 그 둘의 일치
를 지향하는 총체적 입장의 영성(spirituality in wholeness)을
강조하는 접근이다.70)

(2) 영성 추구자의 입장에서 볼 때, 지향해야 하는 영적 성숙의 모
습이란 특정의 능력이나 기술 획득이 아닌 전인적, 총체적 차
원의 잠재 능력이 실현되는 상태라고 규정하는 접근이다. 즉,
인지적 · 정서적 · 행동적 차원에서 성숙이 함께 이루어져 조화
를 이루는 상태를 성숙이라고 전제하면서, 그들 간의 균형에
관심을 두는 접근을 의미한다.71)

(3) 영적 성숙의 모습이란 일시적이며 즉흥적인 능력의 습득이 아
니라, 영성 추구자의 삶의 과정에서 지속적으로 나타나는 잠
재 능력의 실현이라고 보는 접근이다. 곧 삶에서 다양하게 요
구되는 필요, 다양하게 표출되는 관심, 그리고 해결 받도록 요

---

70) 이와 같은 접근은 특히 John Carmody, *Holistic Spirituality* (New York: Paulist Press,
1983); Maria Harris, *Dance of the Spirit: the Seven Steps of Women's Spirituality* (New York:
Bantam Books, 1989); Maria Harris & Gabriel Moran, *Reshaping Religious Education:
Conversations on Contemporary Practice* (Nashville: Westminster John Knox Press, 1998);
Elizabeth Libert, *Changing Life Patterns: Adult Development in Spiritual Direction* (New York:
Paulist Press, 1992)에 잘 나타나 있다. 강희천, 《기독교교육의 비판적 성찰》 (대한
기독교서회, 1999), p. 246.

71) 이와 같은 접근은 특히 John Carmody, *Holistic Spirituality* (New York: Paulist Press,
1983); Maria Harris, *Dance of the Spirit: the Seven Steps of Women's Spirituality* (New York:
Bantam Books, 1989)에 잘 나타나 있다. 강희천, *Ibid.*, p. 246.

구받는 다양한 삶의 과제에 대해 적절하게 대처할 수 있는 기독교적 지혜의 발견을 성숙의 모습으로 전제하는 접근 방식이다.72)

영성 훈련이라는 용어 대신 '영성 교육'이라는 용어를 사용하는 데 맥을 같이 하는 학자는 아이리스 컬리이다. 컬리에게 영성 교육이란 영성 훈련, 영성 형성 그리고 육성, 양육 등 다양한 개념을 포괄한다. 이는 성숙한 영성 발달을 목적으로 하는 모든 교수 행위, 학습 상황의 설정, 분위기 조성, 학습 자료의 선택, 학습 과정의 구성 방법 등을 포괄하는 개념이다. 컬리에 따르면 영성 교육이란 양육과 교육의 과정이라고 할 수 있다. 영성은 생활양식을 통하여 밖으로 나타나는 하나의 삶의 과정이다. 사람들로 하여금 자신들의 삶에서 영성의 성장에 관해서 배우고 또 양육하도록 돕는 것이 영성 교육이다.73) 이러한 의미에서 본다면 영성 교육이 지니는 또 하나의 특징은 과정성이라고 볼 수 있다. 어느 특정한 상태를 추구하고 그 상태를 목표로 하는 것이 아닌 영성이 성장하는 과정 자체를 중요하게 여기는 과정성의 특징을 지닌다는 것이다.74) 이러한 영성의 과정성 개념은 인간의 전 생애를 통하여 정신적·정서적으로 성장해 가는 방법들과 연관되어 있음을 암시하는 것이며, 영적 육성의 개념은 인간의 발달 현상과

---

72) Iris V. Cully, *Education for Spiritual Growth*, pp. 125-141, 강희천, *Ibid.*, 247에서 재인용.
73) I. V. Cully, *Ibid.*, pp. 14-15.
74) I. V. Cully, *Ibid.*, p. 207.

밀접하게 연관되어 있고 기독교 전통의 전수를 전제하고 있다.[75] 결론적으로 영성 교육이 갖는 특징은 통전적이고 전인적이며, 총체적이고 과정적이라고 말할 수 있다.

V. 영성 교육의 교육 과정(curriculum)

앞에서 논의한 바와 같이 전통적 영성 훈련을 영성 교육으로 재개념화했을 때 통전적이고 총체적이고 전인적이며, 과정적이고 공동체적인 영성 교육은 다음과 같은 입장에서 설계될 수 있음을 제안한다.

1. 영성 교육의 목적과 목표

영성 교육의 목적과 목표에서 고려해야 할 사항을 적어도 다음 세 가지를 들 수 있다. 영성 교육의 목적 중 첫째는 총체적 차원에서 성취되어야 할 하나님과의 합일이다. 이는 아래의 세 가지 구체적인 목표, 즉 영성 교육의 참여자들로 하여금 인지적 차원에서 하나님의 뜻을 알 수 있도록 격려하고, 정서적 차원에서 하나님의 임재를 체험하

---

75) 영성의 문제를 인간 발달과 관련지어 설명하는 부분에서는 엘리자베스 리버트도 의견을 같이한다. Elizabeth Libert, *Changing Life Patterns: Adult Development in Spiritual Direction* (New York: Paulist Press, 1992).

도록 하고, 행동적 차원에서 하나님의 뜻을 실천할 수 있는 삶의 형태를 지향하도록 강조함으로써 그 실현의 가능성을 높이려는 의도적인 계획이라고 할 수 있다.

둘째 목적은 영성 추구자로 하여금 통전적이고 전인적이고 총체적인 차원에서 영성이 형성될 수 있도록 해야 한다는 점이다. 즉, 하나님과 자기 자신, 타인들과 상호관계성을 맺을 수 있는 능력을 계발할 수 있도록 도와주며, 기독교적 상징을 이해하고 감지할 수 있는 초월적 경험을 갖도록 격려하고, 초월적 하나님께 대한 응답이 창조적 행위의 실천을 통해서 이루어져야 한다는 점이다.

셋째 목적은 이러한 영성의 형성을 위해 창조적으로 자신을 성찰할 수 있도록 해야 한다는 점이다.76) 즉, 영성 교육의 참여자들로 하여금 자아의식의 확대와 기독교적인 자아 성찰을 통하여 이루어지는 영적 성숙을 지향하도록 격려하며 신앙 공동체 및 인류 공동체에 대한 기독교적 책임 의식을 표출하는 종교적 헌신을 구체적으로 생활화하도록 촉진하는 것이다. 또한 상호 갈등이나 양립 관계에 놓일 수 있는 개인과 공동체, 전통의 전수와 개혁, 교회와 사회 및 현세와 내세 사이의 갈등 현상을 창조적인 자아 성찰을 통해 변증법적으로 연계시키려는 반복적인 실천으로 그 구현을 기대할 수 있는 의도적인 계획이 목적과 목표 수립에 반영되어야 한다는 점이다.77)

---

76) Padraic O'Hare, *The Way of Faithfulness* (Valley Forge, PA: Trinity Press Int., 1993), p. 1.
77) 강희천, *Ibid.*, pp. 258-260.

2. 영성 교육의 교육 내용과 교수-학습 과정

영성 교육의 목적(목표)을 위하여 구체적으로 선정해야 하는 영성 교육의 교육 과정(curriculum)에서는 다음과 같은 점을 고려해야 한다.

첫째, 성서를 토대로 하는 영성 이해와 아울러 그와 연계된 명상, 관상 등이 함께 포함되어야 한다. 이는 영성 교육의 참여자들로 하여금 성서에 나오는 인물들의 삶과 자신의 삶을 비교할 수 있도록 해주고 그들이 지녔던 변화의 힘을 자신의 삶에서도 경험할 수 있도록 하는 실제적인 방법을 제공한다는 것을 의미한다. 또한 다양한 형태의 찬송가 기도문, 신앙고백적 문학, 종교적 상징성이 풍부한 예술 작품 및 영적 성숙에 도움을 주는 다양한 학습 경험을 체계적·단계적·반복적 형태로 구성함으로써 영성 교육의 교육 과정을 보다 장기적인 차원에서 선정·조직·평가할 수 있다.

둘째, 영성 교육의 교육 과정 중 하나님의 임재와 계시를 수용할 수 있도록 준비하는 경건의 훈련 과정이 포함되어야 한다. 달리 서술하여 전통적인 영성 훈련의 과정 속에서 강조되어 온 명상·묵상·침묵 훈련·거룩한 독서·환대 등과 같은 훈련의 과정을 통하여 하나님의 뜻을 파지하고, 그의 임재를 경험하고자 하는 노력의 형태들이 영성 교육 현장에서 새롭게 강조될 필요가 있다는 것이다.

셋째, 일상생활의 경험들 속에서 영적 성숙을 도울 수 있는 교육 과정이 구성되어야 한다.78) 여기서 영적 성숙이란 사람들의 욕구에 민감성을 증가시키는 생활 유형들을 수립한다는 단순한 의미가 아니라, 하나님과 맺는 관계가 기초가 되어 창조주의 형상을 대하는 것처럼 모든 삶의 차원들을 이끌어 나가는 것을 의미한다. 이것은 이웃과의 관계, 자연과의 관계, 일상적 삶에 있어서 정치적·경제적·사회적 결정과 선택들이 하나님과의 관계 맥락에서 이루어질 수 있도록 하는 교육 내용의 선정 및 교수-학습 과정이 이루어져야 함을 의미한다.

넷째, 교육 과정에 상징의 역할을 확대시키고 새로운 메타포의 끊임없는 계발이 필요하다. 기독교적 영성은 전통적으로 성만찬과 세례에 그 핵심적 기반을 두고 있는데, 이 두 가지 예전은 상징적 실재를 통해 신앙인들로 하여금 그들의 기억 속에 심층적으로 자리 잡고 있는 상징적 이미지로서 종교적인 삶을 영위할 수 있게 해 준다. 따라서 심층 지평에 성례전적 이미지를 자리 잡게 함으로써 보다 확고하고 보다 성숙한 수준의 영성을 지향할 수 있게 한다. 또한 새로운 메타포의 발견은 학습자들로 하여금 다양한 상황에서 하나님의 임재를 적극적으로 발견해 나갈 수 있도록 돕는다고 볼 수 있다.[79]

이러한 영성 교육의 교육 과정을 효율적으로 소개하기 위하여 특정의 교수-학습 과정이 요구되는데 특히, 정화 훈련, 침묵 훈련, 고독 훈련, 단순화 훈련, 등과 같은 개인의 삶의 성찰로부터 시작하는 교수-학습 과정을 포함하여 자연과의 만남, 환대의 경험, 이웃에 대

---

78) F. S. Wuller, *Prayer and Our Bodies* (Nashville: Upperroom, 1992), pp. 164-174.
79) 강희천, *Ibid.*, pp. 258-267.

한 연민과 공감적 삶의 실천을 통한 공동체적 삶의 경험과 실천 등이 교수-학습 과정에서 고려되어야 한다.80) 이러한 교수-학습 과정은 개인과 공동체를 나눈다든가 현세와 내세를 분리하는 이분법적 영성이 아닌 통전적이고 총체적이고 전인적인 영성으로 통합하려는 차원에서 마련되어야 한다.

3. 영성 교육의 교사

영성 교육과 관련하여 교사의 역할은 가장 중요한 교육적 요소라 할 것이다. 전통적으로 '영성 훈련'의 교사는 특별한 영적 경험이나 영적 자질을 지닌 사람이 할 수 있었지만 '영성 교육'의 교사는 다음과 같은 자질을 지녀야 한다.

먼저, 영성의 친구, 공동 학습자, 파트너로서의 열정을 지녀야 한다. 이러한 공동 학습자로서의 상호 존중의 관계가 형성되기 위해서는 공동 학습자 간의 자유로운 대화를 이끌어 갈 수 있는 능력, 참여자들의 이야기를 통해 직·간접으로 표현되는 의미를 파악할 수 있는 능력, 참여자들의 이야기를 경청할 뿐 아니라 그들로 하여금 더 높은 수준에 도달하도록 고양하기 위하여 '자아 성찰'과 '창의적 상상력'을 격려하고 촉진할 수 있는 능력의 교사상이 요구되는 것이다.81)

---

80) 본 연구자가 영성 훈련의 개념을 영성 교육으로 재개념화한 것은 영성 훈련을 영성 교육에서 배제하고자 하는 것이 아니라 개념의 폭을 확장시킨 것이다.

81) John H. Westerhoff, *Spiritual Life: the Foundation for Preaching and Teaching* (Nashville:

다음으로 개방적 관용성과 타인에 대한 연민을 통하여 다른 사람들의 삶의 기쁨과 고통을 자신의 것으로 공감하는 태도를 지녀야 한다. 이러한 태도는 자기 자신의 관심이나 성향을 넘어서는 일종의 '비움'을 통해서 참여자들의 관심과 경험을 포용하는 것을 의미하며, 상호 경험이 참여자들에게 의미 있는 경험으로 인식될 수 있도록 돕는 공동체적 삶의 구성자이고 후원자로서의 역할을 의미하는 것이다.82)

셋째, 전통에 대한 사랑과 미래를 향한 해방 의식을 지녀야 한다. 영성 교육의 교사는 기독교 전통을 소중히 여김으로써 그 전통을 끊임없이 갱신하고, 미래지향적·창조적 해석을 통하여 전통 속에서 미래를 향한 해방의 힘을 발견하도록 돕는 활동을 해야 한다는 것이다. 이것은 현실과 이상, 기독교적 삶과 일상적 삶의 통합을 구체화하는 활동을 의미한다. 이를 위해서 무엇보다도 먼저 하나님의 뜻을 인식하도록 기도하고, 기도가 곧 삶이 되는 실천적 신앙이 요구된다.

Westminster John Knox Press, 1994), p. 69.

82) 강희천, *Ibid.*, pp. 271-274; Parker J. Palmer, *The Courage to Teach: Exploring the Inner Landscape of a Teacher's Life* (San Francisco: Jossey-Bass, 1998), 이종인 역,《가르칠 수 있는 용기》(서울: 한문화, 2000), pp. 88-94.

VI. 마치며

지금까지 서술한 영성 교육의 재구성에 대한 논의는 전통적인 영성 훈련의 가치나 의미를 거부하거나 핵심을 배제하려는 의도에서 진행된 것이 아니다. 오히려 기존의 영성 훈련 대신 영성 교육이라는 개념을 제안하는 것은 기독교 영성의 본질을 회복하고 영성 훈련에서 제한되어 온 영성의 포괄성을 회복하고자 하는 비판적 성찰의 결과인 것이다. 이러한 의도에서 제안하는 영성 교육은 통전적·전인적·총체적·과정적·공동체적 성격의 영성의 의미를 회복하는 것이 중요하다고 본다. 그리하여 현세와 내세 사이의 균형을 강조하고, 영성 추구자의 인지적·정서적·행동적 차원의 성숙을 격려하고, 일상생활과 생의 주기에서 실현 가능한 과정적이고 지속적인 영성의 발달을 중요하게 여기며, 영성의 광범위한 체험이 공동체적이고 사회적인 차원의 실천으로 이어질 수 있도록 고무하는 교육의 형태가 되어야 할 것이다.

제5장

일상생활 영성과 기도

Ⅰ. 시작하며

기도는 전통적으로 영성 훈련에서 중요한 요소 중 하나였다. 수도원의 영성 훈련 과정에서 다른 무엇보다도 우선시된 것이 기도였으며, 현대 기독교 공동체 안에서도 기도는 여전히 중요한 신앙 전통으로 이어져 내려오고 있다. 새벽기도회는 여전히 한국 기독교 신앙의 독특성을 나타내는 중요한 현상으로 주목받고 있으며 개인의 신앙 여정 안에서도 기도는 신앙의 성숙을 가름하는 중요한 기준으로 인식되고 있다. 그러나 많은 부분에서 기도는 하나님과 개인의 관계 차원으로 인식되면서 하나님 앞에서의 관계가 삶의 자리에서의 구체적 경험들을 어떻게 규정해야 하는가에 대한 관심보다는, 소비지향적이고 물량주의적 인식이 팽배한 현실 사회 안에서 오히려 더 많은 것을 가질 수 있고, 더 많은 것을 영속적으로 보장받고자 하는 개인적 욕구의 통로로 인식되는 현상들을 볼 수 있다.

그러나 19세기의 신학자 슐라이에르마허의 "기도한다는 것은 종교적이 된다는 것이다."라는 진술처럼 기도는 종교의 독특성을 규정하는 가장 큰 특징이라고 볼 수 있다. 따라서 개인이나 공동체에서 기도를 어떻게 이해하고 있는가, 어떠한 양식의 기도 유형을 지향하고 있는가, 기도를 통해서 어떠한 신앙적 성숙을 기대하고 있는가 하는 점들은 개인과 공동체의 영성 성숙을 특징지을 수 있는 중요한 논제라고 볼 수 있다. 이러한 맥락에서 '기도는 무엇인가?', '기도는 개인의 전인적 차원들 즉, 이성·감성·육체적 영역의 경험적 차원들과 어떤 관련성이 있는가?', '기도가 영성 생활에서 가장 핵심적인 과정 중 하나가 되어야 한다면 일상생활에서 기도한다는 것은 어떻게 가능한 것이며, 기도는 일상생활의 경험 속에서 어떻게 표현되고 고백되어야 하는가?' 하는 질문을 던지며 기도에 관하여 논하고자 한다.

II. 기도에 대한 신학적 고찰

1. 기도에 대한 어원적 고찰

기도의 개념을 어원적 의미에서부터 정의하고 있는 안나 위어즈비카(Anna Wierzbicka)는 '기도가 인간에게서 보편적인 현상인가, 아니면 특수한 문화와 사회에서 나타나는 문화적이고 사회적인 현상인가?' 하는 주제로 연구를 시작한다.[1] 이러한 질문에 대답하기

---

1) Anna Wierzbicka, "What is Prayer? In Search of a Definition," in *The Human Side of Prayer*, L. B. Brown (ed.) (Birmingham: R.E.P., 1994), p. 25. 이러한 질문에 대해 크게 두 가지 견해의 대답이 있다. 두보이스-두메(Dubois-Dumee)는 그의 저서 *Becoming Prayer*, trans. Anne White (England: St. Paul Pub.)에서 기도란 태초부터 인간이 존재하는 어떤 장소에서든지 볼 수 있는 보편적인 현상이라고 한다. 그러나 이와 대조적으로 스태너(Staner)는 오스트리아 지역 원주민 아보리진(Aborigine)의 예를 들면 그들의 종교에서 '간구'라는 측면은 찾아 볼 수 없다고 하며, 기도는 문화적인 소산일 뿐 인간 모두에게서 발견되는 보편적인 현상은 아니라고 설명을 한다. W. E. H. Stanner, "Some Aspect of Australin religion," *Colloquium* 9 (1), pp. 19-35. Anna Wierzbicka, *Ibid*.에서 재인용.

위하여 그녀가 사용하는 연구 방법은 각 지역에서 기도(prayer)가 어떠한 의미로 사용되는가 하는 점을 살피는 것이다.

먼저 아메리카 지역에서 사용되는 기도의 용어[prayer]의 의미를 어원적으로 살펴보면, 그 기원은 정적(stative)이지 않고 동적(active)인 용어인 '말하다'(saying, saying something)가 일차적인 의미이다. '말하다'라는 뜻도 한 용어 안에 두 가지 의미를 내포하고 있는데 우선 언어적으로 표현되는 의미이고, 다음으로 언어적으로 표현되지 않은 채 머릿속에서만 표현되는 비언어적 형태의 의미이다. 이것은 다시 표현하여, 생각과 마음을 하나님께로 향하게 한다는 것과 같은 의미의 용어인 것이다. 즉, '말하기를 원한다'는 것은 이미 하나님께 관심을 집중하고 있음을 의미하는 것이며, 동시에 하나님이 말씀하시는 것을 듣기를 원한다는 의미로도 사용될 수 있는 용어라는 것이다.2)

---

2) *Ibid.*, pp. 32-33. 위어즈비카는 이러한 용어가 각 지역별로 어떻게 사용되는가 하는 것을 보기 위해 유대와 이슬람, 중국과 일본 등지에서 사용되는 의미들을 고찰하고, 기도라는 용어가 지역마다 다른 의미로 쓰이지만 공통으로 발견되는 점이 있다는 것을 밝히면서 다음과 같은 공통점을 제시한다. 첫째, 절대자에게 무엇인가를 이야기하기를 원한다. 둘째, 자신이 기도하는 대상은 자신과 같은 존재가 아니라고 생각을 한다. 셋째, 그분이 어디에 계신지 말할 수 있는 사람은 없다. 넷째, 그분은 모든 사람에게 선을 베푸실 분이다. 만약 그분이 원하신다면 좋은 일이 나에게 일어날 것이다. 이러한 점을 지적하면서 위어즈비카는 기도는 모든 지역에서 동일한 형태를 지니는 것을 아니지만 위와 같은 공통점이 발견되는 것을 볼 때에 인간에게 보편적인 현상으로 간주해야 할 것이라는 결론은 내린다. 그는 이러한 논거로 오스트리아 지역 원주민 아보리진들의 기도는 '탄원'적인 요소가 포함되어 있지 않을 뿐이지 종교의식 속에서 '전능자'와 함께 하고자 하는 의식 자체가 이미 기도의 시작이라고 하면서 스태너의 주장에 반박한다.

두 번째로 종교가 문화적 배경 안에서 각기 다른 양상을 가지듯이 기도도 문화적 상황에 따라 다른 양상을 띠지만 개념 정의에서 공통으로 보이는 용어는 '어떤 존재'(someone), '선함'(good), '원하다'(want), '느끼다'(feel), '알다'(know) 등이다. 즉, 기도는 형태적으로 다른 요소가 있다 할지라도 이와 같은 용어들로 정의될 수 있다는 것이다.3) 위에서 살펴본 바에 따르면 기도란 일단 문화적이고 상황적인 맥락에 따라서 다양성을 갖는다는 것을 알 수 있으며, 또 언어적이든 비언어적이든 절대자와의 대화의 의미를 포함하고 있다.

세 번째 요소는 기도가 단순히 커뮤니케이션의 영역에서 이루어지는 인지적 차원을 떠나 전인적으로 형성되는 느낌의 차원 즉, 정서(emotion)적 차원의 요소를 포함한다는 것을 발견할 수 있다.

2. 기도에 대한 신학적 고찰

이러한 개념에서 기도의 상황적 다양성을 전제로 하여 기도를 유형별로 분석한 대표적인 예는 프레드리히 하일러(Friedrich Heiler)에게서 찾아 볼 수 있다. 그는 로마 가톨릭에서 루터교로 개종한 루터교도로서, 신비적이고 예언적인 기도를 포함한 여러 종류의 기도를 분류한다. 먼저 하일러는 기도를 종교의 가장 핵심적인 현상이며 경건의 진수라고 했으며,4) 그리하여 다양한 형태를 띠는 기도의 유

---

3) *Ibid.*, p. 45
4) Friedrich Heiler, *Prayer*, Samuel McComb (trs.) and (ed.) (New York: Oxford

형들을 크게 네 가지로 정리했다.

그는 기도의 개념을 정의할 때 크게 두 가지 맥락에서 개념 정의를 시도했다.

먼저 기도를 신앙 개념과 연결시켜 설명하는 것이다. 루터는 기도의 정의를 신앙 개념과 연결시켜 설명하고 있는데 "신앙은 곧 기도"(Faith is Prayer and Nothing but Prayer)라고 했다. 복음주의적 신비주의자인 조안 아른트(Johann Arndt)도 "기도 없이는 그 누구도 하나님을 발견할 수 없다. 기도는 우리가 하나님을 추구하고 하나님을 발견할 수 있는 방법이다."(Without prayer we cannot find God: prayer is the means by which we seek and find Him.)라고 했다. 19세기의 신학자 슐라이에르마허(Schleiermacher)는 "종교적이 된다는 것은 곧 기도한다는 것이다. 두 가지는 실제로 하나라고 볼 수 있으며 같은 것이다."(To be religious and to pray-that is really one the same thing.)라고 정의하며, 교리와 예식과 윤리적 사상들이 아니어도 기도에 따라서 종교의 독특성을 찾아 볼 수 있다고 말했다.

둘째, 하일러는 기도를 일상생활과의 관련성에서 정의하고 있다. 즉, 그는 유명한 칼뱅주의 설교자인 아돌프 모노드(Adolphe Monod)의 기도와 종교 생활의 관련성에 대한 논의를 인용하고 있는데, 모노드는 기도에 대여 다음과 같이 설명한다.

University Press, 1958), pp. xiii-xvi

"모든 시대의 성인들의 기도를 분석해 보라. 그러면 그 안에서 그들의 신앙과 생활과 지배적인 동기들과 그들의 일에 관하여 알 수 있을 것이다."(Examine the prayers of the saint of all ages, and you have their faith, their life, their ruling motive, their work.)

사람들이 갖고 있는 하나님에 대한 다양한 일상적 사고들이 곧 다양한 종교적 표현으로 나타나게 되는데, 다양한 종교적 표현의 양식으로는 모든 예식과 성례, 거룩한 축제와 거룩한 춤, 미학적 표현들과 도덕적 행동들이 있다는 것이다. 이러한 표현들이 신뢰와 순종과 경외와 탄원과 열망에 대한 직접적인 표현인 것처럼 기도는 종교에서 가장 독특한 실제적 증거라는 것이다. 이 점에 대하여 사바티어(Sabatier)는 다음과 같이 이야기한다.

"기도는 행동 속에 있는 종교이며, 기도야말로 실제 종교이다."
(Prayer is religion in action, that is real religion.)

즉, 모노드와 사바티어의 개념에 따르면 기도라는 것은 종교적 행동의 지침이 되는 것일 뿐 아니라 도덕적 행동으로 표출되는 행동이라는 것이며, 신앙과 생활이 지배적인 동기를 표현해 줄 뿐 아니라 형성해 주는 것이다.

이러한 개념 정의와 아울러 하일러는 기도의 유형을 크게 네 가지로 나누어 설명한다.5)

첫째 유형은 **원시적 기도**(primitive prayer)이다. 원시적 기도란 정령 숭배적이거나 부족 종교의 특성을 지닌 기도이다. 그리하여 이러한 유형의 기도는 대체로 자발적이지만 기본적으로 자기중심적이며, 원시인들은 주로 간청 기도 안에서 번영과 보호에 대한 간구를 하였다는 것이다. 원시인들에게 기도의 동기는 이중적이었는데, 자신들에게 유익한 것을 얻는 것이었으며 또 공포를 격감하거나 없애는 것이었다. 원시인들에게는 위험과 불행으로부터의 보호가 가장 우선되는 기도의 목표였던 것이다. 그들에게 신은 초월적인 존재로만 인식되는 것이 아니라 개인적인 관계를 맺을 수 있는 대상이었기에 그들은 기도를 통하여 신의 노여움을 달래고, 신의 형벌을 면하며, 신의 동정을 얻고자 하였던 것이다.[6]

둘째 유형의 기도는 **제의적 기도**(ritual prayer)이다. 하일러는 이 기도가 높은 수준의 문명에서 생성된 것이라고 본다. 제의적 기도는 정확한 유형의 예문을 읽거나 낭송하는 것으로서, 희생 제사를 드리는 종교 생활의 결정적인 요소가 된다. 여기서 감사 기도는 배경적 요소로 남는다. 그리하여 하일러는 이 기도가 이 땅 위에서 복을 받게 해 달라고 하는 간청(petition)과 깊이 관련되어 있다고 평가한다.[7]

---

5) Friedrich Heiler, *Ibid.*, pp. 102-204.

6) Fredrich Heiler, *Prayer: A Study in the History and Psychology of Religion* (New York: Oxford University Press, 1938), pp. 2-64.

7) *Ibid.*, pp. 65-73.

셋째 유형의 기도는 **신비주의적 기도**(mystical prayer)이다. 하일러
에 따르면 신비주의적 기도의 목표는 무한자와 하나를 이루는 것이
다. 이 기도의 강조점은 신을 향한 사랑이며, 신과의 연합(union)이
다. 이 기도에서 공식 기도는 내적 기도의 경지로 들어가는 예비 단
계이며, 내적 기도는 명상(meditation)과 관조(contemplation)로 구
성된다. 이 기도에서 신비가의 역할은 사람들로 하여금 영원하신 분
과 합일을 이루도록 도와주는 것이다. 여기서 신비가는 신과 인간 사
이를 중보하는 역할을 하는 것이 아니라 단순히 합일에 도달하도록
도와주는 역할을 하는 자들이다.[8]

넷째 유형의 기도는 **예언자적 기도**(prophet prayer)이다. 하일러는
이 유형의 기도는 성서의 예언자들에게 발견되는 기도이며, 종교개
혁자들이 재발견한 기도라고 설명한다. 예언자적인 기도는 하나님
과 황홀한 합일에 도달하기보다는 인격적인 만남을 추구하는 기도
이다. 여기서 지도자는 하나님의 현존을 느끼며 마음을 열어 자발적
으로 기도할 수 있도록 도와주는 입장이다. 예언자적 기도의 목표는
세상으로부터의 후퇴가 아니라 세상을 하나님의 나라로 변화시키는
것이다.[9]

전통적인 기도의 개념을 가장 잘 설명하는 사람으로 기도에 대한

---

8) 이 경우 신비주의자들은 세속적 삶에 필요한 것을 간구하는 것은 바람직하지 못하다고
   보며, 세상에서 필요한 것을 간구하는 것은 육욕적(carnal)인 것이라고 본다. *Ibid.*, pp.
   171-201.
9) *Ibid.*, pp. 228-273.

개념을 신학적 입장에서 정리한 포사이스(Peter Taylor Forsyth)를 들 수 있다. 그는 기도의 개념을 다음과 같이 정리한다.

(1) 기도는 하나님과의 **교제 행위**이다. 기도는 하나님과의 교제를 통한 하나님의 도덕적 힘과의 동화작용이다.[10]

(2) 기도는 **의지의 행위**이며, **노동**이자 **에너지**이다. 즉, 기도는 모든 행위를 하나님의 뜻에 맞추어 실행하겠다는 의지이며 무엇보다도 하나님의 뜻을 위하여 일하겠다는 노동과 힘이다.[11]

(3) 기도는 기독교인의 삶의 수단이 아니라 **삶의 목적**이다. 기도는 희생과 봉사의 실천을 전제로 해야 하는 것이며, 이러한 삶을 가능케 하는 기도는 결국 기독교인의 삶의 목적이다.[12]

(4) 기도는 궁극적으로 인간을 **하나님께로 이끄는** 행위이며 하나님과의 **자유로운 교제를 회복하는** 행위이다.[13] 결론적으로 기도는 성육신적 원리를 따르는 하강과 상승의 이중 운동이라는 말이다.[14]

---

10) Peter T. Forsyth, *The Soul of Prayer* (Vancouver: Regent College Pub., 1916), p. 16.

11) *Ibid.*, pp. 18-19. 이런 의미에서 가장 의미 있는 기도는 "아버지의 뜻이 이루어지이다."라는 기도라고 설명한다.

12) *Ibid.*, p. 24.

13) *Ibid.*, pp. 25-27.

14) *Ibid.*, pp. 29-30. 기도는 표현된 정신일 뿐 아니라 행동하는 정신이며, 운동이 되는 언어일 뿐 아니라 도덕적 행위가 성취되는 언어라는 것이다. 성령으로부터 육신이 되는 말씀처럼, 예언자로부터 제사장이 되고 성령으로 되신 그리스도처럼, 기도는 일이 된 말이라는 것이다.

이러한 포사이스의 기도에 대한 관점은 기도를 하나님과의 관계 회복이라는 점을 중심으로 하여 설명함으로써 신학적 의미에 대한 고찰을 하고 있지만, 기도에서 기도하는 자에 대한 고찰과 상황에 대한 반성이 약화되어 있어서 기도의 역할이나 동기를 개인적인 신앙의 차원에서 설명하는 데 그치는 약점이 있다.

기도를 성서적 입장에서 고찰하고자 한 대표적인 사람은 도날드 블러쉬(Donald G. Bloesh)이다.[15] 블러쉬는 현대를 '새로운 종교적 상황의 시기'라고 규정하면서 현대의 종교적 상황을 '세속주의', '경험주의', '신비주의'라고 설명한다. 이러한 맥락에서 이해되고 있는 기도의 개념들을 그는 몇 가지 유형으로 정리하여 비판하고 있다.

(1) 기도가 자기 치료의 한 형태로서 자기 정체성이나 자아실현의 성취 방법으로 이해되는 유형이다. 이러한 유형의 대표적인 예는 '신사고운동'(the New Thought movement)이다.[16]

(2) 신 초월주의자들에게서 보이는 경향으로서 기도는 실제 생활에서 역사하는 것이므로 기도를 통하여 기사와 표적이 나타나야 한다고 보는 경향이다. 이러한 경향은 기도를 하나님의 뜻과 일치하려는 행위로 보지 아니하고 하나님의 의지를 굴복시

---

15) Donarld G. Bloesh, *The Struggle of Prayer* (Colorado Springs: Helmers & Howard Pub., 1988).

16) Henry Wood, *The New Thought Simplifed* (Boston: Lee & Shepard Pub., 1903), p. 107. *Ibid.*, pp. 31-31에서 재인용.

키는 인간의 기술로 여긴다.[17]

(3) 기도는 '독백'이며, '자신의 내적 실존에 대한 묵상'이고 '자연
    에 대한 경외'라고 보는 실존주의적 견해이다. 이러한 견해는
    기도를 통하여 물질적인 일들을 간구하는 것이 아니라 정신적
    인 일들을 해야 한다고 주장한다.[18]

(4) 세속 신학과 정치 신학에서 이야기하는 기도의 개념으로서 기
    도를 간구와 중재, 영적 헌신이라기보다는 윤리적 계약의 관
    점에서 이해하고 있는 견해이다. 이러한 견해에서의 기도는
    이웃에 대한 필요의 반영이며, 이와 같은 필요를 충족시키기
    위하여 활동하는 것이라고 본다.[19]

---

17) Merlin Carothers, *Praise Works!* (Plainfield, N.J.: Logos International Pub., 1973).
    Bloesh, *Ibid.*, pp. 32-33에서 재인용.
18) Bloesh, *Ibid.*, pp. 33-34. 블러쉬는 실존주의자들의 견해로 기도는 하나님과의 대화
    이기보다는 자기 이해에 대한 관심이라고 분석하고 있다. 이와 같은 견해에서 돈 브로
    피(Don Brophy)는 "한사람이 다른 사람에게 완전히 개방하는 것"을 기도의 형태라
    고 이야기하고 있으며, 그레고리 바움(Gregory Baum)은 "기도는 새로운 방법으로
    자신과 만나는 것이다."라고 정의하고 있다. 블러쉬는, 이러한 견해를 밝히는 신학자
    에 매튜 폭스(Matthew Fox)도 포함시키고 있는데, 매튜 폭스는 "자신을 되찾는 생활
    에 대한 철저한 응답"이라고 기도를 정의하고 있다. 그러나 이러한 유형 분류에서 매
    튜 폭스와 같은 경우 기도에 대한 전제를 실존적인 측면에서만 이야기한 것이 아니고
    가톨릭 신앙의 '하나님과의 관계'를 전제하고 있기 때문에 실존주의적 견해로 분류하
    는 것은 타당하지 않다고 여겨진다.
19) *Ibid.*, pp. 35-36. 로빈슨은 "기도와 윤리는 단지 같은 일의 양면이다."라고 이야기하
    고 있으며(John A. T. Robinson, *Honest to God*, Philadelphia: Westminster John
    Knox Press, 1963), 오토는 "기도는 생활의 책임을 나타내는 형태를 탐색하는 것"이라
    고 정의하고 있다(Heinrich Otto, *God*, Richmond: John Knox Press, 1974).

블러쉬는 이러한 견해들이 기도를 성서적 신앙과 조화 속에서 설명하지 못한다고 보면서 성서적 의미의 기도를 재발견하고자 하는 시도를 하는 것이다. 그리하여 블러쉬는 기도를 '하나님과의 대화이고 만남'으로 정의하면서, 삼위일체적 견해에서 기도의 의미를 분석한다.[20] 그가 분석하는 기도의 틀은 삼위일체의 틀이다. 즉, 삼위일체의 속성을 파악함으로써 기도의 속성을 파악하는 것이 가능하다고 보는 것이다. 그리하여, 하나님과 예수 그리스도와 성령에 대한 고찰을 통하여, 성서적 기도를 분석한다. 하나님에 대한 고찰을 통하여 그는 하나님의 속성을 다음과 정의한다. "하나님은 인격적인 존재이며, 편재하는 자이고, 초월적인 존재이며, 전능한 존재이며, 사랑의 존재"라는 것이다. 인격적인 존재이므로 기도를 통한 간구가 가능한 것이고, 편재하는 자이기 때문에 모든 기도의 응답이 가능한 것이고, 초월적이고 전능하시 분이기 때문에 그분의 뜻에 따른 전적인 순종이 필요한 것이며, 사랑의 존재이기 때문에 기도함으로써 모든 것의 속박에서 자유로울 수 있음을 이야기하고 있다.[21]

블러쉬는 또한 기도의 기초는 예수 그리스도에 있다고 말한다. 예수가 계시자로서, 화해자로서, 구속자로서 기도를 가능케 하는 자라고 한다. 계시자로서의 예수란 하나님의 사랑과 은혜를 계시하는 자

---

20) Bloesh, *Ibid*., pp. 45-46 블러쉬는 기독교의 기도는 예수 그리스도 안에서 하나님의 자기 계시의 변할 수 없는 사실과 성령에 의하여 인간의 마음 안에서 확실히 하는 것 위에서 존재한다고 한다. 블러쉬에 따르면 성삼위는 기도의 목표이며, 성삼위 하나님에 의하여 기도가 가능하고, 기도는 그러한 하나님을 향하고 있다는 것이다.

21) *Ibid*., pp. 49-54.

로서 기도의 대상을 명확히 해 주고 있다는 의미이며, 화해자로서의 예수란 하나님과의 관계 회복을 통하여, 하나님과의 교제를 가능케 했다는 의미이며, 구속자로서 예수란 기도가 생활에 기초하게 한다는 의미이다.[22] 더 나아가 기도의 기초는 성령이다. 블러쉬는 성령이 인간 생활에 개입하는 곳에는 어디서나 기독교 기도의 기원을 볼 수 있다고 한다. 예수 그리스도와 활발한 교제를 가능하게 하고, 인간과 더불어 기도하는 분도 성령이라고 설명한다.[23]

이러한 블러쉬의 논의는 기도의 성서적 근거에 대해서는 설명하고 있으나, 그가 비판하고 있는 기도의 논의들에 대해서는 대안을 제시하고 있지 못하다. 뿐만 아니라, 기도를 하나님과 인간의 구속적인 관계의 입장에서만 논하고 있기 때문에 그가 비판하고 있는 실존주의적 견해와 같은 맥락에 서 있다고 볼 수 있다.

III. 일상생활 영성과 기도

1. 일상생활의 사고와 기도

존 맥쿼리(John Macqarrie)는 '기도는 사고'(Prayer is Thinking)라고 정의한다.[24] 사고의 유형은 4가지로 나누어 볼 수 있다. 첫째, 열

---

22) *Ibid.*, pp. 54-58.
23) *Ibid.*, p. 58-62

정적 사고(passionate thinking)이다. 열정적 사고란 단순히 앎의 내용으로서 획득될 수 있는 것이 아니고 오히려 사실 가운데 있는 가치들을 찾는 과정이며, 현상 가운데 있는 이상들(ideals)을 발견해 가는 것이라고 볼 수 있다. 이러한 생각은 종종 자신의 비전이 이루어지기를 바라는 끊임없는 갈망과 연결될 수도 있고, 희망과 가능성에 대한 인식으로 기쁨으로 경험될 수도 있는 사고이다. 때로는 세상의 고통과 슬픔이 자신의 결점에서부터 시작된다는 인식 때문에 부끄러움을 자각하게 하는 사고이기도 하다. 그리하여 열정적 사고는 앎(knowing)과 동시에 느낌(feeling)에 개방되어 있는 사고이다.[25] 이것은 세상의 완전함에 대한 갈망을 가지고 세상에 대하여 생각하는 것이 기도의 첫 단계라는 말이다.

둘째, 기도는 '열정적 사고'인 동시에 **연민적 사고**(compassionate thinking)이다. 기도를 통하여 사람들은 자기 자신에 대한 관심에서 이웃에 대한 관심으로 폭을 넓히기 시작한다. 기도는 현실에서 도피하는 것이 아니라, 실제적 상황(actual situations)에 연민적으로 대면하는 것이다.[26] 이러한 사고는 구체적으로 기독교인들에게 '중보기도'의 형태로 나타난다. 그리고 이러한 중보기도는 치유와 창조적 능력으로 삶의 복잡함 속에 나타나는 것이며, 인간의 실체가 하나님

---

24) John Macqarrie, *Paths in Spirituality* (London: SCM Press, 1979), p. 25.

25) *Ibid.*, p.26.

26) *Ibid.*, p. 27. 맥쿼리는 '연민적 사고'를 향상시키기 위한 훈련의 방법으로 'sensitivity training'을 제안한다. 이것은 다른 사람의 존재에 대하여 더욱 의식하게 만드는 것이며, 다른 사람의 요구에 더 민감하게 반응할 수 있도록 훈련하는 것이다.

의 실체 앞에 개방되도록 하는 역할을 하는 것이다.[27]

셋째, 기도는 **책임 있는 사고**(responsible thinking)이다. 책임 있는 사고란 연민적인 사고와 연관성을 지닌 개념이기도 하다. 여기서 '책임'이라는 개념은 '응답'이라는 개념과 같다. 이것은 이웃에 대한 배려를 의미한다. 기도란 결국 하나님 앞에서 책임 있는 사고를 하는 것이며, 하나님에 대한 신앙과 헌신의 표시이고, 은총에 대한 보답인 것이다.[28]

넷째, 기도는 **감사의 사고**(thankful thinking)이다.[29] 존 맥쿼리가 주장하는 네 가지 사고 유형으로서의 기도는 그 근본을 인간성(humanity)에 두고 있는 것이지, 어떠한 특정 종교를 고백한 사람들에 의해서만 이루어지는 것은 아니다. 맥쿼리는 오히려 모든 사람이 내면적 가능성인 기도를 통하여 하나님을 만나게 될 수 있다고 본다.[30] 이러한 개념 정의와 아울러 맥쿼리가 주장하는 가장 성숙한 기도란 바로 '책임'을 수반하는 기도이며, 세상에 대한 구체적인 태도를 지니게 해 주는 기도이다. 성숙한 기도를 통하여 책임감이 더욱 강해질 수 있고, 자신들이 수행해야 할 과제들에 대하여 확실한 비전을 갖게 되는 것이다.[31]

---

27) *Ibid.*, pp. 27-28.
28) *Ibid.*, pp. 28-30.
29) *Ibid.*, p. 30.
30) *Ibid.*, p. 30. 맥쿼리는 이러한 자신의 주장을 위하여 마이클 노박의 글을 인용하여 설명하고 있다. "하나님을 가장 잘 알 수 있는 방법은 바로 기도를 통해서이다."
31) *Ibid.*, p. 51.

이 같은 맥락에서 살펴보자면 맥쿼리가 이해하는 기도는 인간의 보편적인 현상이며, 인지적인 현상인 것이다. 이러한 주장은 기도에서 기독교적인 정체성을 부여할 수 없다는 한계성을 지니고 있는 동시에 기도의 개념을 확장시킴으로 종교적 도구로서의 기도가 아니라 인간 내면의 종교적 표현으로서의 기도 개념을 도출해 낼 수 있게 한다. 그러나 이러한 확장된 개념을 기독교적인 정체성과 연결하여 설명한다면 다음과 같다. 기도는 모든 사람에게 열려 있는 종교적 행위이며, 특별한 종교적 의식과 관련되어 있는 특수한 행위가 아니라 일상생활에서 경험할 수 있는 삶의 구체적인 사건들 속에서 하나님의 뜻을 발견하고 삶의 가장 중요한 가치들을 발견하려는 부단한 열정에서 비롯되는 것이다. 개인적 차원의 소원을 빌거나 하나님과 은밀한 관계를 형성해 가는 것 이외에도 사회적 관계 속에서 연민, 즉 타자의 입장을 자신의 입장 속으로 이입시키는 연민 행위이다. 다락방에서 은밀히 하나님과 대화하고 끝나는 행위를 넘어서서 이웃의 고통에 대하여 귀 기울이고 함께 고통을 지고 가고자 하는 헌신이며, 삶 가운데서 감사의 상황들을 찾아가는 섬세한 촉각이라고 볼 수 있다.

2. 일상생활의 감성과 기도

종교심리학자인 제임스 프래트(James Pratt)는 기도의 역할을 크게 두 가지로 나누어 설명한다. 하나는 청원과 응답의 효과이며, 다른 하나는 하나님과의 관계 형성의 효과이다. 전자의 기도를 '주관적인 기도'라고 한다면 후자의 기도는 '객관적인 기도'라고 할 수 있다. 주관적인 기도라는 것은 기도의 목표가 기도하는 사람, 자신에게 맞추어져 있다는 것을 의미한다. 기도하는 자의 욕구를 만족시키기 위하여 기도의 대상을 수단으로 생각하는 경향을 의미하는 것이다. 프래트는 기도가 주관적 기도 단계에 머물러 있을 경우에는 모순과 갈등을 극복하지 못하고 자기 암시적인 결론에 빠질 수 있는 반면에, 객관적인 기도 단계에 이를 경우에는 내적으로 갈등과 모순을 통합하고 자신을 객관화시켜 반영할 수 있으며, 하나님과의 대화적 관계에 들어가는 역동성을 지니게 된다고 한다.[32]

종교심리학자 울라노프(Ulanov)도 기도를 '제일의 언어'(primary speech)라고 표현한다. 기도란 인간 실존의 가장 밑바닥을 드러내는 정직한 언어라는 것이다. 제일의 언어는 명료한 언어에서 출발하지 않고 어린이들이 겪는 본능과 감정과 표상 들의 언어와 같은 양식으로 표현된다. 즉, 일반적으로 기도를 시작하는 경우에 자신의 가장 어두운 부분, 모순된 부분, 부정적인 부분에서부터 시작을 하게 된다. 제일 언어를 통하여 자신의 내면에 있었던 욕구들을 발견하게 되고, 이러한 과정 중에서 제일의 언어 위에 외적인 언어로 정련되기 시작한다. 따라서 프래트는 기도의 동기가 '욕구'에서 출발하는 것은 합리적이지만, 욕구 충족의 단계에만 머물러 있을 경우 비인격적인 기도가 될 수 있기에 이러한 기도는 타인이나 하나님과의 관계 형성

---

32) J. Pratt, *The Religious Consciousness* (New York: The Macmillian Co., 1920).

으로 확장되어야 한다고 본다.[33] 위의 의견을 정리해 보면 기도의
동기는 종교심리학적인 견해에서 볼 때 욕구에서 출발한다는 것이
다. 하지만 욕구충족적인 기도는 내면적이고 이기적이고 비인격적
인 수준에 머물 수밖에 없는 특징을 지니기 때문에 이러한 기도는
관계 확장을 위한 기도의 단계로 나가야 한다고 주장하는 것이다.

기도의 관계 확장을 위한 구체적 대안들에 대하여 조직신학자 몰
트만은 기도를 사귐의 관점에서 보면서 다음과 같이 제안한다. 몰트
만은 기도의 개념을 탄원과 간청의 수준을 넘어서 하나님께 말하는
것과 동시에 하나님의 음성을 듣고자 하는 '사귐'이라고 말한다.[34]
'사귐'이라는 전제하에서 몰트만은 기도의 유형을 다음과 같이 분류
한다.

첫째, 감수성이 깨어나는 기도이다. 몰트만은 기도란 특별히 종교
적 의식이나 형태를 통해서 이루어지는 종교적 산물이 아니고 보편
적이고 원초적인 인간의 행위라고 보면서 기도한다는 것은 하나님
의 생명 세계에 대한 감수성이 깨어 있는 것이라고 정의한다.[35] 따
라서 기도한다는 것은 감성을 깨우는 것이라고 볼 수 있다. 이러한
맥락에서 몰트만은 아침마다 생명의 새날로 인하여 하나님께 감사
하는 사람들, 살아 있음을 즐거워함으로써 하나님을 찬양하는 사람

---

33) Ann & Barry Ulanov, *Primary Speech: A Psychology of Prayer* (Atlanta: John Knox Press,
1982), pp. 1-13.
34) Jürgen Moltmann, *Die Quelle des Lebens*, 이신건 역, 《생명의 샘》 (서울: 대한기독교서
회, 2000), p. 161.
35) J. Moltmann, *Ibid.*, p. 171.

들, 사랑을 통하여 하나님께 영광을 돌리는 사람들은 바로 기도를 하고 있는 사람들이라고 한다. 하나님의 선함과 아름다움을 찬양하는 우주의 노래에 화답하는 것, 이러한 행위들이 바로 현세계로부터 깨어난다는 것을 의미하며 모든 피조물의 우주적인 결속으로 되돌아간다는 것을 의미한다는 것이다. 몰트만은 감성의 깨어남을 계발하기 위하여 자연을 하나님의 기호 언어로 읽는 신학적 자연 이해가 있어야 한다고 주장하며, 이러한 자연 이해를 통하여 '만물 안에 있는 하나님'과 '하나님 안에 있는 만물'을 보고 느끼는 법을 배울 수 있다고 제안한다.36) 이러한 몰트만의 의견은 기도를 일상생활에서

---

36) J. Moltmann, *Ibid.*, p. 172. 몰트만은 하나님의 기호 언어로 자연을 읽는다는 것은 피조물인 자연은 인간이 지배하고 가동하기 위해 알아야 하는 정보 시스템 이상의 것이라는 걸 인식하는 것이라고 이야기한다. 현대인이 자연의 소리를 듣지 못하고 있는 이유는 세계를 단지 연구와 기술 대상으로만 여기기 때문이라는 것이다. 몰트만은 아우구스티누스의 고백론(X,6,8)의 다음과 같은 글을 일상적 영성의 관점에서 다시금 수정한다. "내가 당신을 사랑할 때, 나는 무엇을 사랑하고 있는 것입니까? 육체의 아름다움도 아니요, 율동하는 시간의 리듬도 아닙니다. 우리의 눈을 황홀케 하는 광채도 아니요, 온갖 음악세계의 달콤한 멜로디도 아닙니다. 만나도 아니요, 꿀도 아닙니다. 포옹하기 좋은 몸매도 아닙니다. 내가 하나님을 사랑할 때, 나는 이 중의 그 어느 것도 사랑하지 않습니다. 그럼에도 불구하고, 내가 하나님을 사랑할 때, 나는 빛과 소리와 향기와 음식과 포옹을 사랑합니다. 그곳에는 내 영혼이 그 어떤 공간도 차지할 수 없는 빛을 발합니다. 그곳에는 그 어떤 시간도 유혹할 수 없는 소리가 울려 나옵니다. 그곳에는 그 어떤 바람도 흩날리지 못하는 향기가 피어납니다. 그곳에는 아무리 먹어도 싫증나지 않는 맛이 있습니다. 그곳에는 아무리 지쳐도 떨어지지 않는 포옹이 있습니다. 내가 나의 하나님을 사랑할 때, 내가 사랑하는 것은 바로 이것입니다." 이에 대하여 몰트만은 다음과 같이 수정한다. "내가 하나님을 사랑할 때, 나는 육체의 아름다움과 율동의 리듬, 눈빛, 포옹, 이 오색찬란한 창조세계의 온갖 느낌, 향기, 소리를 사랑합니다. 나의 하나님, 내가 당신을 사랑할 때, 나는 모든 것을 포옹하고 싶습니다. 왜냐하면 나는 당신의 사랑스러운 창조 세계 안에서 내 모든 감각으로써 당신을 사랑

피조물과 하나님과의 사귐의 영역으로 확장시킴으로써 일상에서 신
비를 발견해 내는 감성 훈련이 곧 기도 훈련이 될 수 있음을 말하고
있는 것이다.

몰트만과 같은 견해에서 기독교교육학자 가브리엘 모란(Gabriel
Moran)도 묵상(Contemplation)은 우리가 살고 있는 일상적 세계
(ordinary life)에 대한 관심을 의미하는 것이라고 말한다.[37] 몰트만
의 기도에 대한 논의와 가브리엘 모란의 주장을 살펴보면, 기도의 의
미가 일상의 사소한 단초들에서 하나님의 모습을 발견해 내고 삶의
가치와 의미들을 발견해 내는 행위에서 출발한다는 것을 알 수 있다.
이러한 주장은 기도를 인간의 보편적이고 원초적인 행위로 간주하
는 것이기에 기독교적인 정체성을 상실할 수 있다는 지적을 받을 수
도 있겠지만, 기독교교육의 대상이 이미 기독교 신앙을 가지고 있는
사람들을 대상으로 한다는 점을 감안할 때에, 그들이 감지하는 가치
와 의미가 기독교적 성격을 담보한다고 볼 수 있을 것이다. 따라서
기독교 영성 교육에서 기도의 의미는 일상생활에서 감수성을 가지
고 하나님과의 사귐을 가능케 하는 교육 내용이 요구되는 것이다. 더

하기 때문입니다. 당신은 내가 만나는 모든 것 안에서 나를 기다리고 계십니다. 오랫
동안 나는 당신을 나의 내면 안에서 찾았습니다. 나는 내 영혼의 껍질 안을 기어들어
갔으며, 아무도 접근할 수 없는 갑옷으로 무장하였습니다. 하지만 당신은 내 밖에 계
셨으며, 내 마음 한 구석에서 사랑의 넓은 공간으로 나오게 하사 생명의 길로 인도하
셨습니다. 드디어 나는 나로부터 벗어나 내 감각 안에서 내 영혼을 찾았으며, 다른
사람들을 통하여 나의 참 모습을 발견하였습니다."

37) Padraic O'Hare, *The Way of Faithfulness: Contemplation and Formation in the Church* (Trinity
Press, 1993), p. 24.

나아가 몰트만이 제시하는 '사귐'으로서의 기도와 가브리엘이 제안하는 일상의 관심에서 출발하는 기도는 일상생활과 하나님의 통치를 연결시키는 아주 중요한 단서를 제공한다고 본다. 왜냐하면, 모란이 제시하는 일상생활의 관심이라는 측면이 몰트만이 제시하는 하나님과의 사귐에서 나오는 '하나님의 통치'의 개념과 연결되지 않는다면, 그것은 단순히 개인적이고 기복적인 기도로 치우칠 위험이 있기 때문이다. 따라서 통전적 영성 교육에서 기도란 개인적 관심에서 공동체적 관심으로 영역이 확장되는 것을 의미한다. 더 나아가 기복적이기보다는 치유적인 기도를 의미하며, 하나님의 나라를 소망하는 내용의 기도로 전환하는 것을 의미하는 것이다.

기도를 신학적인 측면에서 접근하면서 기도를 신학과 현대적 경험들과의 관련성 속에서 고찰하려는 견해가 있다.[38] 돈 세일러(Don E. Saliers)는 기도를 다음과 같은 용어로서 정의한다.

첫째, 기도는 **만남**(encounter)이다. 하나님의 신비와의 만남이며,

---

38) Don E. Saliers, *The Soul in Paraphrase* (New York: The Seabury Press, 1980), p. 2. 그녀는 역사적으로 신학(theology)과 개인의 경험(personal experience)은 상반되는 것으로 인식되어 왔다고 지적하면서, 기도의 유형과 의미 속에서 '정서'(emotion) 와의 관련성을 찾고자 하는 시도를 하고 있다. 이것은 일상생활론적인 입장에서 보았을 때 배제된 개인의 경험이 의미의 중추가 된다는 것을 확인하는 작업이 되는 것이다. 특별히 정서와의 관련성을 살펴보고자 할 때 '정서'는 'feeling' 'moods' 'sudden sensations' 등 다양한 의미들을 포함하고 있기 때문에 용어 사용상 정서 중에서도 'affection'에 대해서만 살펴보고 있다. 세일러는 'affection'의 의미를 다음과 같이 설명한다. 첫째, 인간의 존재와 행위방식의 중심에 놓여 있는 가장 기본적인 정서이며, 둘째 인간의 삶과 행동의 기본적인 사세(attitude)이며, 셋째는 인간의 세계를 바라보는 이해 현상이라는 것이다.

하나님 앞에 선 인간 자신의 실제와의 만남이라는 것이다.[39]

둘째, 기도는 **심장의 언어**(the language of the heart)이다. 이 부분에서 그는 기도뿐 아니라 종교적 언어 자체가 정서적 언어라고 이야기한다. 성서적 신앙이 이야기하고자 하는 것이 바로 '인간 존재의 전형'일 뿐 아니라 인간 존재의 내적 요소들을 이야기하고 있다는 것이다. 인간이 종교적 신앙을 기도와 예배 속에서 표현하는 용어들로 살펴보면, 인간의 심장(human heart)에서 나오는 희망과 욕구와 경험이라는 것이다.[40]

셋째, 기도는 인간 **정서의 표현**이자 동시에 **형성**(shaping and expressing emotion)이다. 기도는 하나님과의 대화인 동시에 하나님이 우리와 함께 하시는 삶이기를 간구하는 것이다. 이것은 곧 기도가 의도(intending)의 세계임을 의미한다. 기도는 양면적 요소를 지니는데, 곧 인간의 행위이자 하나님의 선물이며, 존재의 방식이자 되고자 하는(letting be) 욕구이고, 우리 안에 형성되어 있는 것을 표현하는 것인 동시에 기도를 통하여 다시 형성되어 가는 것이다. 이러한 일들

---

39) *Ibid.*, p. 4. 기도를 만남이라고 정의함에 있어, 하나님과의 만남인 동시에 자신과의 만남이라고 이야기함으로써 기도와 정서 간의 관계를 논의할 전제를 제시하고 있다.

40) *Ibid.*, p. 22. 세일러는 이 부분을 설명하기 위하여 우나무노(Miguel De Unamuno)의 *Tragic Sense of Life* (New York: Dover Pub., 1954). p. 193의 내용을 인용한다. "하나님을 믿는다고 하면서 하나님을 사랑하지도 않고 미워하지도 않는다고 하는 것은, 하나님을 믿는 것이 아니라 단지 하나님이 존재한다고 배운 것뿐이다. 하나님을 믿는다고 하면서 그 가슴속에 정열도 없고, 마음속에 좌절도 없으며, 확신도 없고, 의심도 없으며, 존재의 고독감에 대한 절망조차 없다면 그것은 하나님을 믿는 것이 아니라 하나님에 대한 사상(God-Ideal)을 믿고 있는 것이지 하나님을 믿는 것이 아니다.

은 인간의 가슴 속에서 일어나는 것인 동시에 은유(metaphor)의 성
서적 사용 속에서 일어나는 현상인 것이다. 모든 형태의 기도에서 인
간의 정서 표현과 정서 형성 현상이 나타나지만 특별히 대화적 기도
(conversational prayer)에서 가장 많이 나타난다.

넷째, 기독교인의 기도는 처음부터 끝까지 하나님께 **찬양하고 감
사드리는 일**이다. 기도하는 것을 배우는 것은 곧 매일의 일상에서 하
나님께 감사하는 법을 배우는 것이다.[41] 하나님께 감사하는 법을 배
우는 것은 결국 사랑과 자비를 배우는 것이며, 동시에 정의에 대해
배우는 것이다.[42] 감사는 삶의 모든 조건과 요소가 하나님으로부터
주어진 선물이라고 받아들이는 데서 시작할 수 있는 것이며, 이러한
감사를 위한 신학적 전제는 하나님을 '창조주'와 '구속주'로 고백하
는 것에서부터 시작된다는 것이다.[43]

---

41) *Ibid.*, pp. 50-51. 세일러는 하나님에 대여 가르치는 과정에는 반드시 기도하는 법이
포함되어야 한다고 강조한다. 그러나 기도하는 법 중 특히 감사의 기도를 가르치는
것은 일상의 평범한 생활 속(in normal course of life)에서 학습자의 정서적 능력을
발전시키려는 의도이다. 다시 말하여, 감사의 언어는 주관을 형성시키는 역할을 한다
는 것이다.
42) *Ibid.*, p. 51. 세일러는 하나님께 감사하는 것은 결국 사랑하는 법을 배우는 것이고 동
시에 정의를 배우는 것이라고 설명하면서 그러나 '정의'(justice)는 사랑을 배우는 것
보다, 성숙한 신앙의 상태에서 배울 수 있는 것이라고 설명한다.
43) *Ibid.*, pp. 51-52. 세일러는 이 점에 대해서 유대적 기도의 개념과 연결하여 설명한다.
유대에서 기도의 개념은 '베라카'(*berakah*; blessing)이었다. 그리하여 세일러는 유대
인들의 기도의 형태는 하나님께서 창조주로서 베풀어 주시는 선물들과 은혜에 대한
감사로 구성되어 있음을 설명한다. 이러한 유대의 기도 개념은 기독교인들에도 이어
져서 성례전적인 기도는 초기 6세기까지 하나님의 자비와 권능을 찬양하고 감사하는
기도로 이어져 왔다고 설명한다.

세일러가 제시하고 있는 논리는 결국 인간은 기도를 통하여 자신의 정서를 표현할 뿐 아니라 정서를 형성해 간다는 것이다. 그리하여 기도는 하나님을 만나는 통로일 뿐 아니라 자기 자신을 만나는 도구가 되는 것이고, 기도를 통하여 고백된 언어들이 자기 자신에 대한 정서를 형성할 뿐 아니라 세계를 보는 시각까지도 형성한다는 점을 지적하고 있는 것이다. 세일러의 이러한 관점은 기도의 은유나 상징들을 확대해 감으로써 세상에 대한 시각을 확대할 수 있을 뿐 아니라 신앙적 정서 형성에서 기도의 언어는 다양한 영향력을 미칠 수 있다는 것을 시사한다.

3. 일상생활의 몸의 경험과 기도

플로라 우엘너(Flora S. Wuellner)는 기독교 신앙의 기초가 성육신에 있기 때문에 영성을 논의하는 데 어떠한 형태의 영성의 추구이든지 성육신적이 되어야 한다고 이야기한다. 신체적 자아의 변화된 관계성을 통하여 전인성을 경험할 수 있는데 그것은 개인적 자아에 국한되어 이루어지는 것이 아니라 공동체와 지구와의 연대를 통하여 가능한 것이라 한다.44) 우엘너는 몸은 하나님이 인간에게 말씀하시

---

44) 우엘너는 현대 서구의 문화 형태와 종교적 사고방식의 이원성이 기도에서 몸의 중요성을 간과해 왔다고 지적한다. 그녀는 여성의 80%가 자신의 신체를 자신 없어 하고 이로 인해 몸과 정서에 대하여 치유되지 않은 내적 상처를 안고 있다고 한다. 또한 교회와 공동체 안에서도 몸이 영적인 삶에 방해가 된다는 인식이 널리 퍼져 있다 한다. 그러나 이러한 견해는 결코 성육신적이거나 성서적인 증언이 아니라고 한다. 바

는 주요한 방식이라고 한다. 몸을 통해서 인간은 자신과 사회에 대하여 감추어진 많은 진리를 배울 수 있다는 것이다.[45] 몸은 자신을 의식하는 자아이며, 감지자이고, 해석자이며, 그것은 몸이나 내면적 자아로 분리되지 않는다는 것이다.[46]

몸의 이러한 역할에 대해서 수잔 그리핀(Susan Griffin)은 신체적 반응의 의미를 설명하고 있다. 즉, 감정 없이 어떤 감각을 경험하는 것은 어렵다는 것이다. 그리핀은 기억 그 자체가 냄새, 촉각, 색채와 결부되어 있어 사람들이 정서적으로 기억하는 것과 몸의 감각과는

울의 서신에서 볼 수 있는 "조상 숭배, 술수, 원수 되는 것, 분쟁, 질투, 당 짓기, 투기" (갈 5:20) 등이다. 바울에게 육체라는 말은 몸 그 자체를 의미하는 것이 아니라 그리스도에 의해 치유되지 않고 변화되지 않은 인격의 분열되고 죄된 상태를 의미한다는 것이다. Flora S. Wuellner, *Prayer and Our Bodies* (Nashville: Abingdon Press, 1987), pp. 4-8.

45) 인간이 자신의 신체의 경험을 통하여 인식하는 방법은 19세기 말부터 칸트의 실체 이원론을 부인하는 학문적 경향에서부터 시작된다고 볼 수 있다. 이러한 학문적 경향을 '몸의 현상학'이라고 부를 수 있다. '몸의 현상학'은 우선 감각 체험에 의한 지식이 추상된 지식보다 열등하다는 플라톤의 인식론을 비판하면서 시작한다. 그들은 감각적 경험으로 도출된 지식이 진정한 지식임을 주장하며, 더욱이 여러 형태의 감각을 그것 자체로 느끼는 것에 대하여 분리하여 논의하는 것의 부당성을 제시하였다. 그들은 신체를 단순한 지식 획득의 도구로 간주하려는 이론도 비판하였으며, 오히려 세계에 대한 신체 반응을 더욱 고도의 정신 작용으로 연마되어야 하는 초보적 지각 행위가 아니라 인식 그 자체라 간주했다. 즉 지각과 인식, 실체는 동일한 것이고 신체는 의식에서 일체화된다고 보았다. 이러한 논의는 베르그송, 후설, 마르셀, 하이데거, 사르트르, 퐁티에 의해서 활발하게 전개되었고, 고프만(Goffman), 푸코, 더글라스, 부르디외, 엘리아스, 버거, 기든스, 터너 등으로 대표되는 '몸의 사회학'의 담론을 형성시키게 된다. J. Schmidt, 홍경실 역, 《메를르 퐁티》(서울: 지성의 샘, 1994); R. M. Zaner, 최경호 역, 《신체의 현상학》(서울: 인간사랑, 1994) 참고.

46) *Ibid.*, pp. 21-23.

밀접한 연관성을 가지고 있다고 말한다.47) 그리핀은 이러한 맥락에서, 신체적 자아에 대한 경외의 신비를 인식하는 것이 하나님의 보다 관대한 신비와 만나게 되는 첫 번째 방법이라고 주장한다.48)

몰트만은 감성의 깨어남으로서의 기도와 아울러 몸으로 표현하는 기도에 대하여도 언급하고 있다.49) 몸으로 드리는 기도는 정서적인 측면과도 밀접히 연결되어 있는 부분이라고 볼 수 있는데, 이것은 인간이 내적인 측면과 외적인 측면, 육체적 차원과 정신적 차원이 밀접하게 연결되어 있는 존재라는 전제에서 시작되는 것이다.50) 몰트만

---

47) 수잔 그리핀은 빌헬름 라이히의 연구 결과를 인용하여 '단절'이라 불리는 정서적 기억 상실증과 근육 긴장이 "기능적으로 동일하다"는 것을 설명한다. Susan Griffin, *Pornography and Silence* (New York: Harper & Row, 1981), pp. 86-87.

48) 우엘너는 신체의 신비에 대해 하나님의 신비가 인간에게서 드러나는 창조의 가장 구체적인 신비라는 점을 설명하면서 다음과 같은 시를 인용한다. "나는 은하수로 지어졌네. 딱딱한 물체가 아닌 복잡한 원자들의 그물로 내 뼈와 살은 형성되었네. 작은 태양계는 내 눈이요. 근육과 뼈는 대기로 이루어졌네. 저녁 하늘에 반짝이는 혜성처럼, 내 피는 정연하고 도도하며, 일정하게 흐르는 구나. … 섬 우주인 내 몸을 지으실 때 하나님은 어찌 그리도 정교하고 정열적으로 계획하셨던가?" Madeleine L'Engle, *A Winter's Love* (New York: Balantine, 1984), pp. 152-153. "Prayer and Our Bodies," *Ibid.*, pp. 25-27에서 재인용.

49) J. Moltmann, *Ibid.*, p.162.

50) 몰트만의 이러한 인식을 지지해 줄 수 있는 근거는 고프만의 몸 이해에서 찾아볼 수 있다. 고프만은 몸을 인간 행위의 필수적인 요소로 간주한다. 그는 몸이 어떻게 사람들로 하여금 일상생활의 흐름에 개입하여 영향을 미치게 할 수 있는가에 관심을 갖는데 기본적으로 그는 체현된 개인을 자율적 존재로 파악하지 않는다. 그는 기본적으로 '몸'에 대한 접근을 다음의 세 가지 차원에서 수행한다. 첫째, 인간의 행위와 정체성이 생물적 몸에 의해서 결정된다는 자연주의적 몸 이해를 반대하여 몸을 개인의 물질적 자산으로 간주한다. 둘째, 몸이 실제적인 사회적 세력들에 의해 생산되는 것도 아니라는 점이다. 즉, 몸에 부여된 의미는 개인의 통제가 불가능한 '공유된 몸 언어'에 의하여 결정된다. 몸은 철저히 개인적이지만 그 중요성과 의미는 사회에 의해서 결정된다

236

은 성서적 근거로부터 생겨난 세 가지 유형의 기도의 모습을 지적하
는데 정리하면 다음과 같다.

(1) 이슬람교인들이 얼굴을 땅에 대고 기도하는 모습
(2) 그리스도인들이 손을 모으고, 눈을 감으며, 무릎을 꿇은 채 기
    도하는 모습
(3) 초대 그리스도교 예배자들이 머리를 높이 들고, 눈을 뜨며, 팔
    을 벌린 모습으로 기도한 모습

이러한 세 가지 다른 기도의 유형을 살펴보면 몸의 운동과 행위가
각각 다른 양태의 신앙고백을 의미한다는 것을 알 수 있다.

첫 번째, 이슬람교인들의 기도 자세는 절대 군주 앞에 서 있는 신
하가 보이는 자세와 같다고 볼 수 있다. 고대 사회에서 이러한 모습
은 절대적인 순종의 자세라고 볼 수 있다. 더 나아가 이러한 형태의
기도는 기도자가 자신을 최대한으로 비하하는 동작인 것이다. 기도
자는 자신의 무가치함을 연출하며 자궁 속에 있는 태아의 몸짓을 취
하고, 군주의 절대적 뜻을 기다리는 자세를 보이는 것이다.[51]

는 것이다. 셋째, 이러한 맥락에서 몸은 개인의 정체성과 사회정체성을 매개하는 역
할을 한다. 즉, 고프만의 몸 이해는 자아정체성-몸-사회정체성으로 이어지는 것이
다. 이러한 고프만의 견해는 몰트만이 제시하는 몸의 태도와 경험을 통하여 하나님과
의 만남을 통한 영성의 형성을 지지해 주는 이론적 근거가 될 수 있다. Erving
Goffman, *Presentation of Self in Everyday Life* (Peter Smith Pub, 1999) 참고.
51) J. Moltmann, *Ibid.*, pp. 162-163. 이러한 기도 자세는 성서 안에서도 발견할 수 있다.

두 번째, 서방교회 기독교인들의 기도 자세는 게르만 문명의 정치적 복종의 몸짓에서 유래한 것으로 보인다. 기도하기 위하여 무릎을 꿇고, 손을 모으고, 고개를 숙이고, 눈을 감을 때, 이러한 모습을 통하여 자신의 무력함과 복종을 연출하는 것이다.[52] 성서적 전통에서는 무릎을 꿇는 행위는 육체가 땅으로 가라앉고 영혼은 하나님에게로 올라간다는 것을 표현한다. 그러나 몰트만은 이러한 자세가 감각은 차단되어 있고, 인간의 내면과 가슴이나 영혼에서만 고독하게 추구되고 있는 하나님의 상을 보게 된다고 지적한다.

세 번째 기도 형태는 로마와 나폴리 카타콤에 묘사되어 있는 초대교회 예배자들의 기도 자세이다. 그들은 똑바로 서서 머리를 들고, 눈을 뜬다. 팔은 위로 향해 펼치고, 손바닥은 위를 향해 벌린다. 몰트만은 이러한 자세를 하나님을 향해 자신을 열어 놓은 자유로운 기도 형태라고 한다. 이런 자세로 기도하는 사람들은 특히 성령의 도래를 위하여 기도한다고 한다. 이러한 자세는 곧 열린 눈으로 미래를 바라보는 것을 의미하는 것이며, 이들에게 기도는 '깨어 있음'을 의미하

아브라함(창 17:3, 17), 여호수아(수 7:6), 다니엘(단 8:17), 모세와 아론(민 16:22) 이스라엘 백성(왕상 18:39), 예수(마 26:39)도 그러한 기도의 자세를 보여 주고 있는데, 이러한 이유는 하나님의 부재에서 오는 절망감의 표현이거나, 하나님의 임재에서 오는 견딜 수 없는 공포에서 취하는 자세이다.

52) *Ibid.*, pp. 163-164. 몰트만은 이러한 것이 신하와 군주와의 관계에서 나타나는 표징으로 보인다고 지적한다. 신하는 군주를 쳐다보면 절대 안 되었고, 군주가 도착하면 신하는 군주를 보지 않기 위해 눈을 감아야 했으며, 손을 모으는 것은 무장하지 않고 갑자기 공격할 수도 없음을 보여 주는 것이라고 보았다. 두 손은 꼭 쥐고 있어야 했으며, 무릎을 꿇고 엎드려 경배한다는 것은 철저한 겸손의 표현이라는 것이다.

는 것이다.53) 또한 이것은 메시아적 신앙으로 가득 찬 사람들, 세계
의 미래의 불확실성 속에서 구주의 도래를 기다리는 사람들의 자세
가 될 것이라고 이야기한다. 이러한 자세에서는 하나님은 막강한 권
세처럼 두려움의 대상이 되지도 않으며, 예배자의 자기 비하를 통하
여 하늘의 군주로 높임을 받지도 않으며, 기도하는 자는 하나님 앞에
서, 하나님과 함께, 그리고 무엇보다도 하나님 안에서 누리는 자유를
표현한다고 설명한다.54)

몰트만은 이러한 세 가지 유형의 기도 모습을 기도하는 사람의 동
기에 따라서, 연속선상에서 생각해 볼 수 있다고 제안한다. 만약 생
활의 실패와 좌절이나 슬픔 속에서 기도를 시작한다면, 첫 번째 자세
로 기도하는 것이 좋다는 것이다. 이 자세는 얼굴을 숙이고, 어머니
의 자궁 속에서 아기처럼 몸을 움직이고, 손으로 얼굴을 가리고, 고
통과 분노를 떨쳐버리고, 우는 자세이다. 그 다음에 일어나서 무릎을
꿇으며, 이웃을 위해 하나님에게 간구하는 가운데 자신의 내면을 살
피는 것이다. 세 번째 자세, 즉 완전히 일어서서 크게 호흡하고, 손을

---

53) *Ibid.*, pp. 164-165. 몰트만은 '변모'가 일어났던 산에서 예수가 이 자세로 제자들 앞에
   서 있었을 것이라고 가정한다. 왜냐하면 "그의 얼굴이 해같이 빛났기 때문이다."(마
   17:2) 또한 몰트만은 현대적 의미에서 이러한 자세는 미래에 대하여 열린 눈으로 바
   라보는 것을 의미하는 것이며, 수많은 사람들이 가능한 파괴(핵)나 불가피한 것 같은
   파괴(환경)에 대한 두려움으로 인해 "마비되다시피" 한 이 세계에서 깨어 있음을 뜻
   하는 것이다.
54) *Ibid.*, p. 165., 몰트만은 이 부분에서 초대 교회의 예배 자세는 그리스도교 신앙을 분
   명히 보여 주고 있다고 설명한다. 카타콤 안에서는 이러한 자세로 서 있는 모습의 여
   인들을 많이 발견하게 된다고 이야기한다.

높이 들며, 눈을 떠서 생명을 주는 성령의 임재를 체험할 때, 치료는 시작된다고 몰트만은 보고 있다. 기도의 자세를 바꿀 때 자기 몸의 소리를 듣고 그것과 조화를 이루는 것이 중요하다는 것이다. 기도 자세를 바꾸는 것에서 더 나아가 자신의 기도를 명상 음악에 맞추어 춤을 추거나, 그림을 그릴 수도 있는 단계로 나아 갈 수 있다는 것이다.

일상생활과의 연관 속에서 고찰할 수 있는 기도의 모습을 살펴본다면, 기도의 자세가 기도와 삶과의 연관성 사이에 영향력을 줄 수 있다. 전통적으로 이어왔던 두 번째 유형의 기도가 내면적 영성을 지향하는 경향을 보이고 있다면, 세 번째 유형의 기도는 일상적 삶과 세계 내 사건들에 대한 관심과 기도를 연결시킬 수 있는 가능성을 제시하고 있다는 것이다. 나아가 기도의 표현을 언어적인 것으로 한정하지 말고 그림이나 무용과 같은 영역으로 표현하게 하는 것도 내면적 영성을 구체성으로 전환시킬 수 있는 과정이 될 수 있다.55)

결론적으로 일상적인 몸의 경험들과 기도의 상관성을 종말론적 전망에서 논의하자면, 기도는 피안적인 것들에 대한 간구이기 이전에 구체적인 삶의 경험들, 물질적 세계에 대한 관심들이 하나님의 통치라는 소망으로 표현되어야 한다는 것이다. 이것은 몰트만이 지적하는 것처럼 역사를 향한 공동체의 기도, 역사 변혁에 대한 개개인의 결단으로 이어지는 기도로 표현되어야 함을 의미하는 것이다.56)

---

55) 이은선은 이러한 맥락에서 예술을 통한 영성 교육을 제안한다. 미술, 무용을 통한 정서 표현으로 영성 교육이 가능하다고 보는 입장이다.

4. 일상생활의 언어와 기도

총체적 경험으로서의 기도란 인지적인 체험을 통한 인지적인 청원과 고백의 차원을 넘어선 정서적·행동적 양식으로 체험되고 고백되는 기도를 의미한다. 랜돌프 크럼프 밀러(Randolph Crump Miller)에 따르면, 현재적이고 역사적인 경험의 해석들이 인간을 하나님께로 인도한다고 한다. 여기서 하나님은 인간의 삶을 변형시키고, 전인적이고 영성적으로 인간을 이끌어 가고자 하는 설득적 행동의 하나님이시다.[57] 즉, 우리가 가지고 있는 하나님에 대한 모델은 인간의 경험적 발견들과 일치하는 것이며, 기도와 예배는 이렇게 형성된 하나님에 대한 표상들의 표출이라는 것이다. 이러한 점은 예배를 형식화할 때, 회중의 감각(sense of reverence)과 정서적 경험(emotional experience)을 고백할 수 있도록 해 주어야 한다는 것을 의미한다. 여기서 기도를 관계 확장의 개념으로 이해하는 것과 아울러 인간의 총체적 경험의 표현으로 이해할 수 있는 단서를 발견하게 되는데, 인간이 경험하는 것을 통하여 하나님에 대한 모델을 형성하게 됨으로,

---

56) 몰트만이 기도의 자세를 적극적이고 활동적인 모습으로 바꿀 것으로 제안하는 것도 결국은 기도가 소극적 자기 소원의 표현이 아니라, 적극적으로 역사를 변혁해 나가는 성령에 대한 대망과, 예수를 따르는 삶에 대한 표현의 동기로서 자세의 적극성을 이야기 하는 것이다.

57) Randolph Crump Miller, "Empirical Theology in the Local Congregation," Randolph Crump Miller (ed.) *Empirical Theology: A Handbook* (Birmingham: R.E.P., 1992), p. 268.

인간의 경험들을 인지적이고 정서적이고 행동적인 범위 안에서 확장해 감으로써 기도의 내용들을 확장해 갈 수 있다는 것을 의미하는 것이다.

특별히 하나님에 대한 모델을 우주적 하나님과 인격적 하나님 모델 양자 모두를 제시해 주어야 한다고 주장하는 신학자로 샐리 맥페그(Sallie McFague)를 들 수 있다. 맥페그는 예배 안에서 사용되는 하나님에 대한 언어가 문자적인 의미의 상징으로 표현되는 것을 넘어서, 실체(reality)로 표현되는 하나님, 또한 기도와 찬양에서, 사람들에게 윤리적이고 사회적인 응답에 초점을 제공해 줄 수 있는 모델로 제시해야 한다고 주장한다. 구체적으로 예를 들자면, 하나님은 '신적 가치를 지닌 요소'(divine value-producing factor)의 언어로만 표현할 것이 아니라, 어머니·아버지·연인·친구·재판관·치유자·해방자·동료와 같은 개념으로 표현할 수 있고, 태양·바다·요새·방패 같은 의미로 표현할 수 있으며, 창조자·구원자·보호자 등과 같은 의미로 표현할 수 있다는 것이다.

여기서 한 가지 문제점으로 지적받는 것은 이러한 용어의 확장이 다원주의적 체계일 수 있다는 것이다. 그러나 언어의 확장은 이미지를 확장하는 것이지 규범적 정의를 바꾸는 것은 아니다. 따라서 이렇게 다양한 용어로 표현하는 것은 하나님에 대한 지평을 넓혀 줄 수 있다. 이러한 용어는 하나님을 기술하는 용어는 아니고, 오히려 하나님에 대하여 인간이 어떻게 인식하는가를 표현하는 용어라고 볼 수 있다. 이렇게 다양한 용어로 표현된 하나님에 대한 의식들은 실천의 다양성을 부과한다.[58] 일상생활과의 관련성에서 고찰해 볼 수 있는 점은 기도의 언어를 종교 언어의 범주에서 일상적 언어의 범주로 확장해 가야 한다는 점이다.

IV. 일상생활 영성의 통전성과 기도

위에서 살펴본 것처럼 기도는 종교적 측면뿐 아니라 모든 일상생활을 포함하는 것이다. 다시 말하여 기도는 '하나님 앞에서 환호하고 불평하는 것'을 넘어서서 하나님 앞에서 영위하는 일상생활의 경험들 속에서 하나님의 뜻을 발견해 가는 과정이며, 그 뜻을 일상생활 속에서 실천하고자 하는 결단이며, 구체적인 삶으로 이어지는 일상의 생활이라는 것이다. 로버타 반디(Roberta C. Bondi)는 이러한 견해에서 기도가 일상생활을 하나님 앞에서 통전적으로 통합해 가는 과정이라고 설명한다.[59] 반디에 따르면 기도는 인간과 하나님 사이의 상호운동이며, 하나님의 계속적인 은총과 이에 대한 인간의 지속적인 응답이라는 것이다. 이것은 하나님 임재 안에서의 침묵과 사랑의 경험과 기도의 체험으로부터 배우는 하나님과 자신과의 계속적인 반성 사이에서 이루어지는 응답의 경험이라는 의미이다.[60]

---

58) *Ibid.*, pp. 272-273.
59) Roberta C. Bondi, *To Pray and To Love: Conversations on Prayer with the Early Church* (Augsburg, Minn.: Fortress Press, 1991).

또한 반디는 기도를 통하여 자아를 발견할 수 있게 된다고 한다. 기도는 하나님의 사랑으로 변형되어 가는 새 자아와 옛 자아와의 연결이라는 것이다. 기도를 통하여 자아에 대한 발견이 가능케 되고 자아의 지향성을 발견하게 된다는 것이다.[61] 그리고 그는 기도는 일생을 거쳐 지속적으로 이루어져야 하는 생의 과정이라고 한다. 다시 말하자면, 기도는 삶의 한 방식이라는 것이다.[62] 기도를 통하여 삶에 대한 성찰과 반성이 가능하고 또한 삶의 과정을 사랑할 수 있는 능력을 습득할 수 있다는 것이다.[63] 이러한 점에서 볼 때 반디가 주장하고 논증하는 기도의 개념은 일상적인 생활 안에서 이루어지는 실천과 반성이 궁극적인 목표로 상정되는 일상생활의 영성의 표현이라는 것이다. 일상생활의 영성 생활에서 인지적 차원과 감성적 차원 그리고 실천적 차원을 아우르는 것이 바로 기도라고 보는 것이다.

'삶의 양식'으로서의 기도에 대하여 일상생활적인 입장에서 개념을 정의하고자 하는 견해를 보이는 신학자로 에드워드 카터(Edward Carter)를 들 수 있다.[64] 카터에 따르면 기도는 기독교인의 전 존재

---

60) *Ibid.*, p. 19.

61) *Ibid.*, pp. 20-21.

62) *Ibid.*, p. 20.

63) *Ibid.*, p. 21. 반디는 초대 수도원주의에서는 '하나님과 이웃에 대한 사랑이 기독교적 삶의 목표'라고 주장한다. 이러한 견해에서 반디가 주장하는 기독교적 삶의 본질은 사랑하기를 배우는 일이며, 이것은 일생에 걸친 일이다. 기도가 사랑을 배우는 데에 필수적인 근본 구성요소이므로, 기도 중 매일 앉아서 성경을 읽으면서 하나님과 시간을 보내고, 하나님의 음성에 귀를 기울이고, 하나님의 임재 속에서 삶의 의미를 찾고, 타인을 위해 기도를 하는 데 사용되는 시간은 일부분일 뿐이다.

64) Edward Carter, S. J., *Mysticism and Everyday* (New York: Sheed & Ward, 1991), pp.

(entire being)와 관련이 있다.65) 또한 인간의 존재의 의지(will)와 정서(heart)와 관련되어 있는 것이다. 기도의 개념을 한마디로 정의하자면 "인간의 모든 삶의 힘을 하나로 모을 수 있는 능력이며, 삶의 힘을 하나님께, 이웃들에게, 자신에게 그리고 모든 피조물에게 향하게 할 수 있는 능력이다." 다시 말하자면 '관계 능력'이라는 것이다.66) 우선적으로, 기도를 통하여 우리 안에 현존하고 계시는 하나님께 주목할 수 있으며, 하나님의 사랑을 깨달은 경험으로 인하여 자기 자신과 타인들에게 자신을 개방할 수 있게 되는 것이다.67) 에드워드 카터의 견해를 정리하자면, 그는 기도에 대한 신학적인 접근을 하면서 관심을 삶의 일상 속에서의 관계성으로 표현되는 신앙 양태를 설명하는 데 두고 있는 것이다.

해방적 차원의 관심에서 기도를 이해하고자 하는 견해는 레오나르도 보프(Leonardo Boff)에게서 볼 수 있다.68) 기도에 대한 연구에 앞서 보프가 전제하고 있는 기독교에 대한 정의는 '기독교는 화육의 종교'라는 것이다. 화육의 종교가 의미하는 바는 기독교 공동체는 영적인 해방에만 관심을 갖는 것이 아니라 인간 존재의 '총체적 해

30-41 참조.

65) 여기서 맥쿼리와 다른 점이 발견되는 것은 에드워드 카터는 기독교인이라는 단서를 달고 있는 반면, 맥쿼리는 인간의 보편적 현상이라고 전제한다.

66) *Ibid.*, pp. 30-31. 또한 기도라는 것은 신비 능력일 뿐 아니라 아주 구체적인 능력이다. 예를 들자면, 사랑할 수 있는 능력, 결정할 수 있는 능력, 현실과 관계를 맺으며 살아갈 수 있는 능력이다.

67) *Ibid.*, pp. 31-33.

68) Leonardo Boff, *The Lord's Prayer* (New York: Orbis book, 1983), pp. 11-15.

방'69)에 관심을 갖는 다는 것이다. 이러한 견해에서 그는, 주기도문을 총체적 해방의 기도로 정의하고, 주기도문을 통하여 기도의 형식과 기도의 내용을 설명하고자 한다.

보프는 특별히 주기도를 설명하면서 기도란 일상생활을 통전적으로 아우르는 구체적인 행위로 표출되어야 함을 지적하고 있다. 주기도는 두 가지 운동의 구조를 가지고 있다고 말한다. 하나는 아버지 · 그분의 거룩함 · 그분의 나라 · 그분의 뜻, 즉 하늘을 향하고 있는 운동이며, 다른 하나는 빵 · 용서 · 유혹 · 악 등 땅을 향한 운동이다. 주기도 속에서 하나님을 향한 관심과 지상적 삶의 요구들에 대한 관심이 모두 표출되어 있다는 것이다. 이러한 맥락에서 보프가 설명하고자 하는 것은 기도가 삶의 관심 사항에 대한 표현만도 아니며, 하

---

69) *Ibid.*, pp. 11-14 여기서 총체적이라는 의미는 육체적인 것과 경제적, 사회적, 정치적 문화적 하부구조를 의미하는 것이다. 보프는 이 점에 대해서 교황 바오로 6세의 *Evangelii Nuntiandi*(1979)에서의 선언을 인용한다. 바오로 6세는 교회의 두 가지 위험성에 대하여 이야기를 하는데 하나는 '종교적 환원주의'(religious reductionism) 즉, '신학주의'(theologism)이다. 종교적 환원주의라 함은 기독교의 신앙과 교회 활동들을 예배, 경건, 교리 등의 경직된 종교적 영역에 한정하는 것을 의미한다. 여기서 강조하고 있는 점은 기독교를 현실의 한 분야(종교적 영역)로서가 아니라, 모든 현실을 구원하기 위하여, 그리고 그것을 하나님 나라의 일부가 되게 하기 위하여 화육된 하나의 과정으로 이해해야 한다는 점이다. 다른 한 가지는 '정치적 환원주의' 즉 '세속주의'(secularism)를 의미하는 것이다. 이것은 기독교의 신앙과 교회의 타당성을 순전히 정치적인 영역에 국한시키는 것을 의미한다. 기독교 신앙이 사회를 지향하는 차원을 가지고 있다 하여도 이러한 사회적 차원이 기독교 신앙의 전부는 아니며, 원래의 의미에서 기독교 신앙의 관점은 영원을 향하고 있고, 바로 그 영원으로부터 정치적 활동을 숙고하고, 사회적 행동지침을 알려 주고 있음을 간과하는 것이라고 지적하고 있다.

나님에 대한 갈망의 표현만도 아닌 두 요소를 모두 포함하고 있는 하나의 운동이라는 것이다.70) 이러한 보프의 논의를 살펴보면 기도 란 종교적인 측면과 사회·정치적인 측면의 통합을 위한 해방적 운동 이라는 점을 강조하고 있음을 알 수 있다. 이러한 논의가 시사하는 바는 기도를 인지적이거나 정서적인 측면에서 이해하려는 시도를 넘어서서 실천(praxis)의 차원으로 확장시키는 공헌을 하였다고 볼 수 있다.

얀 밀리치 로흐만(J. M. Lohmann)은 일상생활의 해방적 차원에 관 심을 갖고 기도를 설명한다. 그에 따르면 기도는 '삶의 자리'(Sitz im Leben)의 곤경에서부터 시작된다고 한다. 로흐만은 기도는 곤경으 로부터의 해방을 간구하는 것에서부터 시작되지만 언어적 간구에서 끝나면 무의미한 것이 된다고 지적하면서, 기도에는 다음과 같은 요 소가 포함되어 있다고 설명한다.

첫째, 기도는 모든 고정화에 대한 투쟁이라는 것이다. '개방을 향 한 투쟁'이라는 의미이다. 둘째, 기도는 신의 내적 차원으로서 인간 적 삶의 모든 요소를 포함하고 있는 것이며, 창조주를 경외한다는 것 은 기도한다는 것을 의미하는 것이며, 더 나아가 이러한 기도는 하나 님의 모든 뜻을 해방의 현재화로 받아들이는 것을 의미한다는 것이

---

70) *Ibid.*, pp. 39-40. 이 부분에서 보프는 '주기도'가 초대 교회에서는 '비의 훈련'(secret discipline)에 속했던 것임을 지적하면서 그것은 신비에 이미 접한 사람들을 전제로 하는 것처럼 현대에, 주기도를 하는 것도 이와 마찬가지로 이 세계의 비극에 대한 인 식을 전제로 한다는 점을 이야기하고 있다.

다.[71]

셋째, 기도의 형식은 간구와 중보와 감사의 기도로 나누어져 있다는 점이다. 특별히 간구 기도에서 간구의 영역은 삶의 영역을 포함하고 있는 것이다. 기도와 관련이 없는 삶의 영역은 없다는 것이고 이것은 영적인 것과 신학적인 것, 세속적인 것과 육체적인 것으로 구분하여 후자를 무가치한 것으로 보는 오류를 범하지 않아야 한다고 주장한다.[72] 중보기도는 개인적인 것과 사회적인 것을 매개하는 역할을 한다. 중보기도는 이웃의 고통에 참여한다는 표징이다. 기도는 사적인 영역을 개방하여 예배의 정치화·사회화를 가능하게 한다. 기도의 세 번째 형식인 감사의 기도는 기도의 구체화와 일상화를 의미하는 것이다. 이는 일상적인 것을 항상 새롭게 주어지는 선물로 인식하는 태도를 의미한다.[73]

---

71) *Ibid.*, pp. 22-23. 로흐만은 이러한 견해를 다음의 칼뱅의 글에서 찾아보고 있다. "하늘에 계신 하나님이 우리에게 보여 주고 있는 한, 우리가 구원을 얻는 유일한 방식은 그분의 이름을 부르는 데 있다는 것은 참으로 분명한 일이다. 동시에 우리는 그분의 약속이 나타나기를 바란다. 이 약속에서 그분이 우리를 지켜주시고, 우선적으로 보살펴 주시기 때문이다. 우리는 그분의 능력이 나타나기를 간구한다. 이 능력을 통하여 그분이 우리의 연약함과 나아가서 우리의 피곤함을 바로 세워주시기 때문이다. 우리는 그의 선함이 나타나기를 원한다. 이 선함을 통해서 그분은 죄의 짐에 비참하게 눌려 있는 우리를 그의 은혜 안에서 받아 주시기 때문이다.(*Institutio*, III. 20장 2항)

72) *Ibid.*, pp. 23-24.

73) *Ibid*, pp. 24-25. 로흐만은 시편이나 신약의 영광송(Doxologie)에 나타나 있듯이 하나님을 찬양하는 감사는 성서적·신학적으로 이해되는 기도의 기본 구조라고 설명한다.

"그러므로 나는 무엇보다도 먼저, 모든 사람을 위해서 하나님께 간구와 기도와 중보기도의 감사를 드리라고 그대에게 권합니다. 왕들과 높은 지위에 있는 모든 사람을 위해서도 기도하십시오. 그래야 우리가 아주 경건하고 품위 있는 삶과, 조용하고 평

넷째, 기도는 인간의 실존을 위한 신실한 행동이라든지 이웃을 향한 자신의 신실함을 추구하는 것의 문제를 뛰어넘어서 구체적으로 개인적인 동시에 물질적인 곤경에 관심을 가지면서, 넓고 개방된 하나님의 역사와 삶의 현장에 동참하는 것이며, 이 모든 것을 위하여, 하나님과 대화하는 것이라고 설명하고 있다. 다시 말하자면, 실천 없는 내적 갱신도 아니고, 내적 갱신 없는 실천도 아닌 두 요소가 모두 충족되어야 한다고 말한다.74)

로흐만은 기도를 정의할 때 하나님과의 관계인 동시에 삶의 자리에서 이웃과의 관계이며, 영적인 관심인 것인 동시에 실천적인 것에 대한 관심이며, 신비로운 것에 대한 경험인 동시에 삶의 가장 일상적이고 구체적인 것에서 감사의 요소를 찾는 일상의 감사 문제라고 이야기한다. 이와 같은 논의가 주는 시사점은 기도는 종교적 영역을 뛰어넘어 일상적인 삶에서 하나님의 뜻을 찾고자 하는 겸허한 열정이며, 이웃 공동체와 함께하고자 하는 나눔의 실천이며 삶의 모든 부자유한 영역들을 해방하고자 하는 실천적 행위라는 것이다.

V. 마치며

위에서 언급한 기도에 대한 논의와 기도의 개념을 살펴보면 통전

화로운 삶을 살아 갈 수 있을 것입니다."(딤전 2:1-2)

74) *Ibid.*, pp. 26-27.

적 견해에서 전개할 수 있는 기도에 대한 논의점은 다음과 같이 정리할 수 있다.

첫째, 하나님과의 관계의 범주로부터 자아와의 관계, 타인들과의 관계로 **범주를 확장**해 갈 수 있다. 즉, 전통적으로 인식되어 오던 하나님과의 관계를 기본으로 한 기도의 유형으로부터 자아 표현으로서 가능하게 되는 기독교적 정체성 형성을 위한 기도 및 타인과의 관계 형성, 아울러 자연과의 관계 형성으로서의 기도에 대한 논의들을 해 나갈 수 있다는 것이다.

둘째, 기도는 인간의 **총체적 경험과 연관성 속에서** 살펴보아야 한다. 이것은 기도는 인지적인 고백에서부터 정서적인 표현, 행동적 양식까지 총체적으로 관련되어 있다는 말이다. 이러한 점에서 기도를 인지적인 고백 차원에서부터 확장하여 정서적이고 행동적인 부분까지의 관련성 속에서 고찰하고 특히 몸으로 드리는 기도의 측면까지도 확장시켜 나갈 수 있는 가능성이 있다.

셋째, 기도는 **삶의 양식**으로서 이해할 수 있다. 이것은 기도의 의미를 종교적 표현의 형태에서부터 삶을 대하는 기본적 태도로까지 확장하여 볼 수 있다는 의미이다.

따라서 이러한 맥락에서 기도를 기도원 어느 골방에서 드리는 개인적 탄원으로 끝나는 종교적 행위로 이해해서는 안 된다. 기도란 매일 아침 눈뜨면 맞이하는 일상생활이 하나님의 뜻을 이루는 성스러운 장으로 인식하게 하는 것이고, 매일의 삶에서 만나는 사람들을 예수님처럼 대할 수 있도록 사랑의 감성을 일깨우는 것이며, 자신의 일터에서 노동이 신앙적 가치와 고백을 표현해 내는 통로가 될 수 있게 하는 것으로 이해해야 한다. 이러한 일상생활 속에서의 기도가 곧 일상생활에서 형성되는 영성의 통전성을 가능케 하는 것이다.

| 참고 문헌 |

1장. 기독교 영성에 대한 역사적 고찰

강희천,『기독교교육의 비판적 성찰』, 서울: 대한기독교서회, 1999.

김균진,『종말론』, 서울: 민음사, 1998.

이양호, "종교개혁자들의 영성,"『기독교 사상』4월호, 서울: 기독교서회, 1988.

정용석 · 이후정 외 편,『기독교 영성의 역사』, 서울: 은성, 1997.

Atanasius, Gregg Robert C. (trans.), *The Life of Anthony and The Letter to Macellinus*,   New York: Paulist Press, 1980.

Aumann Jordon, *Christian Spirituality in the Catholic Tradition*, London: Sheed & Ward, 1985.

Battle Ford L. & Tagg Stanley, *The Piety of John Calvin: An Anthology illustrative of the Spirituality of Reformer*, Grand Rapid: Baker, 1978.

Bouyer L., *The Spirituality of the New Testament and the Fathers*, Trans. Desclee. M. P, New York: N. Y., 1960.

Fry T. (ed.), *The Rule of St. Benedict*, Collegeville, Minn: Litergical Press, 1981.

Gonzalez Justo L., *The Story of Christianity*, 서영일 역,『중세 교회사』, 서울: 은성, 1987.

Hanson Bradley C. (ed.), *Modern Christian Spirituality: Methodological and Historical Essays*, Atlanta: Scholars Press, 1990.

Holt Bradley P., *Thirty for God: A Brief History of Christian Spirituality*, Minneapolis: Augsburg Fortress Pub., 1993.

Maas Robin and O'Donnell Gabriel (ed.), *Spiritual Tradition for the Contemporary Church*, Nashville: Abingdon Press, 1990.

McGinn Bernard, Meyendorff John, and Leclercq Jean (ed.), *Christian Spirituality: Origins to the Twelfth Century*, New York: Crossroad Press, 1993.

Raitt Jill, McGinn Bernard, Meyendorff John (ed.), *Christian Spirituality Ⅱ : High middle Age & Reformation*, New York: Crossroad Press, 1994.

Ulich Robert, *A History of Religious Education*, New York: New York University Press, 1968.

Erb Peter C., *Piertists*, 엄성옥 역,『경건주의자들과 그 사상』, 서울: 은성, 1991.

Walker Wiliston, *A History of Christian Church*, 강근환 외 역,『세계 기독교회사』, 서울: 대한기독교서회, 1975.

2장. 기독교 영성에 대한 현대적 논의

강희천,『기독교교육의 비판적 성찰』, 서울: 대한기독교서회, 1999.

김경재,『그리스도인의 영성 훈련』, 서울: 대한기독교서회, 1988.

김중기, "새 천년을 위한 영성 연구의 방향," 연세대학교 신과대학 편,『신학 논단』제28권, 서울: 한국신학연구소, 2000.

이우정 편,『여성들을 위한 신학』, 서울: 한국신학연구소, 1986.

정미현, "창조중심적 영성: 빙엔 힐데가르트를 중심으로," 한국기독교학회 편,『한국기독교 신학논총』15집, 서울: 대한기독교서회, 1988.

한국기독교학회 편,「오늘의 영성신학」, 서울: 양서각, 1988.

한국여성신학회 편,『영성과 여성신학』, 서울: 대한기독교서회, 1999.

Abbott W. M. (ed.), *The Documents of Vatican* Ⅱ, New York: America Press, 1966.

Alexandria John, "What do recent writers mean by Spirituality?" *Spirituality Today*, vol. 32. 1980.

Arai Tosh and Ariarajah Wesley (ed.), *Spirituality in Interfaith Dialogue*, New York: Oribis Books, 1989.

Aumann Jordon, *Spiritual Theology*, London: Sheed & Ward, 1980.

Balthasar Hans Urs von, "The Gospel as Norm and Test of all Spirituality in the Church," *Concilium* 9. 1965.

Bent Ans Van der, "The Concern For Spirituality: An Analytical and Bibliographical Survey of Discussion within the W.C.C Constituency," *Ecumenical Review* 38. 1986.

Birch Charles (ed.), *Liberating Life: Contemporary Approaches to Ecological Theology*, New York: Orbis Books, 1990.

Cashmore Gwen & Joan Puls, *Clearing the Way: En Route to an Ecumenical Spirituality*, Geneva: WCC Pub., 1990.

Colliander Tito, *Way of Ascetics: The Ancient Tradition of Discipline and Inner Growth*, 엄성옥 역,『수덕의 길』, 서울: 은성, 1999.

Conn Joann Wolski, "Spiritual Formation," *Theology Today*, Vol. 56, No. 1, 1999.

————, *Women's Spirituality: Resources for Christian Development*, New York: Paulist Press, 1996.

Cox Havey G., *Fire from Heaven: The Rise of Pentecostal Spirituality and the Reshaping of Religion in the Twenty-first century*, Reading, Mass: Addison-Wesley Pub. 1995.

Cully Iris V., *Education for Spiritual Growth*, San Francisco: Harper & Row, 1984.

Elias John L., "The Return of Spirituality: Contrasting Interpretation," *Religious Education*, Vol. 86, No. 3. 1991.

Erick Kathleen Powers, *At Eternity's Gate: The Spiritual Vision of Vincent Van Gogh*, 최종수 역,『고호의 영성과 예술』, 서울: 한국기독교연구소, 2000.

Fiorenza Elizabeth Schusseler, *In Memory of Her*, New York: Crossroad Press, 1984.

Fox Mattew, *Original Blessing*, SantaFe, New Mexico: Bear & Company, 1983.

————, *Western Spirituality: Historical Roots, Ecumenical Routs*, SantaFe, New Mexico: Bear & Company, 1981.

Gutierrez G., *We Drink from our own Wells: The Spiritual Journey of a People*, Maryknoll: Orbis Books, 1985.

Hadot Pierre, *Philosophy as a Way of Life*, Cambridge: Blackwell Pub., 1995.

Hanson Bradley C., "Christian Spirituality and Spiritual Theology," *Dialogue* 21, 1982.

Hanson Bradly C., *Modern Christian Spirituality: Methodological and Historical Essays*, Atlanta: Scholas Press, 1990.

Holmes Urban T., *Spirituality for Ministry*, San Francisco: Harper & Row, 1982.

Johnson Susanne, *Christian Spiritual Formation in the Church and Classroom*, Nashville: Abingdon Press, 1989.

Kerr Fergus, *Theology after Wittgenstein*, Oxford: Blackwell, 1986.

King Ursula, *Women and spirituality: Voces of Protestant and Promise*, London: Macmillan Press, 1993.

LaCugna Catherines Mowery (ed.), *The Essentials of Theology in Feminist Perspective*, San Francisco: HaperCollins, 1993.

Leean Constance, "Spiritual and Psychosocial Life Cycle Tapestry," *Religious Education*, Vol. 83, No. 1, 1988.

McGinn Bernard, *Mystical Union and Monotheistic Faith: An Ecumenical Dialogue*, New York: Macmillan Press, 1989.

Moltmann J., 김균진 역,『생명의 영』, 서울: 대한기독교서회, 1996.

Norton David L., *Personal Destinies: A Philosophy of Ethical Individualism*, Princeton, N.J.: Princeton University Press, 1976.

Ochs Carol, *Women and Spirituality*, Totowa, N.J.: Rowman and Allanheld, 1983.

Peck Scott, *The Roadless Traveled*, New York: Simon & Schuster, 1978.

Principe Walter, "Toward defining spirituality," *Sciences Religiouses* 12, 1983.

Schneiders Sandra M., "Spirituality as an academic Discipline: Reflections from Experience," *Christian Spirituality Bulletin*, Vol. 1, No. 2, Fall, 1993.

――――, "Spirituality in the Academy," *Theological Studies*, Vol. 50, No. 4, 1989.

Seymour Jack L., and Miller Donald E., *Theological Approaches to Christian Education*, 김재은 · 임영택 공역, 『기독교교육과 신학의 대화』, 서울: 성광문화사, 1994.

Sheldrake Philip, *Spirituality and History: Questions of Interpretation and Method*, Maryknoll: Orbis books, 1998.

Ulanov Ann & Ulanov Barry, *Religion and Unconscious*, New York: Westminster John Knox Press, 1975.

Ulich Robert, *A History of Religious Education: Document and Interpretation from the Judaeo-Christian Tradition*, New York: New York University Press, 1968.

Wakefield Gordon S. (ed.), *The Westminster Dictionary of Christian Spirituality*, Philadelphia: Westminster John Knox Press, 1983.

Winckel Ena Van De, 김성민 역, 『융의 심리학과 기독교 영성』, 서울: 다산글방, 1996.

Zappone Katherine, *The Hope for Wholeness: A Spirituality for Feminist*, Mystic Connecticut: Twenty-Third Pub., 1991.

3장. 일상생활 영성에 대한 신학적 논의

강희천, "경험신학과 기독교교육과정," 연세대학교 신과대학 편, 『신학논단』 27집, 서울: 한국신학연구소, 1999.

유해룡, 『하나님 체험과 영성수련』, 서울: 장로회신학대학 출판부, 1999.

Boff Leonardo, *Ecologia Mundializacao Espiritualidade*, 김항섭 역, 『생태신학』, 서울: 카톨릭 출판사, 1996.

Capra Fritjof and Steindle-Rast David, *Belonging to the Universe: Exploration on the frontiers of Science and Spirituality*, 김재희 역, 『신과학과 영성의 시대』, 서울: 범양사, 1997

Chamberilain Joan, *The Feminine Dimension of Divine*, Philadelphia: Westminster John

Knox Press, 1979.

Driskill Josheph D., *Protestant Spiritual Exercises*, Harrisburg, PA.: Morehouse Pub., 1999.

Fiorenza Elizabeth Sussler, *In Memory of Her*, New York: Crossroad Press, 1983.

Fisher Katheleen, *Reclaiming the Connections: A Contemporary Spirituality*, Kansas City: Sheed and Ward, 1990.

Fox Mattew, *Original Blessing: A Primer in Creation Spirituality*, Santafe, New Mexico: Bear & Company, 1983.

Fox Mattew & Sheldrake R., *Natural Grace*, Dell Publishing Group, 1996.

Grenz Stanley J. & Olson Roger E., *20th Century theology: God & the World in a Transitional Age*, Inter Varsity Press, 1992.

Gutierrez Gustavo, Robert R. Barr (trans.), *The Power of the Poor in the History*, Maryknoll, N.Y.: Orbis Books, 1983.

Hill Edumund, *Being Human: A Biblical Perspective*, London: Geoffrey Chapman, 1984.

Hodgson Peter C., *Winds of Spirit: A Constructive Christian Theology*, 손원영 외 역,『기독교 구성신학』, 서울: 은성, 2000.

Kaufmann Gordon D., *An Essay on Theological Method*, Atlanta: Scholars Press, 1995.

Küng Hans, David Tracy (Hrsg), *Theologie-Wohin?*, 박재순 역,『현대신학은 어디로 가고 있는가』, 서울: 한국신학연구소, 1989.

Lane Dermot A., *Foundation for a Social Theology: Praxis, Process and Salvation*, New York and Ramsey, N.J; Paulist, 1984.

Maslow Abraham, *Religion, Values and Peak-experiences*, Columbus: Ohio States University Press, 1964.

McFague Sallie, *Models of God*, Philadelphia: Fortress Press, 1987.

McGinn Bernnard, *The Presence of God: A History of Western Christian Mysticism*, New York: Crossroad Press, 1991.

Ruether Rosemary R., *Sexism and God-Talk*, Boston: Bacon Press, 1983.

Schneiders Sandra, "A Hermeneutical Approach to Study of Christian Spirituality," *Christian Spirituality Bulletin*, Spring, 1994.

4장. 전통적 영성 지도의 재개념화

강희천,『기독교교육의 비판적 성찰』, 서울: 대한기독교서회, 1999.

성 베네딕트 왜관 대 수도원,『성 베네딕트 수도 규칙』, 왜관: 분도출판사, 1974.

이형우,『성 베네딕트 수도규칙』, 서울: 분도 출판사, 1991.

정용석 · 이후정 외 편,『기독교 영성의 역사』, 서울: 은성, 1997.

Auer Benedict, "Soul-Speaking: Spiritual Friendship as a Model for Spiritual Direction," *Spiritual Life*, Vol. 42, No. 2, 1996.

Aumann Jordon, *Christian Spirituality in the Catholic Tradition*, London: Sheed & Ward, 1985.

Barry William A. & Connolly William J., *Practice of Spiritual direction*, San Francisco: Harper, 1982.

Baxter Richard, *The Reformed Pastor*, 지상우 역,『참된 목자』, 서울: 크리스챤다이제스트, 1993.

Benedict Ward (ed.), 이후정 · 엄성옥 공역,『사막 교부들의 금언』, 서울: 은성출판사, 1995.

Benz Ernest, *The Eastern Orthodox Church: Its Thought and Life*, New York: Doubleday & Co., 1963.

Calian Carnegie Samuel, *Theology without Boundaries: En Counters of Eastern Orthodoxy and Western Tradition*, Louisville: Westminster John Knox Press, 1992.

Caraman Philp, "Ignatius Loyola," *Westminster Theological Journal*, Vol. 53, No. 2. 1991.

Carmody John, *Holistic Spirituality*, New York: Paulist Press, 1983.

Cowan Marian & Futrell John Carrol, *Companions in Grace: A Handbook for Direction of Spiritual Exercises of St.. Ignatius of Loyola*, Kansas City, MO: Sheed & Ward, 1993.

Culligan Kevin G., *Spiritual Direction: Contemporary Reading*, New York: Living Flame Press, 1983.

Cully I. V., *Education for Spiritual Growth*, 오성춘 외 역,『영적 성장을 위한 교육』, 서울: 장신대출판부, 1986.

Davis Gary L., "Spiritual Direction," *Religious Education*, Vol. 81, No. 2, 1986.

Davies James A., "Patterns of Spiritual Direction," *Christian Education Journal*, Vol. 13, No. 3, Spring, 1993.

Francis and Clare, *The Complete Works*, New York: Paulist Press, 1982,

Guillermou Alain, *St. Ignace de Loyola et la Compagnie de Jesus*, 김정옥 역,『로욜라의 성 이냐시

오와 예수회』, 서울: 한국예수회, 1981.

Harris Maria, *Dance of the Spirit: the Seven Steps of Women's Spirituality*, New York: Bantam Books, 1989.

Harris Maria & Moran Gabriel, *Reshaping Religious Education: Conversations on Contemporary Practice*, Westminster: John Knox Press, 1998.

Hill B. R., *Key Dimensions of Religious Education*, Winona, Minnesota: Saint Mary's Press, 1988.

Holt Bradley P., *Thirsty for God: A Brief History of Christian Spirituality*, 엄성옥 역, 『기독교 영성사』, 서울: 은성, 1996.

Jones Cheslyn, Yarnold Geffrey Wainright (eds.), *The Study of Spirituality*, New York: Oxford University Press, 1986.

Laplace Jean, *Preparing for spiritual direction*, Francis Herald, 1975.

Leech Kenneth, *Soul Friend: An Invitation to Spiritual Direction*, New York: HaperCollins Pub., 1992.

Leetch K., *Soul Friend: The Practice of Christian Spiritual*, San Francisco: Harper & Row, 1977.

Libert Elizabeth, *Changing Life Patterns: Adult Development in Spiritual Direction*, New York: Paulist Press, 1992.

Loyola St. Ignatius, *The Spiritual Exercises*, 윤양석 역, 『성 이냐시오의 영신수련』, 서울: 한국천주교중앙협의회, 2001.

Maas Robin and O'Donnell Gabriel (eds.), *Spiritual Tradition for the Contemporary Church*, Nashville: Abingdon Press, 1990.

May Gerald G., *Care of mind, Care of spirit: A Psychiatrist Explores Spiritual Direction*, Grand Rapids, Mich.: Harper San Francisco , 1992.

McGinn Bernard, "기독교 영성 I : 초대부터 12세기까지," 이후정 외 역, 『교회와 신학』 34권, 서울: 장신대출판부, 1998.

Merton Thomas, *Spiritual Direction & Meditation*, Minnesota: The Litergical Press, 1960.

O'Hare Padraic, *The Way of Faithfulness*, Valley Forge, PA: Trinity Press Int., 1993.

Palmer Parker J., *The Courage to Teach: Exploring the Inner Landscape of a Teacher's Life*, 이종인 역, 『가르칠 수 있는 용기』, 서울: 한문화, 2000.

Perterson Eugene H., *Contemplative Pastor; Returning to the art of spiritual direction*, Wim B. Eerdmans Pub., 1993.

Ruffering J., *Uncovering Stories of Faith*, New York: Paulist Press, 1989.

Sheldrake Philip F., "The Role of Spiritual Direction in the Context of Theological Education," *Anglican Theological Review*, Vol. 80, No. 3, 1998.

Sheldrake Philip, "Ignatius Loyola, 1491-1991," *Expository Times*, Vol. 102, No. 10, 1991.

Sommerfeldt J. R. (ed.), *Abba: Guides to Wholeness, Holiness, East and West*, Kalamazoo: Cisterian Pub., 1982.

Thornton Martin, *Spiritual direction,*. Cowley, 1984.

Tom Ekman P. C., "Faith Development Theory and Spiritual Direction," *Pastoral Psychology*, Vol. 44, No. 4, 1996.

Lee James M., *The Spirituality of the Religious Educator*, Birmingham: Religious Education Press, 1985.

Underhill E., *Anthology of the Love of God*, New York: Harper & Row, 1953.

Walker Williston, *A History of Christian Church*, 강근환 외 공역, 『세계기독교회사』, 서울: 대한기독교서회, 1975.

Westerhoff John H.. *Spiritual Life: The Foundation for Preaching and Teaching*, Westminster: John Knox Press, 1997.

Wuller F. S., *Prayer and Our Bodies*, Nashville: Upperroom, 1992.

5장. 일상생활 영성과 기도

Bloesh Donarld G., *The Struggle of Prayer*, Colorado Springs: Helmers & Howard, 1988.

Boff Leonardo, *The Lord's Prayer*, New York: Orbis book, 1983.

Bondi Roberta C., *To pray and To love: Conversations on Prayer with the Early Church*, Ausburg, Fortress Press, 1991.

Brown L. B. (ed.), *The Human Side of Prayer*, Birmingham: R.E.P., 1994.

Carothers Merlin, *Praise Works!*, Plainfield, N.J.: Logos International, 1973.

Carter Edward, S. J., *Mysticism and Everyday*, New York: Sheed & Ward, 1991.

Engle Modeleine, *A Winter's Love*, New York: Balantine, 1984.

Forsyth Peter Tayler, *The Soul of Prayer*, London: Independent Press, 1949.

Griffin Susan, *Pornography and Silence*, New York: Harper & Row, 1981.

Heller Friedrich, Samuel McComb (trans. and ed.), *Prayer*, New York: Oxford

University Press, 1958.

Macqarrie John, *Paths in Spirituality*, London: SCM, 1972

Miller Randolph Crump (ed.), *Empirical Theology: A Handbook*, Birmingham: R.E.P., 1992.

Moltmann J., *Die Quelle des Lebens*, 이신건 역,『생명의 샘』, 서울: 대한기독교서회, 2000.

O'Hare Padraic, *The Way of Faithfulness: Contemplation and Formation in the Church*, Valley Forge, PA: Trinity Press Int., 1993.

Otto Heinrich, *God*, Richmond: John Knox Press, 1974.

Pratt J., *The Religious Consciousness*, New York: The Macmillan Co., 1920.

Robinson J. A. T., *Honest to God*, Philadelphia: Westminster Press, 1963.

Saliers Don E., *The Soul in Paraphrase*, New York: The Seabury Press, 1980.

Schmidt J., 홍경실 역,『메를르 퐁티』, 서울: 지성의 샘, 1994.

Ulanov Ann & Barry, *Primary Speech: A Psychology of Prayer*, Atlanta: John Knox Press, 1982.

Wood Henry, *The New Thought Simplified*, Boston: Lee & Shepard, 1903.

Wuellner F. S., *Prayer and Our Bodies*, Nashville: UpperRoom, 1987.

Zaner R. M., 최경호 역,『신체의 현상학』, 서울: 인간사랑, 1994.

| 찾아보기 |

통전적 영성과 기독교교육 〈개정판〉

2010년 3월 22일 초판 1쇄 인쇄
2010년 3월 29일 초판 1쇄 발행

지은이 조은하
펴낸이 김영호
펴낸곳 도서출판 동연
기 획 김서정 편 집 조영균
디자인 김광택 관 리 이영주
등 록 제1-1383호(1992. 6. 12)
주 소 서울시 마포구 망원동 472-11
전 화 (02)335-2630
전 송 (02)335-2640
이메일 ymedia@paran.com
홈페이지 www.y-media.co.kr

Copyright ⓒ 조은하, 2010

ISBN 978-89-6447-109-8 93200
      978-89-85467-95-7 93200(시리즈)